조선 후기 여성 한글 산문 연구

김정경

서강대학교 종교학과에서 학부를 마치고, 같은 대학 국어국문학과 대학원을 졸업했다. 「고전문학의 지식체계 형성에 대한 담론적 연구」로 박사 학위를 받았으며, 저 · 역서로는 『시집살이 이야기 연구』(공저), 『시집살이 이야기 집성 1~10』(공저), 『주디스 버틀러의 철학과 우울』, 논문으로는 「여성생애담에 나타난 이주와 정주의 양상과 그 의미」, 「여성 생애담에 나타난 고난의 의미화 방식 연구」, 「여성생애담의 자기생애 의미화 방식 연구」 등이 있다. 현재 국민대학교 교양대학 조교수로 재직중이다.

서강학술총서
092

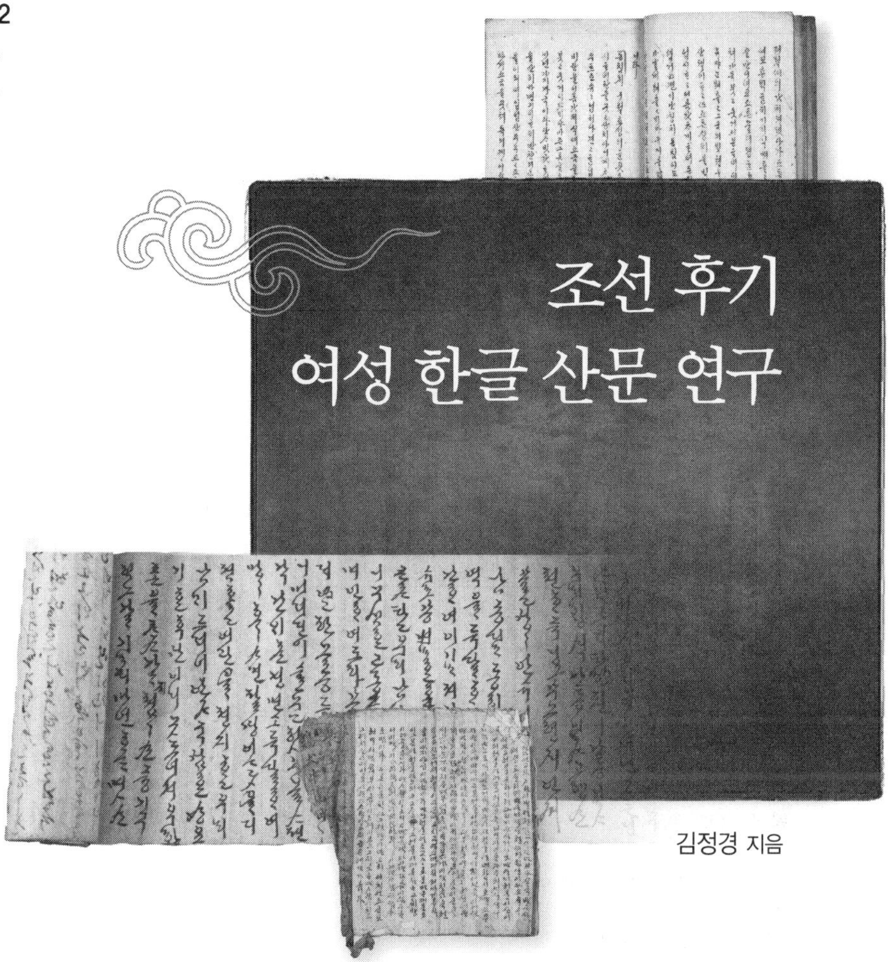

조선 후기 여성 한글 산문 연구

김정경 지음

서강대학교출판부

서강학술총서 092

조선 후기 여성 한글 산문 연구

초판 1쇄 발행 | 2016년 12월 5일
지 은 이 | 김정경
발 행 인 | 유기풍
편 집 인 | 우찬제
발 행 처 | 서강대학교출판부
등록 번호 | 1978년 9월 28일 제313-2002-170호

주 소 | 서울특별시 마포구 백범로 35번지
전 화 | (02) 705-8212
팩 스 | (02) 705-8612

ISBN 978-89-7273-322-5 94810
ISBN 978-89-7273-139-9(세트)

값 20,000원

* '서강학술총서'는 SK SUPEX 기금의 후원으로 제작됩니다.

책머리에

학위 논문을 쓰고 줄곧 여자들의 자기 이야기에 귀를 기울였다. 조선 후기 여성들이 한글로 쓴 자기 서사와 20세기 초에 태어난 여성들이 구술한 생애담을 주로 읽고 공부했다. 이 책은 그 중에서 조선 여성에 대한 글들을 한데 모은 것이다.

조선 여성들의 자기 서사를 읽으며, 나는 그녀들이 자기 삶을 이해하는 방식을 찾아내고자 했다. 조선 여성들은 자신에게 닥친 행복과 불행, 즉 운명을 어떠한 이야기로 만들어 납득하는지 알고 싶었다. 그녀들이 생을 대하는 태도에는 지금 우리와는 다른 무언가 특별한 것이 있을 것 같았다.

하지만 이 책을 마무리하는 지금도 여전히 나는 처음 가졌던 의문에 확실한 대답을 내놓지 못하고 있다. 이 글은 조선 여성의 이야기를 검토하기 위한 시론일 뿐이며, 이 책을 입구로 삼아 나는 본격적으로 그들의 자기 이야기 속으로 들어가려 한다는 말을 할 수 있을 뿐이다.

처음 조선 여성 수필에 관심을 가졌을 때, 가장 먼저 손에 잡았던 책이 〈한중록〉이었는데, 결국 이 책에는 그에 관한 연구가 빠져 있다. 또한 이 책을 기획했던 때의 가장 큰 목표였던, 조선 후기 천주교 여신도들과 양반 여성들에 관한 논의 역시 충분히 이루어진 것 같지 않다. 책을 끝내려고 보니 부족한 것들만 도드라져 보인다.

이렇듯 부족함이 많은 책의 준비와 출판을 지원해준 서강학술총서 편집위원회에 진심으로 감사드린다. 그리고 지도교수이신 송효섭 선생님께 감사드린다. 학문에 대한 선생님의 변함없는 열정과 호기심을 언제나 닮고 싶다. 묵묵히 옛글을 읽고 탐구해온 선행연구자분들께도 고맙다는 인사를 꼭 전하고 싶다. 이 책에 실린 글들은 그분들의 노력이 없었다면 시도해 볼 수도 없는 작업이었다.

내가 다른 여성들의 이야기에 귀를 기울이는 동안, 나의 엄마는 딸과 그 딸의 딸을 돌보느라 본인의 이야기는 속으로만 삼켰을 것이다. 이런 생각을 하면 나의 공부는 무엇을 위한 것이었나 하는 회의가 들지만 이런 반성도 잠시, 금세 나는 나만을 위한 일에 그녀의 시간과 노력을 마음대로 가져다 쓴다. 이렇게 이기적인 자식에게 늘 괜찮다고 말해주시는 나의 아버지, 어머니께 깊이 감사드린다. 언제나 같은 자리에서 같은 마음으로 나를 바라봐주시는 두 분이 계셨기에 나는 실패를 두려워하지 않으며 인생의 순간마다 원하는 방향으로 움직일 수 있었다. 이 책을 나만큼 많이 읽고 고민해준 남편에게도 고마움을 전한다. 때로 냉정한 비판을 서슴지 않았지만, 결국에는 늘 과한 칭찬과 격려로 기운을 북돋워주었기에, 이 책을 완성할 수 있었다. 필사본을 읽을 때면 암호문을 해독하는 거냐며 신기해하는 우리 아이는 내겐 정말

더할 나위 없는 사랑스럽고 고마운 딸이다. 감사 인사를 적고 나니 다시 힘이 솟는다. 많이 부족하고 부끄러운 책이지만, 다음에는 이보다 더 나은 책을 쓰면 되지 않겠느냐고 벌써 응원해주는 것 같다. 이들의 사랑에 부끄럽지 않은 삶을 사는 것이 내 삶의 가장 어려운 도전이다.

2016년

저자 김정경

목　차

들어가는 말

들어가는 말

고전문학 연구에서 오랫동안 주변부에 놓여 있던 '여성', '한글', '산문(수필)'이 필자에게는 언제나 관심의 대상이었다. 이 같은 관심을 바탕으로 이 책에서는 여성·한글·산문을 공통분모로 하는 텍스트들을 주된 대상으로 삼았다. 그리고 이 텍스트들을 다시 '유학'과 '서학' 그리고 '자기서사'라는 키워드로 분류했다. 유학·서학·자기 서사를 분류의 기준으로 삼은 까닭은 이 책의 궁극적인 목적이 조선 후기 여성의 죽음과 새로운 탄생, 그리고 그에 관한 기록의 메커니즘을 해명하는 데 있기 때문이다.

조선의 여성들이 한글로 쓴 산문은 18세기부터 본격적으로 생산되는데, 이 시기의 여성들은 새롭게 재의미화된 죽음의 문제와 마주하는 경우가 많았다. 유교적 질서와 서학적 질서가 충돌하면서 여성들은 죽음을 통해 새로운 삶을 강요받거나 혹은 자발적으로 죽음으로써 새로운 삶의 길을 선택했다. 그리고 이 과정에서 그녀들은 글쓰기 행위를 통해 누구에겐가 무엇인가를 전하여 남기고자 했다. 이 책에서는 이 여성들이 왜 스스로 죽음을 향하여 나아가거나 주어진 죽음을 거부했는가, 그리고 죽음을 목전에 두고 왜 자신의 삶을 글로 적고자 했는가를 질문함으로써 여성과 한글, 그리고 산문 텍스트가 갖는 상호관계망을 규명하고, 나아가 이 텍스트들이 지금 우리의 삶과 어떠한 관련을 갖는지 깊이 있게 고찰하고 싶었다.

이를 위해 이 책의 1부에서는 유교적 질서에 비교적 충실한 삶을 살았던 이들의 기록을 다루었다. 구체적으로는 유교적 윤리 규범을 교육하기 위한 규훈서, 궁중과 민간에서 의례적으로 주고받은 안부 편지, 그리고 남편을 따라 죽음을 택한 여성들이 남긴 유서를 검토하였다. 이 과정에서 유교적 윤리 규범에 충실한 삶이 도리어 그것에 균열을 일으키는 역설적인 결과를 낳는다는 사실에 주목하였다.

2부에서는 서학 신도였던 여성들의 기록과 남성 연행사들의 천주당 견문 기록을 함께 검토했다. 유학적 글쓰기 방식과는 구별되는 서학 여신도들 혹은 실학자들의 기록을 살펴봄으로써 근대적 글쓰기로 명명되는 새로움의 구체적 양상을 드러내고자 한 것이다. 무엇보다 여기에서는 서학 여신도들이 당대 사회 속에서 어떻게 주체가 되는가를 글쓰기 방식과 관련하여 규명하는 데에 초점을 맞추었다.

마지막 3부에서는 부모, 배우자, 자녀 등을 먼저 보낸 여성들이 남긴 기록 가운데 편지글 형식의 〈규한록〉, 기행문 형식의 〈동명일기〉, 그리고 자서전 형식의 〈자기록〉을 살펴보았다. 부모와 자식 그리고 남편을 잃은 여성들의 자기 삶의 기록을 통해 떠난 이에 대한 죄의식과 남은 이에 대한 책임감 또는 자기 삶에 대한 회의와 변명을 반복하는 언술의 특징과 의의를 밝히고자 한 것이다. 특히 살아남은 여성들의 자기 서사를 대상으로 무엇을 기록하고자 하는가뿐만 아니라 여성들의 삶에서 기록 그 자체의 의미 즉, 수행적 행위로서 글쓰기의 역할이 무엇인가를 고민했다.

이러한 작업을 통해 필자는 조선 후기에 공적인 존재가 아닌 사적인 존재로서의 개인에 대한 자각, 개인의 소멸에 대한 반성적 의식, 혹은 삶과 죽음의 의미에 대한 사적인 탐색 등이 여성들의 한글 글쓰기 행위를 통해서 본격적으로 이루어지고 있음을 보이고자 했다. 이것은 18세기 이후 여성 한글 산문의 문화적·문학적 의의를 드러내줄 뿐만 아니라, 여성이 자신의 정체성을 확립하고 삶을 의미화하는 방식을 통시적으로 검토하는 작업의 일환으로도 의미가 있을 것이다.

1부

근대적 징후로서의 여성

1장

이상적 자아상의 변화 양상 : 『여범』을 중심으로

1장

이상적 자아상의 변화 양상: 『여범』을 중심으로

1. 조선시대 규훈서와 『여범』

이 글에서는 사도세자의 친모 선희궁 영빈 이씨(映嬪李氏, ?~1764)가 쓴 『여범(女範)』의 독해 방식을 규명하는 것을 목적으로 한다. 『여범』은 중국의 『열녀전』[1]을 거의 답습하고 있는 것으로 알려져 있는데, 등장인물 123명 가운데 72%에 해당하는 88명이 『고열녀전』,[2] 『고금열녀전』,[3]

1 『열녀전』은 유교적 여성상을 본격적으로 다룬 최초의 여훈서라고 할 수 있다. 김언순, 「조선시대 여훈서에 나타난 여성의 정체성 연구」, 한국학중앙연구원 박사학위논문, 2006, pp. 58~59.

2 유향이 지은 『열녀전』에 편찬자 미상의 『속열녀전』 1권을 합한 것을 『고열녀전』이라고 한다. 『속열녀전』이 추가된 『고열녀전』도 일반적으로 유향의 『열녀전』으로 통용되고 있다. 위의 글, p. 58 참조.

3 『고금열녀전』은 명대(明代) 성조 1년(1403) 인효문황후의 청에 의해 해진(解縉) 등이 편찬한 것으로, 이 책의 편자는 『열녀전』의 내용을 모두 수용하되 얼폐전의 내용을 삭제하였다. 『고금열녀전』은 한대 이후 원·명대에 이르기까지 각 사서에 나타난 여성열전을 추가한

『회도열녀전』에 수록된 사례들이고, 나머지 역시 이들 열녀전의 영향을 받은 『여범첩록』과 중국의 역대 역사서를 참고한 것이다.[4] 지금까지의 연구에서는 무엇보다 『여범』이 이처럼 중국의 열녀전류를 그대로 인용하고 있다는 점 때문에 그리 비중 있게 다루지 않았다. 하지만 본 연구에서는 『여범』의 이와 같은 특징에 주목하고자 한다. 다시 말해서 여범이 유향의 『열녀전』을 그대로 인용했다고는 하지만 서술자가 의식적·무의식적으로 개입하여 변형한 부분은 없는지, 있다면 그것이 『여범』을 독해하는 방식에 어떠한 영향을 끼쳤는지를 해명하려는 것이다.

『여범』[5]의 정확한 간행 연대는 알 수 없지만, 이씨가 영빈으로 봉해진 1730년(영조 6)부터 생을 마감하는 1764년(영조 40) 사이에 쓴 것으로 추정된다.[6] 영정조 대에는 『여범』을 비롯한 규훈서의 간행 및 중간 사업이 활발했는데, 『오륜행실도』, 『어제내훈』, 『여사서언해』 등이 대표적이다.[7] 이에 본고에서는 『여범』과 『여사서언해』, 『어제내훈』, 『규

열녀전의 확장판이라 할 수 있다. 『여범』은 한나라 이후의 여성들까지 담고 있기 때문에, 유향의 『열녀전』보다는 『고금열녀전』을 참고했다고 할 수도 있고, 아니면 『열녀전』과 함께, 『송사』, 『명사』, 『원사』 등의 기록도 함께 참고했다고 볼 수 있다.

4 김언순, 앞의 글, p. 162.

5 본고에서는 1977년 대제각 영인판과 형설출판사에서 나온 『여범』(소재영 역주, 1981) 두 권을 기본 텍스트로 하여 논의를 진행했다.

6 친필본은 현재 일본 동경대학 도서관에 소장되어 있다.

7 영정조 대에는 『삼강행실도』, 『속삼강행실도』, 『이륜행실도』 등 이른바 행실도류 언해본들이 전면적으로 다시 번역되어 1726년(영조 2)부터 1730년에 이르기까지 각도 영감에서 간행되었다. 1797년(정조21)에는 『삼강행실도』와 『이륜행실도』를 합편하여 새로운 번역과 체재로 『오륜행실도』를 간행함으로써, 유교 윤리 구현을 위한 교화서인 행실도류 문헌의 간행이 완결되었다. 또한 영조 조에 『내훈』과 『소학언해』가 전면적으로 개편되어 새로 편찬되었다. 이들은 흔히 『어제내훈』 『어제소학언해』 로 불리어 앞 시기의 책과 구별되는데, 1737년(영조 13)과 1744년(영조 20)에 각각 간행되었다. 『여사서언해』는 1737년(영조 13)

합총서』, 『오륜행실도』 등 영정조 대에 편찬된 이들 규훈서 그리고 『여범』이 가장 많이 참조한 『열녀전』을 함께 비교 검토하여 이들과 『여범』의 공통점 및 차이점을 규명해 보고자 한다. 이러한 작업은 내용 중심의 기존 연구들과는 달리 작품의 구성 또는 형식이라는 측면에 초점을 맞추어 진행될 것이며, 본고에서는 이를 통해 『여범』을 동시대 고전문학 작품과 동궤에서 논의할 수 있는 토대를 마련할 수 있을 것으로 기대한다.

지금까지 규훈서 연구는 그것이 공통적으로 드러내는 "조선시대 유교적 여성상을 형성하고자 한 노력"[8]에 초점이 맞추어져 있었다. 이러한 문헌들을 검토하여 당대 사회가 이상적이라고 여기는 자아상을 찾아내는 데 초점을 맞추었던 것이다. 여기에 조선에서 간행된 규훈서들이 전한(前漢)과 후한(後漢)시대에 나온 책 『예기(禮記)』와 「내칙」, 『열녀전』, 『여계』 등 세 가지 책 속에 담긴 전범 여훈서들의 변주라는 사실이 연구자들로 하여금 조선시대 규훈서 간의 차이점보다는 공통점에 주목하게 했으며, 중국의 열녀전들에서 추구하는 여성상과 조선의 여성상이 크게 다르지 않다[9]는 결론을 내리게 했다.

『여범』에 대한 기존 논의들도 이러한 맥락을 크게 벗어나지 않는다. 다만 『여범』이 우리나라 여성 교육서에서는 잘 볼 수 없던 "현녀, 변녀, 문녀, 무녀" 등의 항목을 둔 것으로 미루어 다른 규훈서들에 비

에 간행되었다. 이호권, 「조선시대 한글 문헌 간행의 시기별 경향과 특징」, 『한국어학』 41, 한국어학회, 2008, pp. 103~104.

8 김언순, 「조선 후기 사대부 女訓書에 나타난 여성상 형성에 대한 연구」, 『한국교육사학』 제28권 1호, 한국교육사학회, 2006, p. 27.

9 김언순, 「조선시대 여훈서에 나타난 여성의 정체성 연구」, p. 50.

해 진취적인 모습을 보이며, 공적 영역에서 여성의 역할을 강조하고 있다는 면에서 다른 규훈서들과 변별된다는 윤분희의 연구,[10] 그리고 사도세자의 죽음과 여범 편찬의 상관관계를 다루면서, 사도세자의 죽음에 영빈이 관여한 것은 영빈이 유교 이념을 철저히 내면화한 결과이며, 『여범』은 이를 토대로 편찬된 것이라는 최혜진의 연구[11]가 『여범』의 개별적인 특징에 초점을 맞추었다는 점에서 주목할 만하다.

본고에서는 『여범』의 개별적인 특징에 초점을 맞춘 위의 논의들을 포함하여 조선시대의 이상적 여성상을 규명한 지금까지의 연구들이 주로 텍스트의 내용에 초점을 맞추었다고 보고, 이와는 다르게 텍스트의 형식에 주목하여 논의를 진행하고자 한다. 동일한 인물의 이야기가 어떠한 순서와 방식으로 기술되는가, 서술자는 등장인물 또는 독자에게 어떠한 태도를 취하는가 등의 문제들을 보다 면밀하게 검토함으로써 다른 규훈서들과 구별되는 『여범』 고유의 특질 및 그것의 문학사적 위상을 드러내려고 한다.

10 윤분희, 「규훈서 『여범』 연구」, 『여성문학연구』 11, 한국여성문학학회, 2004, pp. 319~345; 최혜진, 「『여범』의 여성주의적 독해-작가와 서술의식을 중심으로-」, 『아시아여성연구』 43집 1호, 숙명여자대학교 아시아여성연구소, 2004, pp. 41~64.

11 최혜진, 「여성 영웅의 서사적 전개-여범」, 『규훈문학 연구』, 역락, 2004, pp. 125~166.

2. 규훈서의 독해 방식: 상황의존적 독해

앞에서 언급했던 것처럼 『여범』이 참조한 대표적인 텍스트로는 중국의 『열녀전』이 있으며, 이와 동시대에 간행되거나 쓰인 규훈서로는 『여사서언해』에 실린 『여범첩록』과 『어제내훈』, 『규합총서』, 『오륜행실도』 등이 있다. 본 장에서는 『여범』과 가장 유사한 방식으로 쓰인 『열녀전』 및 이들 규훈서의 서술상에 나타나는 특징을 찾아내어, 이 규훈서들이 독해되는 방식을 체계화해 보고자 한다.

이를 위해 같은 인물의 이야기가 각각의 규훈서들에서 서술되는 방식을 검토하려고 한다. 한 권의 규훈서에 여러 유형의 인물이나 행위 규범이 제시되기는 하지만 실제로 규훈서의 대부분의 항목들은 대체로 동일한 형식으로 되어 있다.[12] 그러므로 본 장에서는 『여범』 『열녀전』, 『여범첩록』, 『어제내훈』에 공통적으로 실려 있는 '제나라 전직의 어머니 이야기' 그리고 『여범』, 『오륜행실도』, 『규합총서』에 실려 있는 '임해 백성의 아내 이야기'를 예로 들어 이들 규훈서의 구성 방식을 검토해 보고자 한다. 먼저 『열녀전』부터 살펴보겠다.

---

12 다만 이와 같은 분류체계에서 나타나는 유의미한 변화 혹은 규훈서들간의 차이점은 여성 전기집의 형태를 띠는 『여범』에서 정녀와 열녀의 수가 전체 123명 가운데 65명으로 절반 이상을 차지하고 있다는 사실이다. 이는 유향의 『열녀전』에서 정녀와 열녀가 차지하는 비중과 비교해 볼 때 조선조에서는 주로 여성의 烈을 강조하고 일상화하는 방식으로 여성들의 이야기가 수용되었던 것으로 이해할 수 있다. 많은 연구자들이 강조하듯 조선 후기에 *列女傳*이 *烈女傳*으로 변화했음을 분류된 항목에 제시된 이야기의 편수를 통해 알게 된다는 것이다.

齊田稷母

①齊田稷子母也. 田稷子相齊. 受下吏之貨金百鎰, 以遺其母. 母曰, "子爲相三年矣. 祿未嘗多若此也. 豈脩士大夫之費哉. 安所得此" 對曰, "誠受之于下." 其母曰, "吾聞, '士脩身潔行, 不爲苟得. 竭情盡實, 不行詐僞. 非義之事, 不計於心. 非理之利, 不入于家. 言行若一, 情貌相副.'……."

②君子謂 稷母廉而有化. 詩曰, "彼君子兮, 不素飡兮." 無功而食祿, 不爲也. 況於受金乎.

③頌曰, "田稷之母, 廉潔正直. 責子受金, 以爲不德. 忠孝之事, 盡財竭力. 君子受祿, 終不素食."[13] (번호 필자)

위의 인용은『열녀전』가운데「모의전」'제전직모'의 일부다.『열녀전』은 규훈서 서술의 한 전형을 이루었다고 평가받는데, 그 형식이란 열전의 기술 방식과 매우 유사한 것으로, 본문에 해당하는 전기(傳記)

13 본문에 제시한 원문과 각주의 번역문은 모두 아래의 책에서 인용하였다.
제나라 전직의 어머니齊田稷母 제齊나라 전직자田稷子의 어머니에 관한 이야기다. 전직자는 제나라의 재상이었는데, 하급관리에게 뇌물 100일鎰을 받아 어머니께 보내드렸다. 어머니가 말했다. "네가 재상이 된 지 3년이 되었구나. 예전엔 월급이 이처럼 많지 않았다. 어찌 사대부가 이만한 돈을 만질 수 있겠느냐? 어찌하여 이것을 받았느냐?" 이에 전직자는 "사실은 아랫사람에게서 받은 것입니다"라고 대답했다. 그러자 그 어머니가 다시 말했다. "나는 '사士는 자신을 잘 닦아 행동을 깨끗이 하여 구차하게 얻기를 원하지 않는다. 진실만을 행하며 거짓된 짓은 하지 않는다. 의롭지 않은 일은 마음에서 멀리한다. 그리고 이치에 어긋난 이익은 집 안으로 들여놓지 않는다. 언행이 한결같아야 명실이 상부한 것이다'라고 들었다.……." 군자가 "직의 어머니는 청렴함으로 자식을 교화했다"고 말했다.『시경』에서 "저 군자여! 헛된 녹을 먹지 않는구나"라고 했는데, 이것은 하는 일 없이 그저 녹을 얻지 않는다는 것이다. 하물며 뇌물을 받겠는가. 송을 지어 칭송하다. 전직자의 어머니 청렴하고 정직했네. 자식이 받은 뇌물 부덕하다 꾸짖으며 충과 효로 섬긴다는 것은 자신의 재능을 다 쓰는 것. 군자가 받는 녹은 헛되이 받는 것이 아니로구나.
유향,『열녀전』, 이숙인 역, 글항아리, 2013, pp. 117~121.

(①), 군자의 논평(②), 송(頌)(③)으로 구성된 것을 의미한다.[14] 전기(①)는 인물의 일화, 군자의 논평(②)은 "군자왈(君子曰)" 또는 "군자위(君子謂)"로 시작되는 "사평 즉 역사가의 이데올로기에 입각한 평"[15] 그리고 송(③)[16]은 인물의 행적을 찬양하는 노래이다. 군자의 논평은 서술자가 직접 개입하여 쓴 기사에 대한 평이나 찬을 말하는 것으로[17] 본문에 대한 규범적 해석을 내리는 역할을 하며, 송 역시 인물의 '성덕(盛德)'이나 '성공(成功)'을 칭송하는 것으로 논찬과 동일한 역할을 한다. 요컨대 『열녀전』은 "도입부-전개부-평결부(논찬)"의 세 부분으로 되어 있는 『사기』 열전과 형식적인 면에서 매우 유사하지만, '송'이 인물마다 제시된다는 점에서 구별된다.

논찬을 담고 있는 '사전(史傳)' 또는 '열전(列傳)'의 형식은 중국의 역사서술 방식 가운데 하나인 '역사기술'적 전통에 대응되는데,[18] 이 입장

---

14 김언순, 앞의 글, p. 62.

15 김경미, 「『열녀전』의 보급과 전개」, 『한국문화연구』 13, 이화여자대학교 한국문화연구원, 2007, p. 58.

16 송이란 성대한 덕을 찬미하여 그 모습을 서술한 것이다. 유협은 『문심조룡』에서 『시경』의 '송'은 왕실이나 선조의 공덕을 찬양하기 위한 노래로, '신에게 고한다'는 중요한 의의를 가지고 있었는데, 한대로 내려오면서 단지 개인의 훈공과 공적을 찬양하는 데 그치고, '신에게 고한다'는 '송'의 본질은 변화했다고 평하고 있다. 유협, 성기옥 역, 『문심조룡』, 지식을 만드는 지식, 2010, p. 63.

17 곽정식, 「열전 양식의 구성적 특질에 관한 연구」, 『문화전통논집』 제3집, 경성대학교 향토문화연구소, 1995, p. 15.

18 실존 인물에 대한 역사 기술적 접근법은 중국의 첫 번째 편년체 역사서 『좌전』에서 비롯된 것이다. 『좌전』은 연대기의 기록에 덧붙인 일련의 독립적인 짧은 서사 단편들로 이루어져 있는데, 이러한 서사 단편들은 경전 기록 이면에 숨어 있는 이야기를 구체화시킴으로써 경전의 개개의 기록들을 설명해 준다. 실존인물에 대한 역사 기술적 접근법은 해석보다는 서술 기술에 초점을 맞춘 것으로, 어떤 진리를 표현하는 것이라기보다 과거의 실재를 그 모든 특징과 함께 표현하는 것이다. 루샤오펑, 『역사에서 허구로』, 조미원·박계

에 서 있는 역사가는 일단 과거가 객관화되면 선악의 양식 및 인간관계의 법칙은 자명해질 것이라고 믿는다. 다시 말해서 역사의 의미는 잘 조직된 역사 서사 가운데에서 자유롭게 그리고 자연스럽게 드러난다는 것이다.[19] 그러므로 이러한 서사의 말미에 제시되는 사관의 논찬은 자연스럽게 드러나는 역사의 의미를 확인 또는 강조하는 역할을 한다고 볼 수 있다. 제시된 인물의 이야기는 인간관계의 법칙 또는 역사의 의미와 동전의 양면을 이루고, 그에 대한 규범적 해석은 논찬을 통해 분명하게 이루어지는 것이다. 따라서 『열녀전』에 논찬과 더불어 송까지도 빠짐없이 기술된 것은 제시된 행적에 대한 규범적 해석을 거듭 확인하고 강조하기 위한 것이라 볼 수 있다. 즉, 독자들은 『열녀전』의 이야기를 서술자의 논평과 송의 관점에 따라서 읽도록 되어 있다는 것이다. 정리하면 『열녀전』은 기존의 사전 또는 열전 형식의 도입부와 전개부에 해당하는 전기(傳記)(①), 그리고 평결부에 해당하는 군자의 논평(②)과 송(頌)(③)의 두 부분으로 나눌 수 있으며, ②와 ③이 ①의 의미를 확정하고 보충하는 방식으로 독해된다고 하겠다.

다음으로는 『여사서』에 실린 『여범첩록』의 구성 방식을 살펴보겠다. 아래 인용은 『여범첩록』 '모의편(母儀篇)'에 실려 있는 한나라 준불의의 어머니와 제나라 재상 전직의 어머니의 이야기이다. 『여범첩록』 언해본에는 한문 원문이 모두 끝난 뒤에 언해문에 실려 있는데, 아래의 인용은 언해문만을 가져온 것이다.

화·손수영 역, 길, 2001, pp. 99~100.

19 위의 책, p. 100.

不블疑의京경애 尹윤ᄒᆞ야 형벌을 어그러히 ᄒᆞ고 衆즁을 살으니 어디 다 慈ᄌᆞ母모의 仁인ᄒᆞ미오 田뎐稷직이 졍승이 되야 金금을 도로 주고 罪죄를 기ᄃᆞ리니 卓탁ᄒᆞ다 孀상親친의 訓이며[20]

漢한儁쥰 不블疑의 京경兆됴尹윤이 되야 형벌을 만히 ᄒᆞ면 母모ㅣ 노ᄒᆞ여 밥을 먹디 아니ᄒᆞ고 全젼活활이 만흐면 母모ㅣ 깃거ᄒᆞᄂᆞᆫ 고로 不블疑의ㅣ 官관의 居거홈애 仁인ᄒᆞ고 殘잔티 아니ᄒᆞ니 母모의 敎교를 遵쥰호미오 田뎐稷직이 齊제애 相샹ᄒᆞ야 金금을 바다 母모의게 보낸 대 母모ㅣ 도로 보내고 그 貪탐홈을 責칙ᄒᆞ니 稷직이 王왕의게 罪죄를 기ᄃᆞ리거ᄂᆞᆯ 王왕이 赦샤ᄒᆞ야 ᄆᆞᄎᆞᆷ내 賢현臣신이 되니라[21](밑줄 필자)

위의 인용문에서 처음에 밑줄 친 부분은 원문의 "田稷爲相, 反金待罪, 卓矣孀親之訓" 14자를 언해한 것이다. 그리고 아래 문단은 이 본문의 주석에 해당한다. 사실, 전직이 정승이 되어 금을 도로 주고 벌을 청한 것은 홀어머니의 교훈이 탁월하기 때문이라는 본문만을 읽어서는 무슨 내용인지 정확한 의미를 파악하기 어렵다. 그 아래 주석의 내용, 즉 전직이 재상이 되어 금을 받아 어머니에게 보냈더니, 어머니가 이를 되돌려 보내면서 아들의 욕심을 꾸짖자, 전직이 왕에게 자신의 잘못을 고하고 죄를 청하였다는 내용이 있어야만 본문의 주제를 온전히 알아차릴 수 있다.

독자들은 이 이야기가 유향의 『열녀전』 또는 『한시외전』 등에 실려 있으므로, 이 책들을 통해 전직의 이야기를 알고 있거나, 주석을 통해

20 세종대왕기념사업회 편집부, 『역주 여사서언해 권1.2.3』, 세종대왕기념사업회, 2014, p. 70.

21 위의 책, p. 67.

보충된 내용을 읽고 난 뒤에야 "田稷이 졍승이 되야 金을 도로 주고 罪를 기ᄃᆞ리니 卓ᄒᆞ다 孀親의 訓이며"의 뜻을 파악할 수 있는 것이다. 요컨대 『여범첩록』은 원문과 그에 대한 주석의 형식으로 되어 있으며, 원문이 매우 함축적으로 기술되어 있기 때문에 이에 대한 배경지식을 갖추고 있거나, 주석을 읽어야만 그 의미를 제대로 이해할 수 있다.

『여범첩록』의 이러한 서술 방식은 중국의 역사 기술 방식 가운데 하나인 주석적 전통을 따른 것이다. 주석적 전통은 서사의 의미가 직접적으로 이해되기 쉬운 것이 아니라 기호의 해석을 통해서 발견되는 것이라고 가정하고, 주석을 통해 텍스트의 의도와 역사의 의미를 온전히 드러내는 것을 의미한다.[22] 『여범첩록』 역시 그 의미를 제대로 파악하기 위해 주석을 꼭 필요로 하는 텍스트라는 면에서 주석적 전통에 속한다.

아래 인용문은 『어제내훈』의 일부이다. 『어제내훈』의 특징은 인물의 예화가 제시되기에 앞서 그에 대한 규범적 설명이 각 장의 앞부분에서 이루어지고 있다는 점이다.

> 방시녀교애닐오ᄃᆡᄌᆞ식을길오ᄃᆡ신고ᄒᆞ며브즈런이ᄒᆞ야그셩닙홈을ᄇᆡ람ᄋᆞᆫ션조를니으며가문을니으며죽은니를보내며사니를봉양ᄒᆞ야그소임이지듕ᄒᆞ고지며멘일이쉽디아니ᄒᆞ니만일ᄀᆞᄅᆞ치디아니ᄒᆞ면엇딧더러딤올면ᄒᆞ리오…제뜻을좃ᄯᅵ마라잠ᄶᆞᆫ죵ᄌᆞᄒᆞ거든믄득엄속ᄒᆞ며그악을듯덥디마라ᄒᆞᆫ번니러나매믄득틸ᄯᅵ니라아ᄒᆡ허믈이쇼미다어믜길옴이니길러이롬애니르면비록뉘옷ᄎᆞ나이믜느ᄌᆞ라ᄌᆞ식의불쵸홈이실로어믜게ᄆᆡ옛ᄂᆞ니어미여어미여감히그허믈을ᄉᆞ양ᄒᆞ랴. (밑줄 필자)

22 루샤오펑, 앞의 책, p. 100.

……

졔정승뎐직ᄌᆡ아랫사ᄅᆞᆷ의금ᄇᆡᆨ일을바다어미ᄅᆞᆯ준대어미닐오ᄃᆡ아ᄃᆞᆯ이
정승되연디삼년이로되녹이일즉이갓티하디못ᄒᆞ더니엇디ᄉᆞ대부의준
거시리오어ᄃᆡ가이ᄅᆞᆯ어든다ᄃᆡᄒᆞ야ᄀᆞᆯ오ᄃᆡ진실로아랫사ᄅᆞᆷ의게바도이
다어미닐오ᄃᆡ나ᄂᆞᆫ드로니ᄉᆡ몸을닷ᄀᆞ며힝실을조히ᄒᆞ야구챠히어듬을
아니ᄒᆞ며정을다ᄒᆞ며실을다ᄒᆞ야거즛일을아니ᄒᆞ야의아닌일을ᄆᆞᄋᆞᆷ애
혜디아니ᄒᆞ며니아닌ᄂᆞᄅᆞᆯ집의드리디아니홀ᄯᆡ니이제님금이벼슬을베
펴뻐너를ᄃᆡ졉ᄒᆞ시며두터온녹으로뻐너를주시ᄂᆞ니맛당히힘을다ᄒᆞ며
을다ᄒᆞ야튱셩저으며밋비ᄒᆞ야소기ᄋᆞᆸ디아니ᄒᆞ며쳥념ᄒᆞ며조ᄒᆞ며공경
ᄒᆞ욤으로뻐그님금을갑ᄉᆞ올ᄯᆡ어늘이제네이과샹반ᄒᆞ니ᄂᆞᆷ의신해되여
튱셩티아니홈이이사ᄅᆞᆷ의ᄌᆞ식되여효도티아니홈이라[23]

『어제내훈』에서 전직의 이야기는 「부부장」 서두 부분에서 『여교』, 『방씨여교』, 『안씨가훈』의 말을 인용한 다음에 '정태중의 부인 후씨', '여형공의 부인 선원', '초나라 장왕의 부인 번희', '소 월희', '후한 현종의 마황후' 등의 예에 이어 제시된다. 이처럼 『어제내훈』은 각 장의 앞 부분에서 여러 규훈서들의 내용을 기술하고 이에 대한 사례로 인물의 일화를 나열하는 방식으로 되어 있다. 이러한 방식은 이후에 제시되는 사례들이 무엇에 관한 것인가를 미리 알려주는 것으로서, 독자들은 앞 부분에 기술된 설명을 토대로 전직의 이야기를 해석하면 된다.

다음에 제시될 예문은 『여범』과 동시대에 간행된 『오륜행실도』의 일부이다.

(권3 열녀도 *貞婦淸風*) 왕뎡부는 송나라 님히 사ᄅᆞᆷ의 쳬니 송이 망

23 김신연, 「어제내훈」, 『조선시대의 규범서』, 민속원, 2000, pp. 63~64.

ᄒᆞᆯ 쌔에 그 ᄉᆡ부모와 지아비 다 도적의게 잡히여 죽으니 도적의 댱쉬 뎡부의 고으믈 보고 겁박ᄒᆞ려 ᄒᆞ니 뎡뷔 통곡ᄒᆞ고 죽으려 ᄒᆞᆫ대 도적이 사로잡힌 겨집들로 ᄒᆞ여곰 듀야로 딕희니 뎡뷔 속여 ᄀᆞᆯ오ᄃᆡ ᄉᆡ부모와 지아비 죽은ᄃᆡ 거상을 아니 닙으면 이ᄂᆞᆫ 하늘을 모로미라 어ᄃᆡ 쓰리오 원컨대 거상을 닙어 탈상 후에 너를 조ᄎᆞ려니와 내 말을 좃지 아니면 ᄆᆞᄎᆞᆷ내 죽으리라 ᄒᆞᆫ대 도적이 죽을가 저허 아딕 허락ᄒᆞᄃᆡ 딕희기를 더옥 엄ᄒᆞ게 ᄒᆞ고 인ᄒᆞ야 제나라흐로 ᄃᆞ려갈 ᄉᆡ 청풍녕에 니ᄅᆞ러 뎡쥐 직흰 사ᄅᆞᆷ이 업술 쌔를 타셔 손가락을 쌔므러 피를 내여 돌에 글을 쓰고 남다히를 ᄇᆞ라며 통곡ᄒᆞ고 인ᄒᆞ여 절벽아래 써러져 죽으니 그 후에 글시 쁜 피 돌속으로 ᄉᆞ못 저저 다 돌이 되엿다가 비 올 적이면 피 도로 소사나 처음과 ᄀᆞᆺ더라 원나라 적의 졍표ᄒᆞ여 뎡뷔라 ᄒᆞ고 비를 셰워 졔ᄒᆞ고 그 녕일을 고쳐 청풍녕이라 ᄒᆞ니라 처음 청풍은 프른 단풍이란 말이오 고친 청풍은 ᄆᆞᆰ은 ᄇᆞ람이란 말이라[24]

위의 인용에 잘 드러나듯이 『오륜행실도』는 군자의 논평과 송을 생략한 『열녀전』의 행적부와 거의 동일한 구성을 취하고 있다. 『열녀전』이 논평과 송을 통해 인물의 행적에 대한 규범적 해석을 제시하는 데 비해, 『오륜행실도』에는 그러한 것들이 없기 때문에 인물의 행적만으로 그에 대한 평가를 내려야 할 것으로 보인다. 『오륜행실도』에는 『열녀전』의 논찬과 송뿐만 아니라 『어제내훈』의 해설도, 『여범첩록』의 주석도 없기 때문이다. 하지만 이 텍스트는 인물의 행적을 뒷받침하거나 보충해줄 삽화가 함께 제시되어 있다. 『오륜행실도』의 경우 그림이 함께 실려 있어 텍스트와 그림이 서로 의미를 보완하며 독해하도록 되

24 송철의·이현희·장윤희·황문환, 『역주 오륜행실도』, 서울대학교출판부, 2006, p. 542.

어 있는 것이다.[25]

26

『오륜행실도』는 텍스트만을 두고 본다면 『열녀전』과 매우 유사한 방식으로 기술되어 있지만, 그림이 글의 의미를 또는 글이 그림의 의미를 보완하며 읽도록 구성되어 있다는 점에서 이들과 구별된다. 『오륜행실도』는 이미지가 텍스트의 주석 역할을 하거나 텍스트가 이미지의 주석 역할을 하면서 의미를 만들어가는 텍스트로 볼 수 있다는 것이다. 즉, 『오륜행실도』는 정형화된 삽화의 구성이 인물의 행적에 대한 규범적 해석을 제시하는 텍스트이다.

『오륜행실도』가 텍스트와 함께 제시된 삽화 또는 삽화와 함께 제

25 「행실도 열녀편 도상변화의 문화적 의미」(『한국문학 이론과 비평』 50, 한국문학이론과 비평학회, 2011, pp. 333~357)에서 조현우는 오륜행실도의 도상이 단순히 서사 내용의 전달이 아니라 적극적으로 텍스트의 의미를 보충하고 확장하는 기능을 하고 있음을 보여준다.

26 송철의·이현희·장윤희·황문환, 앞의 책, p. 540.

시된 텍스트가 주석의 역할을 함으로써 이를 통해 의미를 파악하도록 기술되었다면, 『규합총서』는 주석이 문면에 제시되지는 않았지만, 주석을 염두에 두고 기술된 텍스트라고 할 수 있다. 이 텍스트는 제목 아래 인명을 제시하고 그에 대한 이야기를 수록하는 방식이라는 면에서는 위에서 살펴본 『열녀전』, 『오륜행실도』 등과 유사하지만, 인물의 생애 혹은 인물에 얽힌 일화를 이야기의 방식으로 서술하는 것이 아니라 4자로 요약하고, 한 문장으로 풀이한 것만을 싣는다는 면에서 이들과 구별된다.

> <녈졀>
> 왕녈부
> 애샹뎨시
> 바회 우희 시를 쓰다.[27]

위의 인용문은 『규합총서』 '녈졀' 항목에 실린 '왕녈부'의 내용 전문이다. '왕녈부'라고 인물을 제시하고, '애샹뎨시'의 네 글자 다음에 '바회 우희 시를 쓰다'라는 행위를 한 문장으로 적은 것이 전부다. 사실 이것만으로 독자들이 이해할 수 있는 내용은 거의 없다. 앞서 살펴본 『오륜행실도』의 내용을 떠올리고 나서야 '왕녈부'가 도적에게 화를 입을까 두려워 손가락을 깨물어 바위 위에 글을 남기고 자결한 인물임을 알 수 있다. 따라서 『규합총서』를 읽는 독자들은 다른 규훈서를 통해 이미 제시된 인물에 대한 정보를 충분히 알고 있었을 것으로 생각된다. 그렇지 않다면, 텍스트의 내용을 온전히 이해하기란 불가능하기

27 빙허각 이씨, 『규합총서』, 정양완 역주, 보진재, 2008, p. 224.

때문이다. 요컨대 『규합총서』는 『여범첩록』처럼 문면에 직접 주석이 달려 있지는 않지만, 다른 규훈서들을 각주로 삼아야만 그 내용을 온전히 이해할 수 있는 텍스트이다.

이상의 내용을 정리하면 위에서 언급한 규훈서들은 묘사된 사건과 원리의 연결이라는 공통점을 갖는다고 할 수 있다. 논평의 방식 또는 주석의 방식을 사용하여 이들 텍스트가 꾀하는 바는 텍스트 외적인 요소들에 기대어 인물에 대해 평하거나 인물의 행위를 해석하는 것이다. 『열녀전』은 논평과 송, 『어제내훈』은 각 장의 서두부분에 인용된 중국의 문헌들, 『여범첩록』은 제시된 각주, 『오륜행실도』는 함께 실린 삽화 그리고 『규합총서』는 텍스트가 전제하고 있는 다른 규훈서들이 텍스트의 내용을 이해하는 토대가 된다.[28] 독자들은 이처럼 텍스트에서 서사 외적인 요인들이 가리키는 바에 따라 작품 속에 등장하는 인물들에 대한 해석을 내리는 것이다. 요컨대 본 장에서 우리는 동일한 사건이 보편적 원리를 입증하는 방식으로 재현되는 규훈서들, 즉 어떤 특별한 사건의 궁극적 의미가 그것이 가리키는 보편적 원리에 있음을 논평 또는 주석의 방식으로 보여주는 텍스트들을 살펴보았다.

3. 『여범』의 독해 방식 : 탈상황맥락적 독해

앞 장에서는 보편적인 유가 원리를 입증하기 위해서, 전고라 할

28 그러므로 규훈서는 각각의 책이 다른 책들에 주석으로 기능한다고 말할 수 있을 것이다.

중국의 고전들을 바탕으로 인물의 행적을 평가하거나 행적의 내용을 보충하는 규훈서들을 살펴보았다. 본 장에서는 『여범』의 서술 방식 또는 독해 방식이 이들 규훈서와 동일한가라는 물음의 해답을 찾고자 한다.

아래는 『열녀전』과 유사한 양식을 가진 『여범』 「모의편」 ‘제뎐직모’ 전문이다.

> ①뎐직모ᄂᆞᆫ제뎐직ᄌᆞ의뫼라②직ᄌᆡ졔ᄅᆞᆯ도와하리의금을일ᄇᆡᆨ일을바다그모ᄅᆞᆯ준대뫼닐오ᄃᆡᄌᆡ졍승이되어녹이이ᄀᆞᆺ티만티아니ᄒᆞ더니엇디ᄉᆞ태우의둔거시리오어ᄃᆡ가이ᄅᆞᆯ어든다답ᄒᆞᄀᆞᆯ오ᄃᆡ진실로아래사ᄅᆞᆷ의게바ᄃᆞ이다뫼ᄀᆞᆯ오ᄃᆡ나ᄂᆞᆫ드로니션ᄇᆡᄂᆞᆫ몸을닥고ᄒᆡᆼ실을조희ᄒᆞ야구챠히잇디아니ᄒᆞ고졍을다ᄒᆞ고실을다ᄒᆞ야거ᄌᆞᆺ거ᄉᆞᆯᄒᆡᆼ티아니ᄒᆞ고의예그른일을ᄆᆞᄋᆞᆷ의계교티아니ᄒᆞ고올티아닌니ᄅᆞᆯ집의드리디아니ᄒᆞ야말ᄉᆞᆷ과ᄒᆡᆼ실을ᄒᆞᆫᄀᆞᆯᄀᆞᆺ티ᄒᆞᄂᆞ니인신이ᄉᆞ군ᄒᆞ기아ᄃᆞᆯ이아비셤김ᄀᆞᆺᄐᆞᆯ디라갈력진튱ᄒᆞ여님군의명을밧드러쳥념ᄒᆞᆫ고로환이업ᄂᆞᆫ디라불의예ᄌᆡ물은내의둘거시아니오불효의ᄌᆞ식은내아ᄃᆞᆯ이아니라③직ᄌᆡ붓그려나가그금을도로보내고스ᄉᆞ로죄ᄅᆞᆯ도라보내니④<u>션왕이그죄ᄅᆞᆯᄇᆞ리고그어미ᄅᆞᆯ상주니라</u>(제뎐직모)[29] (번호·밑줄 필자)

위의 인용문은 앞 장에서 검토한 『열녀전』, 『어제내훈』, 『여범첩록』에 실려 있는 것과 동일한 전직의 어머니 이야기다. ①은 전직의 어머니에 대한 간단한 소개 ②는 전직이 어머니에게 뇌물로 받은 금을 드리다 꾸중을 듣는 일화 ③은 전직이 잘못을 깨닫고 왕에게 벌을 청하는 내용 ④는 왕이 전직의 어머니를 상 주었다는 후일담이다. ①부터

29 선희궁 이씨, 『여범』, 소재영 역주, 형설출판사, 1981, p. 36. 이후 이 책의 출처는 책의 제목과 해당 면수만 표시한다.

④까지는 모두 열녀전의 '전기'에 해당하는 것으로, 『여범』에는 『열녀전』에 빠짐없이 제시되는 논찬과 송, 즉 논평부가 없음을 금방 알 수 있다. 예로든 '제면직모'뿐만 아니라 『여범』의 어디에서도 논찬과 송을 찾을 수 없다.[30]

『여범』이 유향의 『열녀전』을 거의 답습했다고 알려져 있음에도 불구하고 전기에 해당하는 인물의 행적만이 제시되고, 군자의 논평과 송이 생략된 점은 주목할 만하다. 물론 조선 후기에 이르면 논평부가 생략된 인물전이 다수 등장하며, 『여범』 역시 이러한 추세를 따른 것이라 볼 수 있다. 실제로 원사(元史) 열전에서는 논찬을 생략하고 인물의 죽음으로 마무리되는 이야기 형태가 흔히 발견된다. 이처럼 전의 형태가 점차 논찬이 생략되어 가는 방향으로 변화한다고 볼 때, 『여범』의 형식도 그와 동궤에서 이해할 수 있다. 즉 역사서술에 있어서 되도록 저자의 의견을 노출시키지 않고, 독자 자신이 판단하게 하는 서술 방식을 취함으로써, 논찬의 필요성이 감소하게 되었다는 것이다.[31] 다만 본고에서는 논찬과 송의 생략 외에도 독자 스스로가 텍스트의 주제 혹은 제시된 인물을 판단하게 하는 서술상의 특징이 있다고 보고, 이에 대해 좀 더 면밀히 검토해 보려고 한다.

30 단 〈열녀편〉 '절부뉴시'에 "뉴야쉬ᄀᆞᆯ오ᄃᆡ부인이절로뻐나타난재만흐나ᄆᆞ음이긔약ᄒᆞ믈두어브ᄃᆡ일우랴ᄒᆞ되뉴시는절힝이탕연ᄒᆞ야친의뜻을샹히오디아니ᄒᆞ되능히그절을일워우여이부측을조차죵용이의예나아가니당부의어려온바ᄅᆞᆯ부인이힝ᄒᆞ니오호라지극ᄒᆞ도다"라고 하여 논찬과 유사한 형식과 내용의 흔적을 찾을 수 있다. 그러나 이처럼 이야기의 말미에 개인의 의견이 제시되는 것은 '절부뉴시'가 유일하다.

31 곽정식, 『문화전통논집』 제3집, 경성대학교 향토문화연구소, 1995, p. 19.

3.1. 작품 내적 요소를 통한 주제 구현

먼저 논평이 생략된 『여범』의 결말 부분을 두 유형으로 나누는 데에서 논의를 시작해 보겠다. 『여범』의 종결 방식은 크게 후일담이 제시되는 경우와 그렇지 않은 경우로 분류할 수 있는데, 먼저 후일담이 제시되지 않는 이야기들부터 살펴보고자 한다. 후일담이 없는 『여범』의 이야기들은 대체로 동일한 성품을 입증하는 여러 개의 일화가 열거되는 방식으로 구성된다.

> 유신의안해문시나히졈어셔과뷔되니부뫼ᄀᆡ가ᄒᆞ고져ᄒᆞ니문시ᄀᆞᆯ오ᄃᆡ일신의이뷔녈부의븟그리ᄂᆞᆫ배라ᄒᆞ믈며싀어미늙고ᄌᆞ식이어리니눌ᄒᆞ야보ᄅᆞᆨᄒᆞ리오ᄒᆞ고머리ᄅᆞᆯ버혀ᄆᆡᆼ셔ᄒᆞ니라(①)싀어미눈이멀거늘문시양짓물ᄒᆞ고눈을할터라(②)싀어미죽거늘친히흙을져영장ᄒᆞ니라(③)(유신쳐)[32] (번호 필자)

'효녀편'의 '유신쳐'는 젊어서 과부가 된 문씨가 시부모에게 효도했다는 사실을 ① 개가시키려는 친정부모를 단념시키고자 머리채를 자른 일화 ② 시어머니의 눈이 멀자 그의 눈을 직접 핥은 일화 ③ 시어머니가 죽자 스스로 흙을 져 날라 장사를 지낸 일화 이렇게 세 가지 일화를 통해 독자에게 전달한다. 이때 세 가지 일화는 문씨의 효심을 뒷받침하기 위해 선택된 것이며, 이야기 안에서 대등한 위상을 갖는 것으로, 둘 중의 하나가 빠지거나 순서가 바뀐다고 해도 크게 문제가 되지 않는다.

32 『여범』, p. 68.

①당경시번ᄉᆡᆼ의안해되야아ᄃᆞᆯ회인이ᄅᆞᆯ나코지아비일죽으니그형잇듯을앗고져ᄒᆞᆫ대경시ᄀᆞᆯ오ᄃᆡ부인이두번남ᄌᆞ보ᄂᆞᆫ녜업ᄉᆞ니번ᄉᆡᆼ이비록죽으나대힝이이ᄋᆞ히이시니감히명을듯디못ᄒᆞ리로다②형이이에ᄀᆞ마니사ᄅᆞᆷ의게허ᄒᆞ고거ᄌᆞᆺ어미병드럿다닐ᄏᆞ러브르니경시니ᄅᆞ러어미병업ᄉᆞᆫ줄을보고그속인줄을알고이에아ᄃᆞᆯ을ᄃᆞ리고도라갓더니③후의회인이년이십팔의죽으니경시탄ᄒᆞ야닐오ᄃᆡ내구괴ᄇᆞᆯ셔죽고지아비죽고아ᄃᆞᆯ이죽으니의예오래살미업ᄉᆞ리라ᄉᆞ고울고죽으니라(당번ᄉᆡᆼ쳐)[33] (번호 필자)

위의 인용문은 남편이 일찍 죽은 뒤 아들을 키우다가 아들마저 죽자 울다 죽은 당나라 번생의 아내 이야기다. 이 이야기 역시 동일한 성격의 일화들이 나열되는 방식으로 서술되어 있다. 먼저 번생의 아내는 남편이 죽고 친정 오빠가 개가시키려 하자 남겨진 아들이 있다고 이를 거절한다(①) 오빠가 어머니의 병을 거짓으로 꾸며 친정으로 오게 하고 다시 개가시키려하자 아들을 데리고 다시 돌아간다(②) 그러다 아들마저 죽자, "구괴ᄇᆞᆯ셔죽고지아비죽고아ᄃᆞᆯ이죽으니" 오래 살 일이 없다며 삶의 끈을 놓는다(③). 독자들은 그녀가 남편이 죽고 난 뒤에 남은 아들을 이유로 들며 개가할 수 없다고 한 것을 보면서, 그녀에게는 절대 개가할 뜻이 없으며 또한 아들이 죽고 난 뒤에는 더 이상 살 이유가 없으니 텍스트에서처럼 곧 죽으리라는 것을 짐작할 수 있다. 『여범』의 "녈녀"편의 경우 대부분의 이야기가 인물의 죽음으로 마무리되는데, 이 경우에도 인물의 죽음은 '당번ᄉᆡᆼ쳐'에서처럼 인물의 성품을 뒷받침하는 여러 일화 가운데 하나로 기능한다.

33 『여범』, p. 210.

이와 같이 후일담이 제시되지 않는 『여범』의 이야기들은, 『열녀전』을 비롯한 규훈서에서 논찬을 통해 명백하게 전달하려는 주제의식[34]을 유사한 성격의 일화를 반복적으로 제시함으로써 내면화한다. 논찬의 경우 권위 있는 텍스트 외부의 서술자에 의해 텍스트의 의미를 확정하도록 하는 것이라면, 동일한 성격의 일화를 삽화식으로 나열하는 방식은 텍스트의 구조를 통해 의미를 전달하는 방식이라고 할 수 있다.

후일담이 제시된 이야기 역시 같은 맥락에서 이해할 수 있다. 『여범』에서 후일담은 대체로 인물의 행위에 대한 보상이 내려지거나, 인물의 죽음을 기리기 위해 장례를 치르거나, 신이한 일이 일어나 인물의 의로움을 입증하는 등의 형태로 제시된다.[35] 즉 이러한 후일담은 대체로 인물의 행적을 서술한 뒤에 왕이 부인의 이름을 지어주거나 이웃들이 제사를 지내는 등 인물의 어진 행동을 높이 평가하여 결국 이들이 사회적으로 인정받게 되었다는 것을 내용으로 한다. 가족이나 이웃들은 정성껏 장사를 지내고, 사당을 지어주기도 하면서 이들의 행동이 사회적으로 가치 있는 일이라는 인정을 받았음을 말해준다는 것이다.

---

34 "(열녀전의) 傳記식 서술은 이후 등장하는 여훈서에 큰 영향을 미쳐 여훈서 서술 형식의 한 전형을 이루었으며, 여성 전기를 유교적 덕목을 중심으로 유형화함으로써 유교가 지향하는 여성상을 정립하는 계기가 되었다", 김언순, 앞의 글, p. 61.

35 가령 다음과 같은 것들을 예로 들 수 있다.
"향인이어엿비너기고ᄀᆡ톡이너겨겨ᄅᆡ들이모다졔ᄒᆞ고유ᄉᆞ의청ᄒᆞ야증왈죵용ᄉᆞ졀이라ᄒᆞ다"(오일계처)
"초왕이그슈졀ᄒᆞ야의이시믈착히너겨이에졔후의녜로합장ᄒᆞ니라"(식군부인)
"도적이감동ᄒᆞ야그싀어미를ᄇᆞ리고가니태쉬듯고녜로장ᄒᆞ니라"(악양자처)
"쇠ᄀᆞᆯ오ᄃᆡ정녀로다ᄒᆞ고스ᄉᆞ로죽긔ᄒᆞ야녜로뻐합장ᄒᆞ니라"(진양위처)
"친쳑이참혹고불샹이너겨각각ᄌᆡ물을내여그아ᄃᆞᆯ과ᄀᆞᆺ티지아븨므덤겻ᄐᆡ장ᄒᆞ고향듕부뢰불샹이너겨관가의고ᄒᆞ니니별개절힝을됴뎡의주ᄒᆞ야뎡녈방이라뎡문ᄒᆞ시다"(정렬왕씨).

> ①후한악양ᄌᆞ길헤셔드른금을어드니그안ᄒᆡ믈리텻더니먼니가스승을ᄎᆞ자글ᄇᆡ호다가반년만의도라오나늘쳬그연고ᄅᆞᆯ무른대양ᄌᆞᄀᆞᆯ오ᄃᆡ오래나가생각ᄒᆞ니다른ᄯᅳᆺ이업ᄉᆞᆫ디라쳬이에칼ᄒᆞᆯ가디고뵈틀의가닐러ᄀᆞᆯ오ᄃᆡ이뵈누에실의셔나ᄇᆡ틀의이러ᄒᆞᆫ실이ᄡᅡ하ᄒᆞᆫ치의니ᄅᆞ고ᄒᆞᆫ치ᄡᅡ하ᄀᆞᆺ치디아니ᄒᆞ야드ᄃᆡ여자와필이이시니이제내뵈ᄅᆞᆯᄀᆞᆺᄎᆞ면젼공이거ᄌᆞᆺ거시오ᄒᆞᆫ갓날만ᄇᆞ리니이제부ᄌᆞᄇᆡ호기ᄅᆞᆯᄡᅡ합서아ᄅᆞᆷ다온덕을일울거시니만일②듕도의업을폐ᄒᆞ면이뵈ᄀᆞᆺᄂᆞ니와다ᄅᆞ리오양ᄌᆞ안해말의ᄭᆡᄃᆞ라다시오년만의도라오디아니ᄒᆞ야혹이되고일흠을일으니라후의도적이이셔그안해ᄅᆞᆯ범코져ᄒᆞ야몬져그어미ᄅᆞᆯ잡거ᄂᆞᆯ안해칼ᄒᆞᆯ잡고난대도적이ᄀᆞᆯ오ᄃᆡ네날을조차면가히싀어미ᄅᆞᆯ살오고듯디아닌즉죽이리라③쳬앙텬당탄ᄒᆞ고스ᄉᆞ로멱딜러죽으니④도적이감동ᄒᆞ야그싀어미ᄅᆞᆯᄇᆞ리고가니태쉬듯고네로장ᄒᆞ니라(악양ᄌᆞ쳐)[36] (밑줄 필자)

그런데 위의 '악양ᄌᆞ쳐'에서도 알 수 있듯이, 후일담이 제시되는 이야기 역시 후일담이 없는 이야기와 크게 다르지 않은 구성을 취한다. 악양자의 아내는 남편이 얻은 금을 뿌리치고(①), 중도에 학업을 그만두려하는 남편을 깨우치고(②), 시어머니를 위해 자신의 목숨을 끊는다(③). 이와 같은 일화를 통해 성품이 제시된 뒤에는 도적이 감동하여 시어머니를 살려주고, 태수가 장례를 치러주었다는 후일담이 제시된다(④). 후일담이 제시된 이야기는 앞서 후일담이 없는 이야기에 그에 대한 평가만이 덧붙는 형태로 되어 있는 것이다.

이를 통해 『여범』의 후일담은 『열녀전』의 논찬이나 송이 행하는 역할과 동일한 것으로 이해할 수 있다. 즉, 제시된 일화에 대한 규범적인 해석을 내리는 역할을 이들 후일담이 하고 있다는 것이다. 이때 본고

36 『여범』, p. 206.

에서 주목하려는 것은 『여범』에서는 입전된 여성의 행위에 대한 이와 같은 가치부여가 이야기 내부의 인물들에 의해 이루어진다는 사실이다. 이와 같은 인정과 평가는 이야기 외부에 존재하는 사관이나 주석자가 객관적으로 내리는 평가가 아니라, 이야기 내부 인물에 의해 등장인물이 행한 도덕적 행위의 의미와 중요성이 밝혀진다는 점에서 『열녀전』의 논평과 구별된다. 요컨대 『여범』에서 등장인물에 대한 평가 혹은 보상으로 마무리되는 이야기들의 경우 대체로 이야기 속의 등장인물들 또는 이야기 속의 인물들과 동일한 이야기 세계에 존재하는 이들이 평가의 주체라는 점에서 『열녀전』과 다르다.

이와 같은 맥락에서 논의할 수 있는 또 다른 사례로는 『여범』에서 시가 쓰이는 방식을 들 수 있다. 『열녀전』의 시들이 대체로 『시경』의 시이며 이와 같은 사실을 문면에 드러내고 있다면, 『여범』 속의 시들은 대부분 등장인물이 자신이 처한 상황을 표현하기 위해 직접 지은 것으로 제시된다.

> 시ᄅᆞᆯ지어ᄀᆞᆯ오ᄃᆡ사라셔ᄂᆞᆫ집을다ᄅᆞ게하나ᄉᆞ즉동혈ᄒᆞ리라날을밋디아니다닐을딘대ᄇᆞᆯ근날ᄀᆞᆺᄐᆞ미잇도다(ᄉᆡᆨ군부인)[37]
> 시예ᄀᆞᆯ오ᄃᆡ낭군의은혜는넙ᄀᆞᆺ티엷고쳡은어름ᄀᆞᆺ티ᄆᆞᆰ으니낭군의황금이이시되쳡이ᄃᆡ답디아니ᄒᆞ도다만일ᄒᆞ야곰위연이ᄒᆞᆫ말이나통ᄒᆞ야시면반ᄉᆡᆼ의뉘외로온등잔을ᄃᆡᆨ희였던줄미ᄃᆞ리오(노츄호쳐)[38]
> ᄒᆞᆫᄃᆡ를디날ᄉᆡ손가락을베무러피로글을지어돌우히쓰니그글의ᄀᆞᆯ오ᄃᆡ군왕이되업ᄉᆞ니쳡이맛당이ᄌᆡ앙을닙을디라아디못게라지아븨ᄂᆞᆺ출어

37 『여범』, p. 192.

38 『여범』, p. 194.

ᄂᆞ날보리오쳡의몸이도로어느ᄣᆡ를향ᄒᆞ야오리오두줄눈물을ᄌᆞ로듯고 ᄒᆞᆫ번ᄃᆡᄒᆞᄂᆞᆫ시름ᄒᆞᄂᆞᆫ눈섭은즘가여지아니ᄒᆞ얏도다먼니집을ᄇᆞ라니어 ᄂᆞ곳고존망이ᄌᆡ진실로슬프도다드듸여언덕아래ᄂᆞ려더죽으니셕샹의 피지금의오히려잇더라(님희민쳐)[39]

이처럼 『여범』에서는 등장인물이 자신의 생각과 심정을 시로 직접 표현하는 방식이 매우 자주 사용된다. 즉, 작품 속에 제시된 시는 대개 텍스트 내에 존재하는 인물들을 그 발화기원으로 삼는다. 그리고 이러한 사실은 『여범』의 내용을 이해하기 위해서 텍스트에 제시된 것 이외의 지식을 필요로 하지 않는다는 점에서 중요하다. 가령 『시경』의 시라면 그와 관련된 고사와 같은 배경지식을 알고 있어야 하겠지만, 등장인물이 자신의 심경을 노래한 것이라면 텍스트에 제시된 내용만 가지고도 독자는 그 의미를 충분히 이해할 수 있다. 반드시 제시된 시가 어느 책에 적힌 것이며, 어떤 역사서에 기록된 인물의 고사와 관련된 것인가를 알아야 할 필요가 없는 것이다. 『여범』의 후일담이 대개 등장인물의 주변인들을 통해 제시되고, 등장인물의 생각이 직접 지은 시들로 표현되는 것은 독자들로 하여금 제시된 이야기만으로 자연스럽게 글의 주제를 파악하도록 유도한다.

그러므로 이상의 두 가지 결말 유형에 공통적으로 나타나는 『여범』의 특징은 텍스트의 의미를 유발하는 기제가 모두 텍스트 내적 요인에 있는 것이라고 정리할 수 있다. 동일한 패턴으로 진행되는 서사 구조와 인물의 행적에 대한 텍스트 내부 인물의 평가는 주제적인 측면에서

39 『여범』, p. 226.

이전의 사관이나 주석자가 인물에 대해 내린 해석과 크게 다르지 않다. 다만 이와 같은 방식은 텍스트에 입전된 인물에 대해 사전 정보를 가지고 있지 않더라도, 누구나 『여범』을 읽으면서 이러한 주제 또는 해석을 내릴 수 있게 한다는 점에서 중요하다. 어떤 특별한 사건의 궁극적 의미가 그것이 가리키는 영원한 보편적 원리에 있다는 것을 입증하기 위해 텍스트 외적 인물 혹은 문헌의 권위가 요구되는 양식의 자리에, 사건의 궁극적 의미를 기술된 텍스트 자체에서 찾아야만 하는 양식이 놓이게 된 것이다.[40] 요컨대 『여범』은 주석이나 논평대신 텍스트 내적인 구조와 이야기 세계 내부 인물들의 발화를 통해 입전 인물들에 대한 규범적 해석을 유도한다는 점에서 이전의 규훈서들과는 다른 방식으로 독해될 수 있는 텍스트이다.

3.2. 발화기원의 소거를 통한 이야기 세계의 형성

'태사공왈'로 시작하는 『사기』 논찬에서도 알 수 있듯이 필자 자신의 이름이나 벼슬이 아니라 3인칭 서술자를 내세우는 방식은 역사적 사건이나 인물에 대한 서술자의 의견을 최대한 객관화하여 전달하기 위한 장치로서,[41] 『열녀전』에서도 '군자'를 내세워 논평을 제시하는 것은 동일한 효과를 갖는다. 논찬은 인물이나 사건에 대한 가치판단, 시

40 주석은 어떤 특별한 사건의 궁극적 의미가 그것이 가리키는 영원한 보편적 원리에 있다는 것을 입증하는 양식이다. 그러므로 주석이 사라진 텍스트는 사건의 궁극적 의미를 보편적 원리가 아닌 기술된 텍스트에서 찾아야 한다는 것을 의미한다. 루샤오펑, 앞의 책, pp. 99~100.

41 백진우, 「한문 야담문학 속 논평의 양상과 기능에 대하여」, 『고전과 해석』 6집, 고전문학 한문학 연구학회, 2009, p. 183.

비분별, 권계 등에 대한 객관적인 평가의 기능을 하므로, 역사적 시비와 진리에 다가가기 위해 서술자는 개인적인 정보를 텍스트 표면에 드러내지 않는다.[42]

하지만『여범』에는 이러한 기능을 하는 논찬이 생략되었기 때문에, 인물에 대한 규범적 평가나 해석이 제공되지 않는다고 여길 수도 있다. 또한 이로 인해 사실에 대한 보다 객관적인 기록이 가능해졌다고 생각할 수도 있을 것이다. 텍스트 표면에 논평하는 이를 아예 생략하여 인물의 행적을 논평 없이 제시함으로써, 일어난 일을 그대로 전달하는 듯한 효과를 거둘 수 있다는 것이다. 하지만 논평 또는 주석이 생략되었다고 하여『여범』에서 서술자가 자취를 감추었다고 단정하기는 어렵다.

논평이나 주석 대신에 우리는 '높임법'을 통해『여범』의 서술자에 대한 정보를 얻을 수 있기 때문이다.『여범』과 가장 유사한 방식으로 구성된『열녀전』에서는 106명의 여성들을 모의, 현명, 인지, 정순, 절의, 변통, 얼폐로 분류하고 있다.[43] 이에 비해『여범』은 '셩후', '모의', '부계모', '효녀', '현녀', '변녀', '문녀', '부무녀', '뎡녀', '녈녀' 항목으로

42 위의 글, p. 185.

43 이 7가지 유형은 어머니로서 모범이 된 여성, 아내로서 현명함을 드러낸 여성, 부부간의 신의·혈연에 대한 도덕적 의무를 실천한 여성들과, 지혜롭게 현실의 문제를 해결하고, 지식이 뛰어나며, 국가나 가문을 위기에 빠뜨린 여성들로 크게 구분되는데, 이는 사회적 관계에 충실하여 모범이 된 인물 유형–모의·정순·절의–과 긍정 혹은 부정적인 측면에서 자신의 능력이나 자질을 십분 발휘한 행위로 인해 입전 대상이 된 두 가지 유형으로 나누어볼 수 있다. 다시 말해서『열녀전』에는 도덕적인 의무를 충실히 이행한 이들과 행위의 결과로 평가받는 인물 유형이 혼재되어 있다.

구성되어 있다.[44] 본 장에서는 『여범』에서 『열녀전』에 존재하지 않았던 「성후」를 첫 번째 항목으로 제시하고 있으며, 『여범』에 분류된 유형들 가운데 '셩후'가 유일하게 신분에 따른 항목이라는 사실에 주목하고자 한다. 보다 구체적으로 말하자면, '셩후' 항목이 서술자에 대한 정보를 나타내는 흔적이라는 점에서 중요하게 검토하려 한다.

『여범』의 서술자는 『열녀전』에는 존재하지 않았던 '성후' 항목을 따로 설정하고 있으며, 텍스트에 입전된 수많은 여성들 가운데 오직 '셩후' 편에 분류된 인물들에 대해서만 높임법을 사용하고 있다.

> 쥬태ᄉᆞ는무왕지뫼시니우후유신ᄉᆞ시의녀라인명유덕ᄒᆞ샤졍일ᄒᆞ시고단장ᄒᆞ시니문왕이가지ᄒᆞ샤친히위예가마ᄌᆞ실ᄉᆡ조쥬의냥ᄒᆞ시니라드ᄅᆞ시매밋처는태강과태임긔괴이샤됴셕의근노ᄒᆞ샤이진부도ᄒᆞ시니라ᄉᆡᆼ십삼남ᄒᆞ샤곡진이ᄀᆞᄅᆞ치샤ᄆᆞᄎᆞᆷ내쥬덕을일으시니덕이듕외예펴지시고교홰원근의힝ᄒᆞ니라(셩모태ᄉᆞ)[45] (밑줄 필자)

위의 인용문에서 알 수 있듯이 『여범』에서 서술자는 입전 인물들 가운데 '성후'에 실린 황후들에게만 존대를 사용하고 이를 전달받는 독자들에게는 평어를 쓴다. 텍스트에서 일관되게 평어를 쓰는 것이 아니

44 이들 항목 가운데 도덕적 의무와 관련된 부류는 '모의', '부계모', '효녀', '명녀'이고, 행위의 결과와 관련된 부류는 '변녀', '문녀', '부무녀', '녈녀'이다. 특이한 점은 '셩후' 항목인데 6개(부계모, 부무녀까지 포함하면 8개) 항목 가운데 유일하게 신분에 따른 것이기 때문이다. 『열녀전』에서는 어머니 또는 아내와 며느리 등의 역할에 따른 구분은 이루어지고 있으나 이처럼 특정한 신분에 속한 이들을 따로 분류하지는 않는다. 하지만 『여범』을 비롯하여 『규합총서』, 『여범첩록』 등 비교적 후대에 쓰인 열녀전에서는 '성후' 유형의 항목이 존재한다.

45 『여범』, p. 16.

라 특정한 인물에만 존대하고 나머지 인물들과 피서술자에게는 그렇게 하지 않는 것은 서술자가 스스로를 어떠한 자리에 위치시키는가를 알 수 있게 해준다. 일반적으로 한국어에서는 시상이나 법, 상대높임법, 서법 등의 문법 범주를 통해 발화 기원에 대한 정보를 얻을 수 있다.[46] 즉 높임법은 텍스트의 서술자에 관한 정보를 제공하는 항목 가운데 하나로서 '발화흔적'이라 할 수 있는데, 이 텍스트에서 서술자는 '성후' 항목에서만 입전 대상에 주체높임법을 사용함으로써 눈에 띄는 발화흔적을 남긴 것이다. 그 흔적을 통해 우리는 『여범』을 편찬한 선희궁 이씨가 중국의 역사 속 태후와, 텍스트에 등장하는 궁궐 밖 일반 여성들 그리고 『여범』의 가상 독자들 사이에 자신을 위치시켰다는 사실을 알 수 있다.

이처럼 논평이 사라지고, 서술자가 역사 속 한 개인으로서의 특성을 드러내는 것은 당대 남성 사대부들의 열녀전에서 일어나는 변화와 함께 논의해볼 필요가 있다. 사실 『여범』에서는 논평이 사라지지만 비슷한 시기 남성 사대부들이 한문으로 기술한 열녀전에서 논평은 오히려 증가하는 모습을 보인다. 그리고 이 남성들의 열녀전에서 논평은 글쓴이 자신의 이름으로 이루어지는 경우가 많다. 조선 전기 烈女傳 논평부는 '사신왈(史臣曰)'과 같이 시작하여 사관의 입장에서 열행을 밝혀 이를 기리고자 한 것이었다면, 조선 후기 열녀전에는 '월송외사(越松外史)', '황윤석왈(黃胤錫曰)', '서하 임헌매왈(西河 任憲晦曰)', '본족 정재필왈(本族 鄭在弼曰)', '은진 송병화왈(恩津 宋炳華曰)', '高興 柳麟錫曰(고흥 유

46 김병문, 「발화기원 소거로서의 언문일치체의 의미에 관하여」, 『사회언어학』 제16권 2호, 한국사회언어학회, 2008, p. 91.

인석왈)' 등에서처럼 자신의 성이나 본관 또는 법명을 사용하여 인물의 행위에 대한 평가가 개인적이고 주관적인 생각임을 명시적으로 드러낸다.[47]

'태사공왈(太史公曰)', '사신왈(史臣曰)', '야사씨왈(野史氏曰)' 등의 이름으로 논평을 하는 경우 사건을 객관적으로 전달하려는 의도가 강하다면, 사대부 남성이 직접 자신의 목소리로 인물의 행위에 대해 평가를 내리는 것은 주관적인 감상과 평가를 중요하게 여긴다는 의미이다. 그러므로 조선 후기 남성의 열녀전에서 사신의 자리에 서술자 개인의 이름이 나타나는 현상과 『여범』에서 주체높임법을 통해 서술자의 신분이 드러난 사실은 유사한 의미를 갖는다고 할 수 있다. 조선 후기 남성 사대부의 열녀전과 『여범』, 이 둘 모두 전대의 『열녀전』이나 규훈서와는 다르게 서술자의 개인적 면모가 드러나는 텍스트인 것이다.

하지만 『여범』에서 높임법이 언제나 서술자의 흔적으로 기능하는 것은 아니다. 서술자의 흔적으로 보이는 주체높임과는 다르게, 등장인물들의 대화에 나타나는 상대 높임은 서술자의 흔적을 지우는 역할을 한다. 『여범』에서 인물의 발화는 상호 주고받는 대화로 제시되는 경우가 많다. 서로 이야기를 주고받는 이와 같은 표현은 자연스러운 대화체라고는 할 수 없지만, 묻고 답하는 방식을 빌어 글을 쓰는 이른바 문답체와는 크게 다른 것이다.[48] 물론 텍스트에 '골오딕', '니르거늘' 등 인용을 알리는 표지가 존재하며, 이것이 서술자의 존재를 알리는 역할을 하고 있는 것은 사실이다. 그러나 간접인용일 경우에는 인용문의

47 강영숙, 「한국열녀전연구」, 영남대 박사학위논문, 2010, pp. 104~105.

48 권보드래, 『한국근대소설의 기원』, 소명출판, 2000, pp. 174~175.

종결어미가 그에 맞게 변화할 텐데, 『여범』에서는 인용표지 '-하고'[49] 앞에 인용된 문장의 종결어미가 변화하지 않는다. 즉, 제시된 등장인물의 발화문 종결어미가 '-하고' 앞에서 변하지 않는다는 점을 통해 『여범』의 대화 제시는 간접인용보다는 직접인용에 가까운 방식이 사용되고 있음을 알 수 있다.[50]

또한 『여범』에서 인물들은 상대높임법을 사용하여 대화하고 있어, 인물들 간의 대화는 서술자와는 별개의 독립된 세계 안에서 자체적인 의미를 갖는 자립물로 받아들일 수 있게 된다.[51]

> 뎡강은제나라님군의ᄯᆞᆯ이오초쇼왕의부인이라쇼왕이노리ᄒᆞ라가고부인을졈ᄃᆡ예다가두엇더니대슈표류ᄒᆞ야ᄂᆞᆯ왕이ᄉᆞ쟈를보내여부인을마자오라ᄒᆞ되닛고신보ᄅᆞᆯ보내디아니ᄒᆞ니부인이닐오ᄃᆡ왕이언약ᄒᆞ시되브로긔되면부ᄃᆡ신보ᄅᆞᆯ보내마ᄒᆞ시더니ᄉᆞ재신보ᄅᆞᆯ아니가져와시니내조차가디못ᄒᆞ리라ᄉᆞ재닐오ᄃᆡ이제물이거룩이드러오니도라가신보ᄅᆞᆯ가져오느라ᄒᆞ면못밋출가ᄒᆞᄂᆞ이다부인이닐오ᄃᆡ쳡은드르니뎡녀지의언약을일티아니ᄒᆞᆫ다ᄒᆞ니내졀을ᄃᆡᆨ희려ᄒᆞ니ᄉᆞ쟈ᄅᆞᆯ조차가면일뎡살고

---

49 인용동사가 피인용문에 전치한 경우, 이 구조에 뒷 절과 연결되기 위해 형식동사 'ᄒᆞ-'가 사용된 경우, 인용동사가 피인용문에 후치한 경우가 있으며, 현대국어로 올수록 뒤의 형식이 많이 나타난다. 『여범』의 경우는 이 가운데 두 번째 형식으로 직접인용을 하고 있음을 알 수 있다. 안주호, 「인용동사의 문법적 고찰」, 『우리말글』 37, 우리말글학회, 2006, pp. 146~147.

50 중세국어와 현대국어에서 구문의 큰 차이를 보이는 것은 인용문에서인데, 그중 큰 차이로는 중세국어에는 현대국어에서 이른바 인용표지라고 불리는 "-고, -라고, -하고" 등이 나타나지 않는다는 점과 피인용문과 인용동사의 순서 등이 다르다는 점이 있다. 그 차이에 대해 간략히 정리하면 다음과 같다. ① [NP - 인용동사 - [피인용문]] ② [NP - 인용동사 - [피인용문] - ᄒᆞ(-)] ③ [NP - [피인용문] - 인용동사], 위의 글, pp. 146~147.

51 김병문, 앞의 글, p. 92.

이시면일뎡죽을줄알건마ᄂᆞᆫ언약을ᄇᆞ리고의ᄅᆞᆯ니져ᄇᆞ리면사라셔도죽으니만못ᄒᆞ리라ᄒᆞ니ᄉᆞ재신보가자라간ᄉᆞ이의졈ᄃᆡ물허지니부인이죽은디라왕이탄ᄒᆞ여닐오ᄃᆡ졀을ᄃᆡᆨ히여죽고구챠히사디아닛ᄂᆞᆫ거시뎡녀라ᄒᆞ고일홈을뎡강이라ᄒᆞ니라(초쇼뎡강)[52]

셩데후뎡의노름노리ᄒᆞ실ᄉᆡ쳡여로더브러ᄒᆞᆫ년의ᄐᆞ려ᄒᆞ시거늘ᄉᆞ양ᄒᆞ야ᄀᆞᆯ오ᄃᆡ네그림을보니현셩지군은다용ᄒᆞᆫ신해겻ᄐᆡ뫼셧고삼ᄃᆡ말왕이야고이ᄂᆞᆫ겨집이이시니이제ᄒᆞᆫ년을ᄐᆞ고져ᄒᆞ시니다ᄀᆞᆺᄐᆞ니잇가쳡예ᄀᆞᆯ오ᄃᆡ쳡은드르니ᄉᆞᄉᆡᆼ이유명ᄒᆞ고부귀ᄌᆡ텬ᄒᆞ니올ᄒᆞᆫ일을닷가도오히려복을닙디못ᄒᆞ거든샤특ᄒᆞᆫ일을ᄒᆞ야므어슬ᄇᆞ라리오ᄯᅩ귀신으로ᄒᆞ야곰아는일이이시면사오나온사ᄅᆞᆷ의하ᄂᆞᆫ말을듯디아닐거시오아ᄂᆞᆫ일이업ᄉᆞᆯ쟉이면하다므어시유익ᄒᆞ리오이러므로ᄒᆞ디아니ᄒᆞ니이다(한반쳡여)[53]

쥬션왕의강후ᄂᆞᆫ졔국님군의녀라어딜고덕이겨샤일이네아니어든니ᄅᆞ디아니ᄒᆞ시며힝실이네아니어든움즉이디아니ᄒᆞ시니션왕이일즉일누어늣게야니ᄅᆞ시거늘강휘빈혀ᄅᆞᆯᄲᆡ히고죄ᄅᆞᆯ기ᄃᆞ려그보모로ᄒᆞ여곰왕긔말을통ᄒᆞ여ᄀᆞᆯ오ᄃᆡ쳡의불ᄌᆡ로음ᄒᆞᆫᄆᆞ음을뵌디라군왕으로ᄒᆞ여곰녜ᄅᆞᆯ일허늣게야됴회ᄒᆞ시기의니ᄅᆞ니군왕이ᄉᆡᆨ을즐기시고덕을닛기ᄅᆞᆯ보니진실로ᄉᆡᆨ을즐기면반ᄃᆞ시샤치ᄅᆞᆯ됴화ᄒᆞ고욕심을궁진히ᄒᆞ미난의니러나ᄂᆞᆫ배오난의니러나ᄂᆞᆫ근본이쳡으로조차나니감히쳡의죄ᄅᆞᆯ청ᄒᆞᄂᆞ이다왕이ᄀᆞᆯ샤ᄃᆡ과인의불덕이실로스ᄉᆞ로허물이나니부인의죄아니라ᄒᆞ고졍ᄉᆞ의브즈러니ᄒᆞ야일즉됴회ᄒᆞ야ᄆᆞᆺᄎᆞᆷ내듀흥의일홈을일으시니라(쥬션강후)[54]

52 『여범』, p. 190.

53 『여범』, p. 130.

54 『여범』, p. 18.

위의 예문에서 밑줄 친 대화부분을 보면 아직 완전한 직접인용에는 이르지 않았지만, "첩" "과인" "부인" 등의 어휘가 인물들 간의 대화에 사용되는 것을 확인할 수 있다. 이러한 사실은 서술자가 대화자들이 서로를 높이거나 낮추는 상황을 재현하려 했음을 말해 준다. 또한 평서문의 "아니ᄒᆞ니이다" 의문문의 "ᄀᆞᆺᄐᆞ니잇가" 등의 상대높임 선어말어미 '이'와 '잇'을 통해 인물들이 대화상황에서 서로에게 높임을 사용하고 있음을 알 수 있다. 이처럼 대화자가 자신을 낮추거나 상대를 높이기 위한 어휘를 선택하여 사용하는 것 그리고 인용 문장에서 나타나는 상대높임법은 발화를 은폐하거나 변형하지 않고 있는 그대로 제시하는 효과를 가져온다. 다시 말해서 상대높임법은 발화기원을 소거하는 효과를 가지며 발화기원이 소거된 발화문은 그 어떤 외적인 요인을 참고할 수도 없고, 또 참고할 필요도 없는 자립적인 존재가 될 수 있다.

본고에서는 이와 같은 대화 형식, 즉 서술자의 매개가 완전히 사라진 것은 아니지만, 등장인물의 발화가 직접인용으로 제시되는 것이 국문 표기와 밀접한 관계가 있다고 본다. 한문 텍스트가 한글 텍스트로 변용되는 과정에서, 무엇보다 상대높임법이 쓰인 것은 한문 텍스트와는 다르게 『여범』이 등장인물들의 이야기 세계와 서술자의 이야기하는 세계를 구별하고 있음을 말해 준다. 서술자가 의도했든 하지 않았든, 한글을 사용함으로써 "언어로 언어를 전달할 때에는 〈있는 그대로〉의 재현이 가능할 수 있다"는, 즉 대화 상황이라는 현실을 있는 그대로 모방한다는 인식이 가능해진 것이다. 물론 일상어를 그대로 재현하는 데 한자로는 한계가 있을 수밖에 없음을 생각하면 이

는 당연한 일이기도 하다.[55]

요컨대 『여범』에 사용된 상대높임법은 이 텍스트에 등장하는 인물들의 이야기가 다른 텍스트에 등장하는 인물들의 이야기를 재인용한 것이 아니라, 실제 상황을 재현하는 듯한 효과를 낳는다는 점에서 유의미하다. 앞 장에서 살펴본 규훈서들이 객관적인 서술자가 다른 규훈서들을 재인용하는 방식으로 역사 속 인물에 대한 규범적인 해석을 내린 것이라면, 『여범』은 역사 속의 한 개인이 독자에게 자신이 아는 이야기를 재현하여 전달하는 방식으로 주제를 구현하는 텍스트인 것이다.

4. 『여범』의 상호텍스트성

우리 고전 작품들 가운데 특히 한문 텍스트들은 흔히 이전 시기의 텍스트를 이용하여 새로운 텍스트를 생산해내는 방식을 사용한다. 이러한 방식은 '용사',[56] '전거수사', '편철성' 등의 용어로 불리면서, 표의문자로서의 한자의 고유한 특성과 인문 전통에 대한 소양을 지닌 특정 계층에서 광범위하게 사용되어왔다.[57] 본고의 2장에서 검토한 『열녀전』, 『내훈』과 같은 규훈서 등이 이러한 방식으로 생산된 텍스트들이

55 권보드래, 앞의 책, p. 173.

56 위의 책, p. 49.

57 용사에서의 일 또는 사례는 전대에 일어났던 사실이라기보다는 이전 시기의 텍스트에 실려 있는 일이다. 다시 말해서 용사는 현실 세계와는 무관하며, 오직 선행하는 텍스트와만 관련된 문제이다. 조현우, 『고전서사의 허구성과 유가적 사유』, 보고사, 2007, p. 46.

다. 이 규훈서들은 전고, 즉 선행 텍스트를 명시함으로써 사실의 재현이 아니라, 전범 텍스트를 인용하고 있음을 스스로 드러낸다. 텍스트는 현실 세계가 아니라 선행하는 텍스트와 관련되며, 한문으로 된 규훈서들은 이러한 원리에 따라 쓰고 읽힌다. 작품에 등장한 인물과 그들의 발화는 그 기원을 '현실'에 위치시키지 않고, 이미 기술된 어떤 현실, 즉 일련의 복사본만이 끝없이 발견되는 '텍스트'에 두는 것이다.[58]

물론 이때 텍스트의 세계는 한문을 읽고 쓸 줄 알며, 이 텍스트들이 참조한 전고들을 이미 알고 있는 이들만의 세계이다. 조선 사회에서 이와 같은 텍스트의 세계에 접근할 수 있는 이들은 지극히 일부의 식자층이었다. 때문에 원래의 텍스트에서 사용된 맥락과 의미의 일부, 심지어 전부를 알고 있는 이들만이 이 텍스트의 생산자 혹은 수용자가 될 수 있었다.[59] 그러므로 『규훈서』의 텍스트성은 일정한 교양을 갖춘 이들에게만 유효한 것이다.

반면에 『여범』은 이와는 다른 방식으로 독해될 수 있다는 점이 특징이다. 유향의 『열녀전』은 사관의 논찬과 『시경』의 시를 인용하는 것으로 끝을 맺지만, 『여범』에서는 텍스트가 참조 하는 전고들의 흔적을 찾기가 쉽지 않다. 논평이 아니라 플롯으로, 외부의 인물이 아니라 작품 속 인물들의 평가로, 『시경』의 시가 아니라 등장인물들이 직접 지은 시들로 작품의 주제가 구현되기 때문이다. 이처럼 전고를 인용한 표지가 상당부분 생략되고, 인물에 대한 객관적 평가나 해석 또한 자취를 감춘 데다, 전거를 몰라도 충분히 주제를 파악할 수 있도록 쓰였다는

58 롤랑 바르트, 『S/Z』, 김웅권 역, 동문선, 2006, p. 235.

59 위의 책, p. 49.

면에서 『여범』은 이전의 규훈서들과는 다른 독해 방식, 즉 하나의 독립된 텍스트로 이 작품을 이해할 수 있는 가능성을 제시한다.

또한 『여범』의 높임법을 통해서 우리는 이 텍스트에 최소한 두 계층의 언어가 혼재되어 있음을 알 수 있다. 성후에게 높임을 사용하고 다른 입전 대상 및 텍스트의 가상 독자에게는 평어를 쓰는 서술자는 분명 한문으로 된 중국의 역사서 또는 규훈서의 내용을 충분히 알고 있는 이일 것이다. 그러므로 『여범』은 서술자와 유사한 배경지식을 가지고 있는 이들을 위한 텍스트라고 볼 수 있다.

하지만 한편으로 상대높임법 등을 통해 짐작할 수 있는 직접인용의 방식, 즉 대화상황의 재현은 『여범』이 한글 텍스트에 적합한 서술 방식을 취하고 있음을 보여준다. 직접인용으로 대화 상황이 재현됨으로써 『여범』의 이야기를 중국의 사서나 규훈서의 재인용이 아니라 현실 세계의 재현 혹은 모방인 것처럼 여기게 한다는 것이다. 그러므로 『여범』은 한문으로 된 중국의 역사서 혹은 규훈서의 내용에 익숙한 이들의 언어, 즉 이 글의 서술자가 사용하는 또는 이 글의 서술자와 동일한 독서 경험이 존재하는 이들의 언어와, 한문 텍스트의 독해와는 거리가 먼 즉 『여범』이 참고한 텍스트에 대한 배경지식을 갖지 않은 이들의 언어가 뒤섞여 있는 텍스트라고 할 수 있다.

독자들 가운데 일부는 『여범』의 작자처럼 전고에 대한 배경 지식을 가지고 있었을 테며, 또 다른 이들은 그렇지 않았을 것이다. 그러므로 이들은 각각 다른 방식으로 『여범』을 읽을 수밖에 없었을 것이다. 하지만 분명히 그들 모두는 『여범』에 기술된 내용을 이해하는 데 어려움이 없었으리라고 생각된다. 『여범』은 기존 규훈서의 독해 방식이라 할 수 있는 상황의존적 방식뿐만 아니라, 탈상황맥락적인 방식으로도 독해가 가능한 텍스트이기 때문이다. 즉, 『여범』은 전처럼 전고의 의미를 떠올리며 작품을 읽고 이해하는 것이 가능한 텍스트인 한편으로 작품 속 등장인물에 관한 사전정보가 전혀 없는 상태에서도 읽고 주제를 파악하는 것이 가능한 텍스트이다.

요컨대 『여범』은 다양한 계층의 여성들이 입전된 텍스트인 동시에 다양한 계층의 여성들이 읽을 수 있는 텍스트이다. 텍스트 내부에 최상층부터 최하층까지의 인물들이 실려 있듯이, 그것을 독해하는 것도 기존의 규훈서들 또는 한문 텍스트의 독해규범에 익숙한 비교적 상층의 여성들에서부터 이러한 방식에 익숙하지 않은, 즉 한글 텍스트를 읽는 데에만 익숙한 이들에게까지 모두 열려 있다.[60] 그러므로 『여범』은 상호텍스트성의 원리가 충실히 실현된 텍스트라고 할 수 있다. 상호텍스트성은 수많은 '텍스트들' 또는 목소리들 가령 의식적인 저자의 의도, 무의식적인 욕망, 현재와 과거의 사회적 함의들이 개별 작품들 속에서 서로 만나고 있음을 암시한다. 작가가 의식적으로 드러내려는 의미는 복잡한 상호텍스트성의 일부분만을 결정할 뿐,[61] 이와 같은 다성적인 글쓰기는 그것 자체로 지배적인 의미 체계에 도전한다.[62] 『여범』은 한문 텍스트를 잘 알고 있지 않은 이들도 충분히 작품의 의미를 파악할 수 있는 방식으로 기술됨으로써, 한문 텍스트의 권위, 역사 속

60 본고에서는 이와 같은 내용을 작품의 내적인 구조와 특질을 통해 입증하고자 했다. 그러나 이는 『여범』을 읽었던 실제 향유층을 제시함으로써 보다 설득력을 얻을 수 있을 것이며, 그와 관련된 논의는 추후의 과제로 삼고자 한다.

61 팸 모리스, 『문학과 페미니즘』, 강희원 역, 문예출판사, 1997, pp. 228~229.

62 위의 책, p. 257.

인물들에 대한 배경지식 그것 자체가 지식 권력이던 사회에 도전한 것이다.

물론 본고에서는 텍스트의 저자가 이 모든 것을 의도했다는 주장을 하는 것은 아니며, 다만 저자가 한글 텍스트로 열녀들의 전기를 다시 쓰는 과정에서 이와 같은 효과가 산출되었다는 이야기를 하려는 것이다. 『여범』에는 한문 텍스트를 읽고 쓰는 방식뿐만이 아니라 한글 텍스트를 읽고 쓰는 방식, 즉 탈맥락적인 독해방식이 새롭게 적용되었으며, 이 두 가지 방식의 대화적 상황은 전자의 방식이 지배적이던 체계에 도전한다는 점에서 의의가 있다. 또한 후자의 탈맥락적인 독해 방식으로 인해 텍스트의 등장인물들은 한문 텍스트들이 참조했던 텍스트의 세계에서 현실 세계를 모방한 허구 세계로 발화의 기원을 옮기게 되었으며, 이는 '일상어의 재현'이라는 한글 텍스트의 특성과 밀접하게 관련된다는 점에서 여타의 규훈서들과 구별되는 『여범』의 특성을 잘 드러낸다고 할 수 있다.

2장

상징적 질서의 확산과 균열:
조선 후기 여성 한글 간찰을 중심으로

2장

상징적 질서의 확산과 균열: 조선 후기 여성 한글 간찰을 중심으로

1. 보편적 글쓰기 양식으로서 한글 간찰

이 글은『선세언적』과『자손보전』에 실린 17~19세기 여성 한글 간찰의 특질을 규명하는 것을 목적으로 한다. 서간은 조선시대에 가장 보편화된 글쓰기 방식 가운데 하나였으며,[63] 현전하는 조선 후기 여성들의 한글 텍스트 가운데 간찰이 차지하는 비중이 상당함에도 불구하고, 지금까지 한글 간찰[64]은 문학 연구자들에게 크게 주목을 받지 못했

63 허원기,「한글 간찰 연구사」,『국제어문』32집, 국제어문학회, 2004, p. 309.

64 한글 간찰은 '언간' 또는 '내간'이라는 명칭으로도 불린다. 언문간찰을 뜻하는 '언간'은 한글을 비하하는 뜻이 담겨 있어 적절하지 않으며, 한글 간찰의 발신자와 수신자가 여성만이 아니기에 '내간'이라는 명칭 또한 옳지 않다고 보는 견해도 있다. 이에 본고에서는 '한글 간찰'이라는 용어를 사용하고자 한다. 위의 글, 2004, p. 298 참조.

다. 물론 고전소설 속에 삽입된 서간에 관한 연구,[65] 한글 간찰의 문체론적인 연구,[66] 한글 간찰의 규식에 대한 연구[67] 등 간찰에 대한 문학적 접근이 꾸준히 있어왔던 것은 사실이다. 하지만 1948년 이병기의 『근조내간선』에서 '내간체'라는 이름으로 한글 간찰이 처음 소개된 이래,[68] 새로운 자료를 발굴·정리하고 이를 판독·주해하는 작업에 상당한 시간이 소요되어 1990년대에 와서야 본격적인 역주서가 등장했기 때문에,[69] 문학 분야에서 활발한 연구를 기대하기는 어려웠다. 다행히 최근 한국연구재단의 지원으로 언간역주사업이 추진되고 그 결과물들이 본격적으로 가시화되고 있으니 연구 성과 또한 다양해질 것으로 보인다.

이 글에서도 한글 간찰을 연구 대상으로 하여 부분적이기는 하지만 조선 후기 여성 문학에 대한 인식의 지평을 넓히는 데에 기여하고

65 김일근, 「고전소설과 언간」, 『고전소설연구』, 일지사, 1993.
경일남, 「고전소설의 삽입서간 연구」, 『어문연구』 28집, 어문연구회, 1996.

66 심재기, 「내간체 문장에 대한 고찰」, 『동양학』 5, 단국대학교 동양학연구소, 1975.
김향금, 「언간의 문체론적 연구」, 서울대 석사학위논문, 1994.

67 홍은진, 「방각본 언간독에 대하여」, 『문헌과 해석』 1, 태학사, 1997.
홍은진, 「축하·인사·상고간의 언간규식」, 『문헌과 해석』 6, 문헌과 해석사, 1999.
홍은진, 「남성간의 왕복 언간규식2」, 『문헌과 해석』 7, 문헌과 해석사, 1999.
김남경, 「언간독과 증보언간독 비교연구」, 『민족문화논총』 24집, 영남대민족문화연구소, 2001.
김봉좌, 「조선시대 방각본언간첩 연구」, 한국학대학원 석사논문, 2003.

68 이병기는 내간을 '부녀들끼리 또는 부녀를 상대로 하는 편지'로 이해하면서, 문안, 기별, 초청, 부탁, 호소, 위로, 염정, 소회, 문의하는 사연을 다룬다고 보았다. 허원기, 앞의 글, p. 308.

69 황문환, 「조선시대 언간 자료의 현황과 특성」, 『국어사 연구』 10호, 국어사연구, 2010, p. 75.

자 한다. 조선 후기는 새로운 세계관 혹은 자아관을 가진 일군의 여성들이 등장하여 이전에 비해 활발한 글쓰기 활동을 펼친 시기이다. 그리고 이때 한글 간찰은 여성의 글쓰기 활동의 핵심 가운데 하나였다.[70] 이에 조선시대의 보편적인 글쓰기 방식이었던 서간이 갖는 의미를 검토해 보고자 한다.[71] 요컨대 이 글의 목적은 『선세언적』과 『자손보전』에 실린 17~19세기 조선 후기 사대부가 여성들이 쓴 한글 간찰을 문학적 관점에서 검토하여, 조선 후기 여성 한글 간찰의 양식적 특질을 규명하고 이를 통해 그들이 자신의 삶을 의미화 하는 방식을 해석하는 보다 광범위한 연구의 시론을 마련하는 데에 있다.

최근 들어 경험적 서사체에서 중요한 것은 사실성이 아니라 그 속에 담긴 서술자의 인식 체계 즉, 세계를 이해하고 해석하는 방식이라는 데에 많은 이들이 동의하게 되었다. 전달하고자 하는 사상이나 자신의 경험에 대한 나름의 해석에는 그의 인식을 구성하는 당시 사회와 문화의 구조가 반영되어 있고 이것이 문화의 특성을 이해하는 데 좋은 실마리가 될 수 있다는 것이다. 그러므로 우리는 여성 한글 편지에 나타난 서술 방식 및 서술자의 태도를 통해 이들의 경험과 문화적 전통에 바탕

70 한글 간찰은 특정 계층이나 성별에 관계없이 모두가 주고받은 것이라 할 수 있지만, 주종 간에 오고간 편지나 외교적인 문제를 다룬 편지 등 극히 예외적인 경우를 제외하고는 반드시 여성이 발신자나 수신자로 참여한다는 점에서 특히 여성의 삶과 글쓰기에 매우 긴밀하게 관계된다고 할 수 있다. 발신자와 수신자가 모두 남성인 경우는 현종이 잠저에 거처할 때 썼던 인평위 정제현에게 보낸 편지와, 상촌 신흠의 손자인 동양위 신면이 그 아들인 종화에게 보낸 편지, 그리고 곽씨 언간에서 곽주가 노비인 곽샹이에게 보낸 편지만이 지금까지 드러난 것이다. 김무식, 「조선조 여성의 문자생활과 한글편지」, 『인문학논총』 14권 2호, 경성대학교 인문과학연구소, 2009. p. 6; 황문환, 앞의 글, p. 76.

71 허원기, 앞의 글, pp. 309~310.

을 둔 인식 체계 전반을 보다 명료하게 이해할 수 있을 것이다.

연구 대상으로는 『선세언적』에 실린 21편의 한글 간찰과 『자손보전』에 실린 19편의 한글 간찰을 택하였는데, 이 두 간찰첩을 선택한 이유는 한국학중앙연구원에서 펴낸 총 10권의 『조선 후기 한글 간찰(언간)의 역주 연구』 가운데 17~19세기에 여성들이 쓴 한글 간찰이 이 두 권의 간찰첩에 가장 집중적으로 실려 있기 때문이다.[72]

『선세언적』은 고령 박씨 가문 부인 11명이 쓴 21편의 한글 간찰을 장정한 간찰첩으로, 한 가문의 7대 200년(1649~1803)에 걸친 한글 간찰을 모은 것이다. 『선세언적』은 11명의 여성들이 17세기 중반부터 19세기 초반까지 쓴 편지들을 모은 것이기 때문에 조선 후기 여성 한글 간찰의 특징을 비교적 고르게 보여줄 수 있다고 판단된다.

한편 『자손보전』은 지대의 고조비 해주 최씨(1591~1660)로부터 흠구의 아내에 이르는 7대에 걸친 신창 맹씨 가문 여인들의 국문 수적을 모아 성첩한 것으로 그 내용은 언간을 비롯하여 행장, 조리법, 비망록, 잡기 등 다양하다.[73] 『자손보전』에는 34편의 한글 수적이 실려 있는데, 이 글에서는 그 가운데 18세기 초부터 19세기 중반까지에 해당되는 총

72 물론 『은진 송씨 송준길 가문 한글 간찰』에도 17~18세기에 쓰인 여성 한글 간찰이 다수 수록되어 있다. 그러나 이 간찰들에 대해서는 논의가 어느 정도 진행되어 있으며(박부자, 「송준길(宋浚吉) 후손가의 언간첩 『선세언독(先世諺牘)』에 대한 고찰」, 『한국고전여성문학연구』 17, 한국고전여성문학회, 2008. 홍학희, 「17~18세기 한글 편지에 나타난 송준길 가문 여성의 삶」, 『한국고전여성문학연구』 20, 한국고전여성문학회, 2010), 51편에 해당되는 이 편지글까지 한 편의 논문에서 함께 다루기는 무리라고 판단되어 추후의 과제로 남기고자 한다.

73 한국학중앙연구원 편, 『조선 후기 한글 간찰(언간)의 역주 연구3』, 태학사, 2005, pp. 34~35.

19편의 간찰을 검토하고자 한다. 『선세언적』과 『자손보전』에 실린 40편의 간찰로써 조선 후기 여성 한글 간찰의 전모를 드러내기는 어려울 것이다. 다만 조선 후기 여성 한글 간찰이 전대에 비해 매우 규식화되어 있다는 점을 고려한다면, 이 40편 작품의 특징을 규명하는 작업이 조선 후기 여성 간찰의 보편적 양식을 규명하는 데 시론 역할을 할 수 있으리라 기대한다.

2. 조선 후기 여성 한글 간찰의 양식적 특질: 규칙에 따른 상투적인 내용의 결합

한글 간찰은 후대로 갈수록 점점 정형화되기는 하지만, 초기의 것이라 하더라도 대개 동일한 형식 및 순서로 되어 있다. 연구자들은 한글 간찰이 '발신인, 수신인, 용건'의 세 가지를 갖춰야 하며, '편지글이라는 현대적인 뜻 이외에 문서·기록·문학 내지는 의례의 뜻'을 아울러 지닌다고 보고,[74] 일반적인 편지 쓰기 규범을 참고하여 양식을 체계화했다.

이광호는 언간의 형식적 특성을 편지 쓰기의 규범에 따라 (가) 편지를 받을 사람 (나) 의례적인 안부 (다) 주요한 사연(내용) (라) 편지를 끝맺는 말 (마) 편지 쓴 날짜 (바) 편지 쓴 사람 순서로 제시[75]했으며, 허

74 김일근, 『언간의 연구』, 건국대학교출판부, 1986, pp. 11~12.

75 이광호, 「언문간찰의 형식과 표기법」, 『정신문화연구』 19권 3호, 한국학중앙연구원, 1996, pp. 95~122.

재영은 16~18세기까지의 서간 형식을 서두·본문·결말로 크게 나누고 서두는 기필·시후·안부·자기 안부를, 본문은 전할 사연을, 그리고 결말은 결구·날짜·서명을 포함한다고 정리했다.

홍은진과 전병용은 1860년대를 전후로 편지 형식을 규식화한 언간독류를 따라 서식을 정리했는데, 먼저 홍은진은 간찰이 서두, 알리는 부분, 마무리의 3단계로 구성되며 다시 서두는 받는 사람의 호칭·시후·상대의 안부, 알리는 부분은 보내는 사람의 안부인사·용건 그리고 마무리는 정리하는 말·끝맺는 인사말·축원·날짜·보내는 사람의 서명으로 되어 있다고 보았다.[76] 『징보언간독』을 기준으로 한글 간찰의 구성을 분석하고 제시한 전병용 또한 한글 간찰을 서두, 사연, 결말의 3단계로 나누고, 서두는 호칭·계절인사·안부인사(수신자, 발신자)로, 결말은 결말인사·전언·결구·연월일·서명·추신으로 다시 구분했다.[77]

이상의 내용을 표로 정리해보면 다음과 같다.

76 서두 1) 받는 사람의 호칭 2) 시후 3) 상대의 안부, 알리는 부분 4) 보내는 사람의 안부 인사 5) 용건(하고 싶은 말), 마무리 6) 정리하는 말 7) 끝맺는 인사말 8) 축원 9) 날짜 10) 보내는 사람의 서명(署名), 홍은진, 「근대 언간 규범서 '징보언간독'에 대하여」, 『숙명어문논집』 제2집, 숙명어문학회, 1999a, p. 137 참조.

77 전병용, 「한글 간찰의 상투적 표현 고찰」, 『동양고전연구』 37집, 동양고전학회, 2009, p. 282.

표 1.

<table>
<tr><th>이광호</th><th colspan="2">허재영</th><th colspan="2">홍은진</th><th colspan="2">전병용</th></tr>
<tr><td>편지를 받을 사람</td><td rowspan="3">서두</td><td>기필</td><td rowspan="3">서두</td><td>받는 사람의 호칭</td><td rowspan="3">서두</td><td>호칭(起筆)</td></tr>
<tr><td rowspan="2">의례적인 안부</td><td>시후와 안부</td><td>시후</td><td>계절인사</td></tr>
<tr><td>자기 안부</td><td>상대의 안부</td><td>안부인사
(수신자, 발신자)</td></tr>
<tr><td rowspan="2">주요한 사연(내용)</td><td rowspan="2">본문</td><td rowspan="2">전할 사연</td><td rowspan="2">알리는 부분</td><td>보내는 사람 안부인사</td><td colspan="2" rowspan="2">사연</td></tr>
<tr><td>용건
(하고싶은 말)</td></tr>
<tr><td rowspan="3">편지를 끝맺는 말</td><td rowspan="6">결말</td><td rowspan="3">결귀</td><td rowspan="6">마무리</td><td>정리하는 말</td><td rowspan="6">결말</td><td>결말인사</td></tr>
<tr><td>끝맺는 인사말</td><td>전언</td></tr>
<tr><td>축원</td><td>결구 (끝맺음)</td></tr>
<tr><td>편지 쓴 날짜</td><td>날짜</td><td>날짜</td><td>연월일</td></tr>
<tr><td rowspan="2">편지 쓴 사람</td><td rowspan="2">서명</td><td rowspan="2">보내는 사람 서명</td><td>서명</td></tr>
<tr><td>추신</td></tr>
</table>

위의 표를 보면 금세 알 수 있듯이, 연구자들이 정리한 한글 간찰의 양식은 거의 비슷하다. 다만 홍은진의 경우 보내는 사람의 안부인사가 '알리는 부분'에 속한다는 점이 다른 연구자들과 구별된다. 전병용은 안부인사를 서두에 두고 사연을 따로 분류했지만 다음과 같은 상세한 구분을 통해 발신자 안부의 독특한 위치에 주목하기도 했다. 즉, 직접형(수신자 안부+발신자 안부)과 간접형(수신자 안부+사연+발신자 안부)을 구분하여 수신자 안부와 발신자 안부 사이에 사연이 놓인 경우와 그렇지 않은 경우가 있음을 밝힌 것이다. 홍은진과 전병용의 논의에서 발신자 안부가 중요하게 다루어지는 이유는 한글 간찰에서 발신자 안부의 내용이 길어지는 경우가 많으며, 그것이 주된 사연인 편지가 상당수 존재한다는 사실에 이들이 주목했기 때문으로 보인다. 실제로 한글 간찰에서는 안부가 곧 사연이 되는 경우가 매우 많고, 대체로

서두와 사연이 명확히 변별되지 않아 편지글의 일반적인 형식, 즉 서두·사연·결미의 세 부분으로 이를 뚜렷하게 구분하기가 어렵다. 이에 이 글에서는 간찰의 내용을 비교적 자세하고 빠짐없이 다루고, 그 형식적 특징을 있는 그대로 드러내고자, 서두·사연·결미로 구분 하지 않고 전언, 추신 등의 항목을 모두 포함시켜 연구자들의 간찰 양식을 다음과 같이 종합해 보았다.

① 호칭 ② 시후 ③ 수신자 안부 ④ 발신자 안부 ⑤ 용건
⑥ 결말인사 ⑦ 전언 ⑧ 결구 ⑨ 축원 ⑩ 날짜 ⑪ 서명 ⑫ 추신

이제 『선세언적』과 『자손보전』에 실린 17~19세기 여성 한글 간찰 총 40편을 대상으로 이러한 양식이 실제 편지글에서 어떻게 드러나는지를 검토할 것이다. 아래의 표는 『선세언적』과 『자손보전』에 실린 한글 간찰들을 위에서 종합한 한글 간찰 양식에 따라 정리한 것이다.

표 2. 『선세언적』에 실린 조선 후기 여성 한글 간찰 목록

연번	발신자	수신자	연도	
1	어머니 청송 심씨	아들 박장원	1649~1671	① ③④⑤⑧ ⑩⑪
2	증조할머니 청송 심씨	증손자 박성한	1670	①②③④⑤⑧⑥ ⑩⑪
3	어머니 해평 윤씨	셋째 아들 박심	1670~1674	① ③ ⑤⑧⑥ ⑩⑪
4	할머니 해평 윤씨	손자 박성한	1681	①②③④⑤⑧⑥ ⑩⑪
5	부인 청주 한씨	남편 박빈	1673년 이전	①②③④⑤⑧⑥ ⑩⑪
6	아내 청주 한씨	남편 박빈	1671년 이전	① ③ ⑤ ⑥ ⑩⑪
7	아내 남양 홍씨	남편 박성한	1680~1692	①②③④⑤⑧⑥⑦⑩⑪
8	아내 남양 홍씨	남편 박성한	1680~1692	⑤
9	아내 해주 정씨	남편 박성한	1706	①② ④⑤⑧ ⑩⑪

10	아내 삭녕 최씨	남편 박광수	1690~1700	① ③ ⑤⑧ ⑩⑪
11	시어머니 여주 이씨	며느리 덕수 이씨	1726	① ③ ⑤ ⑥ ⑩⑪⑫
12	시모 여주 이씨	며느리 덕수 이씨	1727	②③ ⑤⑧⑥ ⑩⑪
13	며느리 안동 권씨	시아버지 박성한	1704	①②③④⑤⑧⑥ ⑩⑪
14	할머니 안동 권씨	손자 박경규	1760~1768	① ③④⑤ ⑥ ⑩⑪
15	아내 덕수 이씨	남편 박춘영	1785년 이전	①②③④⑤⑧⑥ ⑩⑪
16	어머니 덕수 이씨	아들 박경규	1783~1790	① ③④ ⑧ ⑦⑩⑪⑫
17	할머니 덕수 이씨	손자 박종순	1783~1790	① ③④⑤⑧⑥ ⑩⑪
18	며느리 경주 이씨	시아버지 박춘영	1760	①②③ ⑧⑥ ⑩⑪
19	며느리 경주 이씨	시아버지 박춘영	1761	② ⑤④⑧⑥ ⑩⑪
20	어머니 연산 서씨	아들 박종순	1795	① ③ ⑤⑧ ⑩⑪
21	어머니 연산 서씨	아들 박종순	1803년 이전	① ③④⑤⑧⑥ ⑩⑪

표 3.『자손보전』에 실린 조선 후기 여성 한글 간찰 목록

연번	발신자	수신자	연도	
4	어머니 완산 이씨	아들 맹숙주	1704	①⑤③ ⑤ ⑥⑩⑪⑫
5	어머니 완산 이씨	아들 맹숙주	1705~1731	③④⑤⑧⑥ ⑩⑪⑫
7	성산 이씨	다른할아버지 손자	1767 이전	①②③ ⑤ ⑧ ⑩⑪
8	외할머니 달성 서씨	외손자	1750	①③② ⑤ ⑧⑥⑩⑪
10	어머니 전의 이씨	아들지대나 형제	1774년 이전	①③⑤④ ⑧⑥⑩⑪⑫
11	전의 이씨	아들 또는 손자	1774년 이전	①③⑤ ⑥⑩
13	황도정댁	황씨가 조카	1764년 이전	①②③④ ⑧⑥ ⑪
15	삼촌 미망인	조카 서명천	1776년 이전	①②④⑤ ⑩⑪
16	삼촌 미망인	조카 서명천	1774년	③④ ⑥⑩⑪
17	동생의 아내	아주버니 서종섭	1772년	② ④ ⑧⑥⑪

18	삼촌의 아내	조카 서명천	1772년	③④⑤ ⑧⑥⑩⑪
20	삼촌 미망인	조카 서명천	1769년	④③ ⑧⑥⑩⑪
25	달성 서씨	달성 서씨 윗사람	1758년	② ⑤ ⑧⑥⑩⑪
26	어머니 연암 김씨	아들 심원	1775~1764년	① ③④ ⑥⑩⑪
27	어머니 연암 김씨	아들 경린이	1793년 이전	① ③ ⑤ ⑧ ⑩
28	어머니 전주 이씨	아들 흠구	1815~1843	① ③ ⑤ ⑧⑥⑩⑪
29	어머니 전주 이씨	아들 흠구	1815~1843	① ③④⑤ ⑧⑥⑩⑪
30	어머니 전주 이씨	아들 흠구	1815~1843	①② ⑤④ ⑩⑪
32	어머니 전주 이씨	아들 흠구	1815~1843	① ③ ⑤ ⑩⑪

표 2와 표 3을 통해 알 수 있는 사실은 대부분의 한글 간찰이 일정한 순서에 따라 기술된다는 점이다. 특히 이들 간찰에서 ②③④⑤⑧⑥의 순서는 비교적 엄격하게 지켜지는데, 용건(⑤)뿐만이 아니라 시후(②), 수신자 안부(③), 발신자 안부(④) 등의 안부 인사 및 마무리 부분의 결말인사(⑥)와 결구(⑧)가 빠지지 않으며, 이러한 특징이 후대로 갈수록 두드러진다는 점이 주목할 만하다.

실제로 16세기 여성들의 한글 간찰은 17세기 이후의 간찰들에 비해 내용과 형식 모든 면에서 훨씬 자유로운 것을 특징으로 한다. 16세기 여성의 삶이 조선 후기 여성과는 다를 것이라는 전제 아래 16세기 여성의 편지글을 검토한 논문에서 최윤희는 이 작품들이 후대의 편지에 비해 개인적인 감정이나 생각을 드러내는 데 훨씬 솔직하다는 점을 밝힌 바 있다. 1589년 죽은 이응태의 묘에서 발견된 부인 문씨의 한글 편지나 순천 김씨 묘에서 출토된 신천 강씨의 한글 편지에 나타난 여성들의 목소리는 후대의 규식화된 그것과는 뚜렷이 구별된다는 것이다.[78] 한글 간찰 연구에서 16~17세기 간찰에 비해 18~20세기의 간찰이 상대적으로 덜 조명되는 이유 중의 하나가 한글 간찰의 규식화에 있는데,[79] 조선 후기 한글 간찰의 특징 및 이를 주고받은 이들의 세계관 또는 인식 체계를 검토하고자 하는 이 연구에서는 이러한 규식화가 오히려 관심의 대상이 된다. 다시 말해서 한글 간찰이 16~17세기에 기틀이 마련되고 19세기에 와서 그 정형이 완성[80]되었다고 할 때 이 논의의 초점은 그러한 정형, 즉 한글 간찰의 규식에 맞추어져 있다는 것이다. 이에 본고에서는 간찰의 용건(⑤)뿐만 아니라 한글 간찰의 규식과 상투적 표현들에 대해 보다 자세히 논해보려고 한다.

지금까지는 간찰의 용건을 통해 우리가 "실제 여성의 삶"[81]을 볼 수 있다는 데에 여러 연구자들이 관심을 가졌다. 대표적으로 김무식은 편지의 용건을 주제별로 다음과 같이 나누었는데, 이는 간찰에 굉장히 다양한 내용들이 담겨 있음을 말해 준다.

> 편지의 내용을 주제별로 살펴보기 위한 잣대는 크게 다음과 같이 나누었다. 즉, '안부 및 문안, 부모, 자식, 형제, 부부, 혼사, 상사(喪事), 제사, 병환, 가사, 인생사 및 신세 한탄, 과거 및 벼슬, 해산, 가문, 학

78 최윤희, 「16세기 한글 편지에 나타난 여성의 자의식」, 『여성문학연구』 8, 한국여성문학학회, 2002, p. 102.

79 허재영, 「한글 간찰[언간]에 대한 기초 연구」, 『사회언어학』 13권2호, 한국사회언어학회, 2006, p. 260.

80 전병용, 앞의 글, p. 282.

81 "한글 편지에는 실제에 가까운 여성의 모습이 등장한다. 남성이 썼건 여성이 썼건 한글 편지는 구체적인 일상의 모습을 가감 없이 담고 있으며, 따라서 이상이 아닌 실제 여성의 삶을 적나라하게 볼 수 있다." 홍학희, 「17~18세기 한글 편지에 나타난 송준길 가문 여성의 삶」, 『한국고전여성문학연구』 20, 한국고전여성문학회, 2010, p. 70.

문, 언문, 굿 및 책력, 실용 목적' 등으로 구분 […] 여기서 '안부 및 문안'은 위에 제시된 다른 주제가 없이 오로지 안부만 문의한 것과 하나 정도 다른 주제가 나타난 경우로만 한정하였으며 '실용 목적'은 주로 위의 주제 외에 특별히 필요한 일을 당부한 경우에 한정해서 통계를 내었다.[82]

위의 논의에서뿐만이 아니라 많은 선행 연구들에서 여성 한글 간찰의 내용에 주목했기에, 본고에서는 이와는 다르게 이러한 내용이 어떻게 선택·결합되는가를 보다 구체적으로 살펴보려고 한다. 아래의 인용은 『선세언적』에 실린 간찰의 용건에 해당하는 부분이다.

2.[83] 제물은 자세히 받아 다시 오랴 기뻐하노라. 좁쌀은 [곳재 건너] 두노라 통천서 온 것 안동도 아니 왔고 대구 두 마리 대합은 하나도 아니 왔다. 한 해가 다 가니 더욱 마음이 너무 약해지는구나. 전년이 감동젓과 이리는 셋 들어있으니 내어 넣어 먹게 단지에 봉하여 간다. 건시 한 접 민어자반 하나 간다.

6. 메추라기와 도요라는 것을 얻어 잡거든 산 사람을 보내려고 하거니와 도요란 새도 있고 물오리도 도요라고 하오니 하인들이 분간하지 못합니다. 나는 물의 오리라고 하였습니다. 게젓을 보내라고 하신다고 하니 젓은 상관이 없으되 기운이 나으셔서 옛날을 생각하오신가 하여 즐겁습니다. 최본이 기척이 없으니 오늘 오지 않으면 유족이를 보내고져 합니다.

8. 이리오니 [종이나] 먹을 일이 어렵사오니 장단에 기별하여 아무

82 김무식, 앞의 글, pp. 15~16.

83 이후로 인용문의 번호는 〈표 2〉, 〈표 3〉의 연번을 따른다.

> 것이나 가져 와야 견디겠습니다. 좁쌀 같은 것이나 있었던가 모르겠습니다. 메주를 여주에서 얻어 왔는데 장이 급하니 즉시 담그자 하오나 소금이 없어 하던 차에 여주 학관댁이 무명을 사 달라고 하고 돈을 주어서 가져 왔더니 혹 무명을 얻을 일이 있습니까? 무명을 얻어 주고 그 돈을 쓰고 싶습니다. 발인을 쉬이 하게 되면 치련이 급하게 되었사오니 미리 조용하여서 하오자 하오니 어떠합니까? (그 소식을) 알고 여주에 기별하고 싶어서 적습니다. [듕의 유천]으로 딱하였는데 [유천]을 두었노라 하오시니 다행합니다. 돈 한 돈이 없으니 무엇을 의지하올까 민망합니다. 내 몸이 이러 하오니 더욱 주변을 못하겠으니 가지가지 괴롭기 그지없습니다. 무명의 대금은 시골 쪽이 적이 낫다 하였습니다. 서울보다 많이 나은 줄은 모르겠습니다. (밑줄 필자)

인용된 첫 번째 편지의 용건은 '물건을 받아서 기쁘다, 다른 물건은 아직 받지 못했다, 한 해가 가서 마음이 약해진다, 물건을 보내겠다'는 것이다. 다음 편지에서 발신자는 '하인들과 도요와 물오리를 구분하는 언쟁을 했다, 음식을 보내달라는 요구가 기쁘다'는 용건을 전하고, 다음 편지의 발신자는 '돈이 없다, 내 몸이 편하지 않아 괴롭다, 무명의 가격은 시골이 낫다'는 이야기를 한다. 위에 인용한 것 외에도 『선세언적』에 실린 대부분의 편지글에서는 발신자와 수신자 사이에 오가는 물건, 하인들과의 사소한 언쟁, 집안 형편, 물건의 시세 등 지극히 현실적인 이야기와, 나이 드는 것에 대한 개인적인 소회 그리고 어려운 집안 사정에 대한 한탄과 같은 사적인 심사가 어떠한 구분 없이 한데 이야기되고 있다.

5. 손도 [곡각기디] 못하게 붓고 삼만은 염병을 하여 오늘 [토열ᄒᆞ되] 어른 종이 없어 출막을 못하여 매우 뒤숭숭하여 잠깐 적으며, 네 저고리 하나 네 아바님 핫것 보내니 진결에게 맡겨 자세히 치보하여 하고 나지 아니하게 하라 하고 부디부디 나다니지 말고 글 배우고 유비장이 권당이니 홀대하여 버릇없이 수욕 말고 후대하여 드리고

8. 내가 살아 있다가 네 아들 낳는 양 볼 줄 어찌 알았으리. 도리어 괴이한 듯싶고 기특 기특하다. 너도 네 형과 한가지로 와 과거도 보고 죽어 가던 할미도 보고 아들도 보고 겸필 와 다녀가게 하여라.

30. 제갑은 어제 읍내에 가 다녀왔는가 [형세] 오며 보도 가져와 하직하고 가니 이 추위에 어찌 갈고 불쌍하고 아연하다. 너를 못 보고 가니 섭섭하다더라. 담배와 장은 보내나 다른 반찬도 못하여 보내니 딱하다. 눈은 조금 낫다.

32. 대홍 기별 들으니 영질 병이 낫다고 하니 기특하다. 신 승지는 상사가 나셨다고 하니 참혹하다. 지난번에 들으니 구슬놈이 병만은 위중하다 하니 놀랍고 불쌍하고 며느리가 매우 걱정하니 심란하다. 양식은 두 말 보낸다. 13일 즉시 오게 하거라. 아기는 두통이 요사이는 조금 나았다.

이는 『자손보전』에서도 마찬가지이다. 편지를 쓰는 이들은 돈이 없다는 걱정을 하다가, 자신의 몸이 아파 괴롭다고 탄식하고 이내 무명 가격을 셈한다. 이처럼 편지를 쓰는 이들이 갑작스럽게 화제를 돌리는 일은 다반사다. 일정한 기준 없이 떠오르는 생각과 집안의 일들

을 모두 적기에, 그 일들이 선택된 기준을 찾기도 어렵고, 한 사건과 다른 사건을 연결하는 어떠한 고리도 발견하기 힘들다. 따라서 이러한 간찰들에서 중심 주제라고 할 수 있는 것을 찾기는 어려우며, 오히려 조선 후기 여성들의 한글 간찰에서는 개인적인 감상, 집안에서 벌어지는 사소한 문제들처럼 매일 벌어지는 일들과 떠오르는 생각들이 모두 용건이 된다고 하는 편이 옳다.

전혀 다른 종류의 일들이 용건으로 적혀 있기 때문에 이들로부터 용건이 될 만한 사건의 종류나 중요성 등을 구분해내기는 어렵다는 것이다. 이 일들은 전달할 만큼 중요한 의미를 갖기에 용건으로 제시된 것 같지는 않다. 중요하기 때문에 적혀있다기보다는 오히려 적혀 있기 때문에, 즉 편지의 용건으로 쓰여 있기 때문에 중요성을 갖는 듯 보인다.[84] 그리하여 이렇게 전달된 사건들과 개인적인 감상은 그것 하나하나의 의미보다는, 오늘도 이러저러한 일들이 일어났으며 여러 가지 생각과 감정이 교차한 어제와 같은 날이었다는 메시지를 전달하는 것이다. 당시에 한글 간찰이 매우 자주 혹은 거의 매일 의례적으로 발신자와 수신자 사이를 오갔다는 사실은 이러한 해석을 뒷받침한다.

> 10. 아버님께서는 서울 행차를 급히 정하셨다 하니 날이 더우니 어찌 득달하실까 민망합니다. 어제 간 편지의 집 잡기 말씀 자세히 했고 윤도 오라버님 편지에 자세히 하니 의논하여 기별하십시오. 건너 마을이 불안하기로 염려 되어 그러합니다. (밑줄 필자)

84 헤이든 화이트, 「리얼리티 제시에서의 서술성의 가치」, 『현대서술이론의 흐름』, 전은경 역, 솔, 1997, p. 188.

밑줄 친 부분을 통해 알 수 있듯이 위의 편지를 쓰는 발신자는 "어제"도 동일한 수신자에게 편지를 보냈다. 그리고 이처럼 간찰을 주고받는 일은 당대에 매우 보편적이었다. 조선 후기 여성들은 특별한 용건이 있는 것도 아니면서 매우 자주 규칙적으로 편지를 주고받았던 것이다. 이러한 관습은 궁중에서 시작된 것으로, 출가한 공주와 궁중 사이에 거의 매일 의례적으로 문안편지가 왕래[85]하던 것이 사대부 가정으로 확대되어 일정한 규식을 따르는 부녀 사회의 서간으로 자리 잡은 것이다.

> 궁중에서 王子女와 宮人들이 왕과 왕비에게 조석문안을 못 드릴 경우, 간단한 편지로 대신하였던 것이 시작이 되어 일정한 文套로 형식화된 것이다. 출가한 공주와 왕비의 친가와 都下 外命婦들이 이를 본뜨고, 그것이 확대되어 사대부 가정에서 시행되어, 특히 신부의 경우에는 필수적 의례로 극히 근세에까지 계승되었던 것이다. 결론해서, 問安紙는 궁중과 민간에서 手下者가 手上者에게 올리는 의례적인 안부편지인데, 일정한 규식에 준하여 쓰는 주로 부녀사회의 서간이다.[86]

이렇듯 서로의 안부를 묻기 위해 의례적으로 주고받았던 한글 간찰에서 중심 주제라 할 만한 것이 매번 존재할 것 같지는 않으며, 실제로 주제라 할 만한 내용과 용건들이 선택된 기준 또는 용건들 간의 결합 관계를 명확히 하는 것은 거의 불가능하다. 때문에 본고에서는 편지를 쓰는 이가 다만 규칙적으로 무엇인가를 전달한다는 사실, 무엇보

---

85 위의 책, p. 33.

86 김일근, 앞의 책, p. 35.

다 간찰마다 반복되는 "②③④⑤⑧⑥"의 규칙적인 배열에서 의미를 찾아야 한다고 본다. 이러한 규식을 기의로, 그것에 해당되는 내용을 기표로 볼 수 있으며, 용건(⑤)의 '의미'는 바로 이렇게 일정한 규칙에 따라 정해진 위치에 그것이 놓인다는 데에 있다는 것이다.[87] 다시 말해서 "②③④⑤⑧⑥"의 규칙적인 배열 가운데 놓여 있는 용건(⑤)의 위치를 기의로 그리고 그 용건의 내용을 기표로 본다는 것은 용건의 내용이 용건의 위치를 의미한다는 뜻이다. 그리하여 편지의 사연, 즉 무엇을 전달하는가에 관심을 갖는 우리와는 다르게 조선 후기 한글 간찰을 주고받던 이들은 이러한 양식이 규칙적이고 지속적으로 표현된다는 데에서 편지글의 의미를 찾았으리라고 짐작할 수 있다. 정리하자면 한글 간찰의 서술자들이 이러저러한 사연들을 적는 까닭은 간찰의 일정한 규식을 지키기 위함이며, 일정한 규식은 곧 지속성과 일관성을 의미함으로써 편지를 쓰는 오늘 역시 이러저러한 일들이 벌어진 '평범한 하루였다'는 사실을 수신자에게 전한다는 것이다.

3. 조선 후기 여성 한글 간찰의 수행적 기능: 관념적인 정신 질서의 재현

앞서 살펴본 것처럼 실제로 『선세언적』과 『자손보전』에 실린 한글 간찰의 내용과 구성은 대체로 동일하다. 한글 간찰뿐만 아니라 한문

87 헤이든 화이트, 앞의 책, p. 190 참조.

간찰의 경우에도 개별 작품의 특징을 찾아내기 힘들 정도로 간찰의 구성과 내용은 매우 유사하다. 가령 한문 간찰을 쓸 때 발신자는 각 구성 요소마다 제시된 한 구 혹은 두 구를 골라 연결하여 한통의 편지를 완성한다.[88] 즉, 편지 쓰기에 어려움을 겪는 초학자들도 쉽게 『한훤차록』, 『간식유편』 등의 편지교본들을 통해서 봉투부터 내용까지 한 통의 편지를 온전히 쓸 수 있었으며,[89] 이와 같이 규식화된 방식이 한글 간찰에도 마찬가지로 적용되었다. 한글 편지의 투식을 모은 '언간독(諺簡牘)'은 겉봉투를 쓰는 방법, 받는 대상에 따라 격식을 갖추는 방법 등을 내용으로 하는데, 수신자와 발신자의 신분과 관계 그리고 보내는 절기와 상황에 따라 구분된 37종의 편지 서식과 답장으로 구성되어 있다.[90] 1860년으로 추정되는 경신년 『징보언간독』, 1886년으로 추정되는 병술년 치동 간행 『징보언간독』 그 밖에도 연대를 확인할 수는 없는 방

88 김효경, 「18세기 간찰교본 『簡式類編』 연구」, 『장서각』 9집, 한국학중앙연구원, 2003, p. 143.

89 위의 글, p. 135.

90 "'諺簡牘'은 한글 편지의 투식을 모은 책으로 사람들에게 편지 쓰는 형식을 가르쳐 주기 위해 만들어진 것이다. 구성 및 체재는 37종의 편지 서식과 답장으로 구성되어 있으며, 편지 서식마다 앞에는 겉봉투를 쓰는 방법을 실은 다음에 받는 대상에 따라 격식을 갖추고 있다. 구성은 상편과 하편으로 되어있다. 상편에서는 아들에게 보내는 편지와 답장의 서식으로부터 아버지, 조카, 삼촌, 아우, 형, 외삼촌, 장인 등 주로 일가 친척 중 남성에게 보내는 서식과 답교날, 화류, 관등날, 복날, 가을에 놀자고 청하는 편지 서식, 묵은 해를 보내고 새해 인사를 하는 편지 서식을 볼 수 있다. 또한 상고간의 왕래 편지 서식과 물건을 받지 않을 때 쓰는 서식 등 실용적인 것으로 되어 있다. 하편에서는 신부 문안 편지와 답장을 시작으로 시삼촌, 시삼촌댁, 시아주버니, 시누이, 동서, 새사돈, 사위, 시어머니 등 혼인으로 맺어진 가족에게 보내는 편지 서식이 문안 형식으로 되어 있다. 또한 경조간의 편지 서식으로는 조장, 위장이 있으며, 편지 서식의 끝은 고목의 서식이 있는데, 이것은 지체가 낮은 하인, 또는 관속이 상전에게 올리는 편지를 말한다." 홍은진, 앞의 글 (1999a), pp. 151~152.

각본『증보언간독』,『언찰투』,『언간독』, 필사본 언간독류와『문권규식』 등을 통해[91] 조선 후기에는 편지쓰기에 어려움을 겪는 초학자들도 쉽게 한 통의 편지를 완성할 수 있었다.[92]

앞에서도 언급했지만 이러한 사실들은 한글 간찰의 특징적인 점이 동일한 요소들의 끊임없는 반복에 있음을 말해준다. 가령 서두의 호칭, 계절인사, 안부인사, 결말인사, 결구 등의 상투적 표현[93]이나 반복되는 서식과 같은 것 말이다. 따라서 한글 간찰의 특징을 규명하기 위해서는 상투적인 내용과 형식의 반복적인 오고감, 즉 간찰의 규범화된 양식에 주목해야 한다. 분명 간찰의 규범화된 양식은 세계에 대한 당대인들의 체험과 이해의 결과물일 것이므로[94] 여기에서는 일견 무의미하게 여겨질 수도 있는 유사한 내용의 반복적인 오고감이 어떠한 의미를 구현하는가를 밝히려고 한다.

앞 장에서 살펴보았듯 한글 찰에서 이야기를 특징짓는 일반 요인들이라고 할 수 있는 중심 주제, 잘 구분되어 있는 시작·중간·결말, 갑작스런 사건의 전회 등은 전혀 찾아볼 수 없다.[95]

한글 간찰은 언제나 이전 편지글에 대한 언급으로 시작되고, 늘 할 말을 다하지 못한 채 끝난다.

91 허재영, 앞의 글, pp. 268~270.

92 김효경, 앞의 글, p. 135.

93 전병용, 앞의 글, pp. 282~283.

94 우리는 이를 "언급되는 사건의 직선적 복사가 아니라 이를 의미로 대체"하는 작업으로 대해야 할 것이다. 헤이든 화이트, 앞의 책, p. 178.

95 위의 책, p. 186.

『선세언적』

1. 여러 날 기별 못 들으니 어찌 있는가 걱정이 그지없어 하노라. 금성에서 두 번 한 편지를 보고난 지 오랜 편지라 반갑기 가없어 하노라
2. 요사이는 기별도 못 듣고
3. 요사이 일절 기별 못 들으니 답답 민망했는데 하인 오는 날 적은 것 보고 본 듯 반기며 편이 들어가 있으니 기뻐하노라
   열아흐레 날 스무 날 연하여서 가거늘 편지했는데 갔느냐
4. 요사이 기별 못 들으니
5. 기별 몰라 사모 극하옵더니 급창이 와 적으신 것을 보고 반갑사오며
6. 먼저 편지 보오니 아버님 이질이 극중하오시다 하옵고 그 후 기별을 몰라서 밤낮 갑갑 민망하오니 (제가) 마음을 잡지 못하였는데 사람이 와서 (당신의) 편지를 보고 잠깐 웬만하시다 하오니 기쁨이 그지없사오며
7. 기별을 몰라 주야로 답답하고 용심하던 차(에) 초닷새 날 온 (편지를) 적으셨으니
9. 챵농이 온 후 날포 기별 몰라 염려 깊사오며
10. …기별 몰라 합니다
11. 적은 글씨 보고 어여쁜 얼굴 대하는 듯 든든 반기며 이렇게아득히 있어 즉시 보지 못하니 섭섭하며 답답하기를 어이 다 적으랴
12. 새해에 (부모님) 모시고 만복한 일 알고자 하며 해가 바뀌고 여러 날 되었으되 기별도 듣지 못하니 답답 섭섭하고
14. 간지 여러 날이 되니 섭섭하고 못 잊겠더니 글씨(편지) 보고 본 듯 반가우며 좋게 있으니…
15. 행차들 떠나오신 후 기별을 모르오니
17. 날이 갈수록 소식이 다시없으니 답답하여 기다리며 여기의 편지는 연하여 보았을 것이니 멀리서 염려하는일 도로 민망하다
18. 저번 종이 오는데 하서(下書) 받들어 보옵고
19. 문안 아뢰옵고 사람이 와 하서 받아 보고

20. 지난 달 십일과 이십일에 편지 석 장을 초사일 낭청집으로부터 얻어보고 답장을 부치고 또 편지를 기다렸더니 지난 달 22일 편지가 무슨 장계 편인지 십칠일만에 편지 얻어 보니 신기하고 반갑다

『자손보전』

5. 오고 가는 사람이 없어 소식도 잘 모르니 답답 염려가 끝이 없으며 왕래 편지도 없으니 다른 일은 담지 아니하고 언문 쓰기는 배우지 아니하였느냐 답답하지도 아니하냐

8. 달포 네 글씨도 보지 못하니 답답 그립더니 일원 오거늘 적은 것을 보고 반가우나

10. 간 후 기별 모르니 갑갑하게 생각했는데 이리로 온 편지 받아

18. 이십일 즈음 편시를 보고 반갑고

20. 온 여름 가을 기별을 모르니 답답 섭섭하기 가없으나

25. 해가 바뀌었는데 달포 문안을 몰라 하정의 섭섭하며

30. 글씨 보고 반기며

32. 지난번 글씨 자세히 보고 탐탐히 반갑기 측량없으며

위의 인용문은 『선세언적』과 『자손보전』의 호칭(①)과, 시후(②) 또는 수신자 안부(③) 사이에 나오는 발화들을 정리한 것이다. 전병용은 수신자 안부를 검토하면서 '답장의 경우'에 '유무[96] 보고' 같은 상투적 표현이 덧들어간다는 점을 지적했는데,[97] 위에 인용한 것을 '유무 보고'라 할 수 있겠다. 지금까지의 연구들에서 '유무 보고'와 같은 발화들은 간찰의 기본 형식으로 독립하여 분류·검토된 적은 없다. 하지만 이들

96 '유무(有無)'는 원래 '消息'을 뜻하다가 '소식을 전하는 簡札'로 다시 '간찰'이란 뜻으로도 쓰이게 된 것이다.

97 전병용, 앞의 글, p. 304.

내용은 대부분의 간찰에 쓰여 있는 것으로, 우리는 대부분의 한글 간찰에서 지난 편지에 대한 언급을 발견할 수 있다. 발신자들은 편지를 쓰면서 지난 편지를 잘 받았다, 소식이 오간 지 오래다 등과 같은 편지 행위 자체에 대한 언급을 빼놓지 않는다.

이러한 발화는 소통하고 있다는 사실 자체를 상징한다. 기본적으로는 지난번에 보낸 편지를 잘 받았다는 메시지를 전달하지만, 그보다 더 중요한 것은 이 편지를 받을 상대방과, 지금 편지를 쓰고 있는 자신이 편지를 주고받는다는 사실을 환기시키는 것이다. 즉 발신자의 '유무 보고'는 야콥슨이 '교감적 커뮤니케이션'이라 명명한 기능을 수행한다. 야콥슨에 따르면 인간의 발화는 단지 메시지를 전달할 뿐만 아니라 언제나 자기 반사적으로 소통 주체들 간의 상징적 협약을 확인[98]시키는데, 한글 간찰에는 앞서 정리한 표현들이 이러한 기능을 한다.

한글 간찰의 '결구' 역시 '유무보고'와 유사한 기능을 한다. 앞 장에서 한글 간찰의 발신자와 수신자는 특별한 용건 없이 거의 매일이라 할 만큼 자주 편지를 주고받는다고 했는데, 이처럼 자주 편지를 주고받으면서도 이들은 항상 다음과 같은 표현을 사용하여 할 말을 다 전하지 못했음을 안타까워한다.

1. (사연은) 그지없으나 여러 사람을 거치기 때문에 이만 적노라.
2. 그지없으되 쓰지 못하여 이만.
3. 이 사람 즉시 사람 간다고 편지를 맡으니 이만(쓴다).
4. 늦어 이만 적는다.

98 슬라보예 지젝, 『HOW To READ 라캉』, 박정수 역, 웅진 지식하우스, 2007, p. 24.

발신자들은 언제나 편지의 말미에서 할 말을 다하지 못했지만, 바쁘고 정신이 없어 이만 줄인다는 표현을 빼놓지 않는다. 늘 말하던 중에, 편지를 전달하려는 사람이 지금 막 떠나려고 하기에 할 말을 하지 못한 상태로 편지는 마무리된다. 즉, 한글 간찰에서 글쓴이는 이야기를 하던 도중에, 글을 쓰고 있는 현재 시점에서 편지글을 멈춰버린다. 얼핏 매우 급박한 상황에서, 시간에 쫓기며 힘들게 편지를 전하는 것 같다. 편지를 보내는 이는 못다 한 이야기가 너무 많지만 지금은 편지를 전할 이가 떠나야 하기에 모두 다 적을 수 없다고 이야기한다. 하지만 실제로 이 편지는 그리 오랜만에 전하는 편지가 아니다. 또한 구구한 안부나 사연은 이미 다 말한 후이며, 급히 전달할 중요한 메시지가 남은 것 같지도 않다. 때문에 지금 다 못하니 다음에 하겠다는 말, 즉 "그지 없으나 쓰지 못하"겠다는 언술의 메시지는 다음에 또 편지할 구실을 마련하는 것이라고 보는 편이 보다 적절하다.

그러므로 아직 할 말이 더 남아있지만 끝맺을 수밖에 없다는 간찰의 결말은 불완전한 종결, 결론을 지어 완성하는 것이 아니라 단순히 종결짓는 것에 불과한 결말을 특징으로 한다고 말할 수 있겠다.[99] 물론 이때 간찰의 종결은 불완전한 것이 아니라, 그것 자체로 의미를 갖는 것으로 이해되어야 할 것이다.[100] 즉 편지의 내용이 아니라 편지를

99 헤이든 화이트, 앞의 책, p. 184.

100 이 글에서는 이러한 특징을 '불완전한' 것으로서가 아니라, 리얼리티를 구현해내는 개념들이 창출한 독특한 산물로 취급하고자 한다. 위의 책, p. 184.

주고받는 행위에 초점이 맞춰진 한글 간찰의 결구 역시 "교감적 커뮤니케이션" 기능을 담당하는 것으로 보아야 한다.

간찰의 서두와 말미에서 "교감적 커뮤니케이션" 기능을 하는 이러한 상투적인 표현은 한 통의 간찰을 그것 자체로 하나의 독립된 이야기로 볼 수 없게 한다. 앞서 인용한 '유무 보고'와 '결구'가 빠지지 않고 등장하는 한글 간찰은 하나의 완결된 이야기가 아니라 처음과 끝이 불분명한, 길고 긴, 끝없는 편지의 흐름 속에 끼워진 것이다. 편지의 처음과 끝이 표면적으로는 존재하지만, 모든 편지는 언제나 이전 편지의 답장이라는 점에서 이 순환에는 시작도 끝도 없다. 요컨대 조선시대의 한글 간찰은 소통행위 그것 자체에 대한 반성적인 언술을 되풀이함으로써, 끊임없이 상호간에 연락이 오고간다는 사실을 확인하는 것이 목적인 의사소통행위이다.

그렇다면 이와 같은 서술 양식이 스스로 드러내는 세계는 어떠한 모습인가. 앞에서 검토한대로 규격화된 양식에 따른 메시지의 결합과, 끝나지 않을 것 같은 답장의 교환이라는 한글 간찰만의 구조와 질서가 의미하는 바는 무엇인가. 결론부터 말하자면 한글 간찰이 재현하는 세계 그리고 그것이 전달하는 메시지는 실제 현실이 아니라 관념적인 규칙이며 그것이 하나의 소통 행위라는 사실을 반성적으로 주장하는 언술이다. 간찰을 주고받는 행위는 실제 세계에서 벌어지는 일들을 재현하고 전달하는 것보다는 이미 존재하는 규식들을 순서대로 배열하는 것, 존재론적으로 세계와 분리된 하나의 관념적인 정신의 질서를 드러내는 것을 의미한다.[101] 그리고 이러한 행위는 다음과 같은 시간에 대한 이해를 바탕으로 하고 있음을 알 수 있다. 즉, 이와 같은 관념의 세계에서 시간은 대상이 변하고, 발전하는 혹은 소멸하는 하나의 원리로 이해되지 않으며 반복되는 의사소통 행위 외부에 존재한다.

한글 간찰의 형식적인 측면 역시 세계와 시간에 대한 이와 같은 이해를 드러낸다. 한글 간찰에는 편지를 작성하는 순서, 여백을 이용하여 각 부분이 혼동되지 않게 본문을 작성하는 방법 등이 다 정해져 있으며, 이를 성첩하는 데에도 일정한 규칙이 존재하는데, 이는 모두 한글 간찰이 관념적인 규칙 혹은 관념적인 정신의 질서를 재현하고 수행적으로 구성하고 있음을 의미한다.

> 일반적으로 성첩하여 언간을 수록하는 순서는 크게 발신자와 수신자 두 가지 기준으로 정해진다. 직계인물의 세대 순으로 배열하되 각 세대 내에서는 '장인–장모–손위형제–직계인물–처'의 순서, 즉 관계의 상하에 따라, 그리고 동등한 관계에서는 남성에서 여성의 순서로 수록한 것이다. 한 발신자의 편지가 여러 건일 경우에는 다시 수신자 별로 분류하였다. 수신자의 경우도 관계의 상하, 남성에서 여성의 순서에 따라 배열하였다.[102]

이처럼 한글 간찰의 내용과 형식 그리고 그것을 성첩하는 방식은 이미 정해진 체계를 따른다. 그리하여 한글 간찰의 유형화된 규식들을 통해 우리는 그들이 세계를 이해하는 방식 또한 이처럼 체계적으로 유

101 게리 거팅, 『미셸 푸꼬의 과학적 이성의 고고학』, 홍은영·박상우 역, 백의, 1999, p. 200.

102 박부자, 앞의 글, p. 172.

형화되어 있으리라고 짐작할 수 있다. 그러한 세계에서의 인간관계 그리고 상황에 따른 태도와 반응은 규준에 따라 정해져 있을 것이며, 이처럼 정해진 규칙이 개인의 행동과 감정을 결정할 것이다.

4. 한글 간찰 사용자의 보편화

이 글에서는『선세언적』과『자손보전』에 실린 17~19세기 여성 한글 간찰을 검토함으로써, 조선 후기에 이르러 한글 간찰이 점차 규식화되며, 이는 한글 간찰을 주고받던 이들이 세계를 엄격하게 유형화된 체계로 이해하는 것과 밀접한 관계를 갖고 있음을 드러내고자 했다.

한글 간찰이 규식화 되었다는 것은 발신자의 지위 혹은 신분 그리고 수신자와의 관계가 간찰의 내용과 형식을 결정한다는 것을 뜻한다. 즉 한글 간찰에서 발신자는 무엇을 전달할 것인가가 아니라, 자신과 수신자 그리고 현재의 상황이 어떠한가를 주의 깊게 관찰하여 그에 맞는 규식을 선택하는 역할을 해야 한다. 개인, 주체의 의식, 감상 등이 아니라 정형화된 행위, 반응의 패턴이 존재하며, 같은 맥락에서 한 개인의 삶은 체계적인 질서 속에 정해진 자신의 자리를 찾고, 지키는 것으로 이해할 수 있다는 것이다.

그러나 한글 간찰의 규식화는 엄밀하게 양식화된 조선의 유교 질서를 재현하는 동시에, 누구나 그러한 규식을 사용하여 한글 간찰을 편리하게 작성할 수 있게 된 결과를 가져왔다. 한글 간찰은 점차 규식화되었으나, 한글 간찰의 사용자는 점차 보편화되었다는 것이다. 19

세기부터 등장하는 방각본(坊刻本) 『언간독』의 존재는 언간 사용이 대폭 일반화된 양상을 여실히 보여 준다.[103] 언간독은 성별, 나이, 신분에 따른 어휘, 표현, 투식 등에 대한 분류를 명확히 제시하는데, 이것은 모든 이들이 쉽게 편지를 쓰게 하기 위함이었다. 이처럼 모든 관계들이 위계적으로 분류되었으며, 발신자와 수신자의 상황과 지위에 따라 표현 형식과 내용이 정해져있음을 드러내는 한글 간찰이 한편으로는 글쓰기 행위의 보편적인 확대를 목표로 하며 이를 결과로 가져왔다는 사실은 모순적이다. 누구나 쉽고 편리하게 쓸 수 있다는 사실과 모든 이들이 위계적으로 분류되어 있음을 확인하는 일은 양립불가능한 것이 아닌가.

이 글에서는 이와 같은 모순적인 상황이 바로 조선 후기 여성 한글 간찰의 의의를 말해준다고 보았다. 조선 후기 여성 한글 간찰의 규식은 곧 그녀들이 자신의 삶을 유교적 질서로 틀 지워진 체계의 구성 요소로 의미화 했음을 말하는 한편으로, 간찰의 보편적 사용을 가능하게 함으로써 성별간의 그리고 신분간의 엄격한 경계를 흐리는 결과를 가져왔다는 것이다.

물론 이 글의 이러한 결론은 아직까지는 가설에 불과한 것으로 보다 많은 자료를 대상으로 논의를 확대할 필요가 있음은 물론이다. 또한 수신자의 성별 및 발신자와 수신자의 관계에 따른 내용과 형식상의 특징을 규명하고, 앞서 간략하게 언급했던 조선 전기 한글 간찰과의 차이점을 드러내는 작업 또한 반드시 이루어져야 할 것이다. 조선

103 황문환, 앞의 글, p. 80.

후기 여성 한글 간찰의 보편적 특질을 드러내기 위해 이러한 작업들을 추후의 과제로 남겨 연구를 이어가고자 한다.

3장

종법질서의 확산과 규율의 내면화: 한글 유서를 중심으로

3장

종법질서의 확산과 규율의 내면화: 한글 유서를 중심으로

1. 조선 후기 열녀의 유서

조선시대 여성들이 죽음을 앞두고 남긴 글에는 유서, 유한서, 벽상서, 절명사, 자탄사 등이 있는데, 그 중에서 유서는 일반적으로 "스스로의 죽음을 예정하고 손수 지어 남기는 글"로서 형식에 제한이 없는 것을 가리킨다. 그리고 절명사는 하소연과 부탁의 대상이 하늘인 글, 유한서와 자탄사는 "한(恨)에 중점이 주어진 유서", 벽상서는 "죽음을 결행하기까지의 과정 중에 생각하고 느낀 단상, 감회를 벽에 그때그때 적어 놓은 글"을 의미한다.[104]

본 연구에서는 이 가운데 수신자가 분명하게 밝혀진 유서들을 대

104 권호, 「비지, 애사 및 유서류 연구:특히 한글 유서류를 중심으로」, 건국대학교 대학원 박사논문, 1993, p. 52.

상으로 조선시대의 여성들이 자신의 삶과 죽음을 어떻게 바라보고 의미화 했는가 그리고 자신을 둘러싼 여러 사회적 관계들을 어떻게 인식했는가라는 문제를 논의하고자 한다. 지금까지 열녀에 대한 연구는 주로 남성 사대부들이 쓴 열녀전을 중심으로 이루어졌는데, 본고에서는 열녀들의 목소리를 직접 들어보고자 하는 것이다.

앞서 언급했듯이 남성 사대부들이 쓴 열녀전에 대해서는 비교적 활발한 논의가 이루어진 반면, 유서류 특히 "한글 유서류에 대한 구체적이면서도 전체적인 성과는 아직 나오지 않고, 다만 개별 작품에 대한 얼마간의 논의가 있을 뿐이다."[105] 이수봉의 「규방문학에서 본 이조여인상」,[106] 이상보의 「명도자탄사 소고」,[107] 진동혁의 「공인 남원윤씨(1768~1801)의 「명도자탄사」 연구」,[108] 강재철의 「「김부인유서」에 대하여」[109] 등은 이들 작품의 언어학적·문학적 가치를 높이 평가하고는 있으나, "문헌 자료에 대한 소개를 위주로 시대적 배경이나 작자의 성품 등을 살폈을 뿐 작품에 대한 구체적 분석을 가하지 않고 있다."[110]는 점이 한계로 지적된다.

이에 본고에서는 남편이 죽은 뒤 스스로 목숨을 끊은 여성들이 남

105 위의 글, p. 10.

106 이수봉, 「규방문학에서 본 이조여인상」, 『여성문제연구』 1, 대구효성가톨릭대학교 사회과학연구소, 1971, pp. 1~33.

107 이상보, 「命道自歎辭 小攷」, 『명지어문학』 8, 명지어문학회, 1976, pp. 188~191.

108 진동혁, 「恭人 南原尹氏(1768~1801)의 「命道自嘆辭」 硏究」, 『論文集』 19, 단국대학교, 1985, pp. 7~36.

109 「「김부인유서」에 대하여」, 『韓國學報』 12-2, 일지사, 1986, pp. 2232~2234.

110 권호, 앞의 글, pp. 10~11.

긴 한글 유서들을 보다 면밀히 검토하여 그녀들이 자신의 삶과 죽음을 어떻게 인식하고 있는지, 나아가 당대의 사회가 그녀들의 삶과 죽음을 어떻게 의미화 하는지를 살펴보고자 한다.

조선 후기 열녀들이 쓴 유서는 편지글이라는 형식면에서는 일상적인 간찰과 유사하지만, 죽음을 앞둔 특수한 상황에서 쓴 글이기 때문에 삶과 죽음에 대한 인식을 좀 더 직접적으로 드러내고 있다는 면에서 일상적인 편지글과 구별된다. 다시 말해서 조선 후기, 사대부가 여성들이 남긴 편지글 형식의 유서는 이들이 삶의 가치와 의미를 어떻게 인식하는가라는 문제를 탐구하기에 적합한 텍스트라고 할 수 있다.

조선 후기에 남편의 죽음을 맞은 여성들이 남긴 글에는 「절명사」나 「명도자탄사」 같은 가사 그리고 「자기록」과 같은 자전적 산문 등도 포함되는데, 이러한 작품들 가운데 본고에서는 한글 산문, 그리고 수신자가 분명히 제시되어 있는 편지글만을 대상으로 논의를 전개할 것이다.[111] 다시 말해서 운문이나 죽음을 실행하지 않은 이들이 남긴 산문들 그리고 수신자가 막연한 글들은 제외하겠다. 수신자가 명확한 유서만을 대상으로 하는 이유는 보다 개인적인 이야기들이 담겨 있을 것으로 기대되기 때문이다. 물론 수신자가 불특정 다수인 유서들과 내용면에서 크게 차이나지 않을 수도 있겠지만, 수신자가 명확히 제시된

111 김일근은 언간의 개념을 다음과 같이 정의하는데, 본고에서도 김일근의 언간 개념 가운데 광의의 것을 따른다. "언간의 개념은 갑오경장 이전에 씌어진 국문 전용 및 한자혼용의 서간 일체를 지칭하는 것이나, 협의적으로는 개인간의 사적인 서간이고, 광의적으로는 공적 성격을 띤 전교(傳敎)·의지(懿旨)·정장(呈狀)·소지(所志)·백활(白活) 등 고문서의 영역에 속하는 것과 유서·제문까지 포괄하는 것인바, 본고에서는 광의를 취한다." 김일근, 『언간의 연구』, 건국대학교출판부, 1986, p. 14.

유서와 그렇지 않은 유서를 구분해볼 필요가 있으며, 변별점이 많지 않다면 그것대로 논의해볼 가치가 있다는 판단에서 연구 대상을 이렇게 한정해 보았다. 그리하여 열부 이씨 유서(1719), 「명도자탄사」를 쓴 남원 윤씨 유서(1801, 9편), 서녕 유씨 유서(1831, 2편), 김씨 유서(1904) 등 총 13편의 유서를 논의의 대상으로 삼고자 한다.

정리하면 본 연구는 "조선조 후기, 특히 17세기 후반 이후부터는 여인이 남편 사후 자식이 없고 시부모를 모실 형제가 있거나 또는 후사 문제가 해결되었을 때 대부분 순절"[112]하는 현상을 해명하는 것을 목적으로 한다. 과거에는 변고를 만났을 때 몸을 지키기 위해 자결하는 경우 정도를 제외하고는 남편을 따라 죽는 일이 많지 않았다. 하지만 「삼강행실도」의 열녀도에 남편의 죽음을 따르는 순절형 아내의 이야기가 여러 편 수록[113]되어 있는 것을 비롯하여, 조선 후기에 이르러 순절하는 열녀의 수가 폭발적으로 증가한 것은 분명 주목할 만한 사실이다. 본고에서는 이러한 변화가 의미하는 바를 찾아내기 위해 위에서 언급한 4명의 여성들이 쓴 13편의 유서를 대상으로 서술상의 특징 및 삶과 죽음에 대한 태도를 면밀히 검토해 보고자 한다.

---

112 이혜순·김경미, 『한국의 열녀전』, 월인, 2002, p. 36.

113 위의 책, p. 16.

2. 순절의 결심: 잔명(殘命) 혹은 투생(偸生)으로서의 삶

본고에서 논의 대상으로 하는 유서들은 모두 편지글이기 때문에 당대의 일반적인 한글 간찰 양식을 크게 벗어나지 않는다. 대체로 '호칭, 수신자 안부, 발신자 안부, 용건, 결말인사' 등을 순서대로 갖추고 있으며, '결구'가 보이기도 한다. 다만 발신자가 죽음을 앞두고 있기 때문에 발신자 그리고 수신자 안부에 해당되는 내용이 일상적인 안부 인사가 아니라는 점이 다를 뿐이다. 유서를 쓴 여성들은 일반 간찰의 수신자 안부에 해당되는 부분에서 먼저 세상을 뜨는 것에 대한 사죄와 자신을 잊어줄 것에 대한 당부를 이야기하고, 발신자 안부에 해당되는 부분에서는 공통적으로 남편이 죽은 뒤 지금까지 살아야했던 이유와 이제 죽을 수밖에 없는 이유를 서술한다. 또 여러 편의 유서에서 글쓴이들은 자신이 죽은 뒤에 처리해야 할 몇 가지 문제들 가령 자신의 장례 혹은 재산이나 하인들과 관련한 여러 일들의 수습을 용건으로 전한다. 먼저 본고에서 검토할 열세 편의 유서를 글쓴이의 생애와 이상의 내용을 중심으로 정리해보겠다.

조선 후기 네 명의 사대부가 여성이 남긴 열세 편의 유서 가운데 시기적으로 가장 앞선 것은 재녕 이씨가 쓴 「열부 이씨 유서」(1719)이다. 진주(晋州) 하응림(河應林)의 처 재녕(載寧) 이씨는 27살이던 숙종 42년(1703)에 남편을 잃고 43세에 목숨을 끊었는데, 이 유서는 수신자를 양자 "몽아비"로 하는, 그녀가 자결하기 전에 쓴 혈서이다. 이 유서의 내용은 다음과 같이 정리할 수 있다.

① 호칭

② 수신자 안부: 집안 형편이 넉넉지 않아 너에게 미안하고 안쓰러운 마음이다.

③ 죽지 못한 이유: 집안 어른을 봉양하고 그들의 상을 치르는 일과 어린 딸을 보살피느라 죽지 못했다.

④ 죽으려는 이유: 한날 죽을 맹세를 고치기 어려워 죽는다.

⑤ 결말인사

재녕 이씨는 남편이 죽고 난 뒤 "시부(媤父)의 삼년 상을 벗고 두 딸마저 출가시키고 양자를 맞아 혈통을 잇게 하고 자부(子婦)가 잉태(孕胎)하는 것"[114] 등의 일들을 처리하고는 더 이상 이 세상에 머물 수 없어 자결한다. 그녀는 "한 가지 죽기 무어시 어려우리마난"이라며 남편이 죽었을 때 같이 죽는 일은 어렵지 않았다고 말한다. 다만 위와 같은 일들을 처리하느라 목숨을 끊을 수 없었다는 것이다. 이러한 내용을 증명하기라도 하듯, 그녀는 이러한 일들을 다 끝낸 뒤 "마음 일시 급하여 하기 절박하여" 며느리가 아이 낳는 것도 기다리지 못하고 약을 먹는다.

「명도자탄사」를 쓴 남원 윤씨는 1768년에 태어나 18세에 청주(淸州) 한진구(韓鎭九)에게 시집갔다. 그녀는 "서울 화려한 데서 성장했지만 …… 방아 찧는 일과 불 때는 일을 몸소 다하면서도 조금도 수고롭고 고생하는 빛이 없었"[115]고, 남편이 병이 들자 "일 년이 넘도록 밤낮으로 두려워하고 근심해서 옷 띠를 풀지 않고 잠을 자지 않았으며, 약을 달이고 물을 끓이는 일을 몸소 했으며 …… 하늘에 자신이 대신 죽

114 권호, 앞의 글, p. 53.

115 위의 글, p. 63.

을 것을 빌었”[116]다. 그녀의 노력에도 불구하고 남편은 결국 죽었고, 그녀의 평소 성품을 아는 친척들의 염려와는 다르게 그녀는 몸소 장사지내는 절차를 지휘하고 친정아버지를 위로하는 등 의연한 모습을 보였다.[117] 하지만 그녀는 이 모든 일을 끝낸 뒤, 아버지, 어머니, 남동생, 손위 동서, 시댁 당숙, 친정 당숙, 유모, 노비인 점열 부부에게 각각 유서를 남기고 계획대로 목숨을 끊는다. 남원 윤씨가 스스로 목숨을 끊자 한씨 가문에서는 그녀의 행장을 기록하고, 그녀가 한글로 쓴 유서를 한문으로 옮기고,[118] 「명도자탄사」를 다시 필사하여 「애종용」이라는 이름의 책으로 엮었다.[119] 지금 남아있는 9통의 유서는 여기에 실린 아홉 편의 한문 번역본을 연구자들이 다시 한글로 옮긴 것이다.[120]

(1) 아버지께

① 죽지 못한 이유: 아버지의 얼굴을 보고, 남편의 장례를 치르느라 죽지 못했다.

② 수신자에 대한 염려: 불효를 끼쳐 벌을 받을 것이다.

③ 당부: 처음부터 없었던 자식으로 생각해 달라.

④ 당부: 장례에 대한 구체적인 부탁

⑤ 당부: 노비(하인)을 처리하는 문제에 대한 당부

⑥ 결말인사

116 위의 글, p. 64.

117 위의 글, pp. 63~64.

118 남원 윤씨의 유서를 한문으로 옮길 때 남성의 시각에서 여성의 목소리가 손질되었을 가능성을 배제하지 않을 수는 없지만, 지금 남아 있는 유서가 남성에 의해 번역된 것뿐이기에 이런 한계에도 불구하고 이를 연구 대상으로 삼지 않을 수 없었다.

119 진동혁, 앞의 글, p. 3.

120 위의 글, p. 10.

(2) 어머니께

① 불효를 끼친 벌을 받을 것이다.

② 죽지 못한 이유: 아버지를 보기 위해 죽지 못했다.

③ 당부: 너무 슬퍼하지 마시라.

④ 결말인사

(3) 아우 귀손(龜孫)에게

① 남편을 따라 가는 까닭에 너의 얼굴을 보지 못하고 죽는 것이 안타깝다.

② 당부: 문호를 빛내고 양친에게 효도하기 바란다.

③ 결말인사

(4) 형님께

① 죽지 못한 이유: 가친을 보기 위해 죽지 않았다.

② 당부: 자신의 장례와 노비에게 줄 물건들에 대해 당부.

③ 결말인사

④ 당부: 노비를 처리하는 문제를 재차 당부.

(5) 시댁 당숙께

① 죽지 못한 이유: 아버지를 보기 위해 죽지 않았다.

② 당부: 장례 절차 및 재산 분배 그리고 노비에 대한 당부

(6) 진사 숙주께(본가당숙)

① 죽지 못한 이유: 아버지를 보기 위해 죽지 않았다.

② 당부: 입관을 맡아 줄 것을 당부

③ 죽을 수밖에 없는 이유: 의지할 사람이 없으니 죽을 수밖에 없다.

④ 당부: 장례를 치르는 문제로 아버지의 염려를 끼치지 않도록 해달라.

⑤ 결구

⑥ 당부: 장례를 빨리 마치길 바란다.

(7) 유모에게(공인의 외갓집 종)

① 아버지에게 불효하고 후사를 남기지 못한 것이 한이다.

② 너의 은덕에 보답 못하고 죽으니 원통하다.

③ 유서를 남겼으니 그대로 처리해 주길 바란다.

④ 결말인사

(8) 점열에게

① 죽지 못한 이유: 남편의 장례를 치르고, 아버지를 기다리느라 죽지 못했다.

② 죽은 뒤 남은 물건들을 갖고 떠나도록 해라.

③ 당부: 남편의 묘 옆에 장사지내주길 바란다.

④ 후사를 잇지 못해 속상하다.

⑤ 당부: 장례를 말한 대로 치러주길 바란다.

⑥ 결구

⑦ 당부: 내가 죽은 뒤 삼년상을 기다리지 말고 떠나라.

(9) 점열소비(点烈小婢)에게

① 수신자와의 추억

② 당부: 유서를 써 두었으니 내가 죽은 뒤 딸을 데리고 떠나라.

「서녕 유씨부인 유서」(1831)를 쓴 서산 유씨는 1807년에 태어나 16세에 17세의 김응휴(金膺休)와 결혼하여, 1830년 3월에 남편이 죽자, 이듬해 2월에 스스로 목숨을 끊었다.[121] 서산 유씨는 딸에게 남긴 유서에서 "친정 부모님과 시부모님의 개유로 인하여 억지로 모진 목숨을

121 임치균, 「『瑞寧柳氏婦人 遺書』연구」, 『고문서연구』 15-1, 한국고문서학회, 1999, p. 64.

살아보려고 하였으나, 아들이 없어 삼종의 도리를 지키지 못할 뿐만 아니라 아버지(남편)의 청고한 모습이 그리워 차마 견디고 살 수 없기에 자결할 수밖에 없다"[122]고 죽을 수밖에 없는 이유를 말하는데, 그녀가 유서를 남길 때 "이제 한나 동생이 업사나 조만간 네 동생이 날거시니 부대 극진 우애하야 부모 한가지 아이 말 혐의치 말고 화동하라"는 것으로 보아 "조만간 양자로 들어 올 배다른 동생"[123]을 염두에 두고 있었음을 알 수 있다.

서녕 유씨 부인 유서는 "「한글 필사본 고소설 자료총서」 30(오성사, 1986)에 영인이 되어 있으나 목록에도 나타나 있지 않을 뿐만 아니라 작품과 작품 사이에 묻혀 있어서 발견하기가 쉽지 않았던 것"[124]인데, 임치균에 의해 세상에 드러났다. 임치균은 「『서녕유씨부인 유서』 연구」에서 유서의 전문을 소개하고 서사단락을 정리했다. 아래의 내용은 이를 참고로 하여 유씨 부인 유서의 내용을 요약한 것이다.

(1) 딸에게

① 아버지(남편)와의 혼인과 아버지의 명성

② 아버지(남편)의 죽음

③ 죽지 못한 이유

④ 죽을 수밖에 없는 이유

⑤ 딸에 대한 당부

⑥ 남겨진 물건에 대한 처리

122 위의 글, p. 49.

123 위의 글, p. 49.

124 위의 글, p. 48.

(2) 시어머니에게

① 시부모의 은혜와 신세한탄

② 죽지 못한 이유

③ 죽음을 결심한 이유

④ 남은 사람들에 대한 부탁

⑤ 죽음을 택한 시기에 대한 설명

「아바님젼 상사리」(1904)를 남긴 서흥(瑞興) 김씨는 17세에 13세인 청송 심재덕과 결혼하여, 6년 동안 남편을 간병했다. 남편은 1903년 11월 세상을 떠났으며, 그녀는 남편의 빈소를 3개월 동안 지키다가 미망인이 된 지 93일 만인 1904년 10월에 목숨을 끊었다.

① 신세한탄

② 불효자식의 사죄와 당부

③ 죽을 수밖에 없는 이유

이상의 유서들은 공통적으로 '변명'과 '당부'를 주된 사연으로 전한다. 이들은 자신이 죽은 뒤 슬퍼할 친정과 시댁 가족들에게, 불효를 저지르면서까지 죽을 수밖에 없는 이유를 서술한다. 이어 남편이 죽은 뒤 자신들이 왜 곧 뒤따라 죽지 않았는지를 이야기하며, 죽은 뒤 자신의 장례를 치르는 것과 관련한 당부를 자세히 기술하는데, 먼저 그녀들이 말하는 '자신들이 죽을 수밖에 없는 이유'를 살펴보겠다.

내 글 역 자랑하니 아마 여연이 만치 아일닷고 병드려 죽을 본의 아니요 한날 죽을 맹서난 고치기 어렵고 이 맹서를 고치면 지하예 가가장 대할 낫치 없을 닷하여 네 효심을 다 보지 못하고 도라간다 …

며나리 태기있는 듯하니 남여간 보고 죽을 거시대 내 마음 일시 급하여 하기 절박하여 마지못하여 죽는다. (열부 이씨가 양자에게 쓴 유서)

저의 마음에 죽기로 결정한 것은 오래 되었으나, 지금까지 구차하게 살았습니다. 구차한 인생이 살아서 또 무엇을 하겠습니까. (남원 윤씨가 아버지께 쓴 유서)

겨울부터 이미 한 번 죽기를 맹세했는데 (남원 윤씨가 어머니께)

남편 상사 뒤에 내가 마땅히 즉시 따라 갈 것이나 내 명도가 기이하고 험해서 장차 구원의 아래에 있는 남편을 따라 가는고로 다시 너의 얼굴을 보지 못하고 죽으니 더욱 절실하게 비통하다. (남원 윤씨가 아우에게)

남편이 병이 중할 때로부터 이미 한번 죽기로 결정하였사오나 지금까지 구차하게 연명 (남원 윤씨가 시댁 당숙께)

질녀는 도무지 세상 생각이 없어서 죽기를 결정한 것이 오래 (남원 윤씨가 진사 숙주께)

나의 비통한 것은 날이 갈수록 깊어져서 남편을 따라 가는 마음은 이미 정하여졌으니 다시는 다른 생각이 없으나 (남원 윤씨가 유모에게)

모즐고 독흔져의 잔명 영구이 ᄉᆞ라먹고 입고 아즉 셰상의 머므오니 가통절창 ᄒᆞ오이다. …… 쓸곳 없산 져의 잔명 ᄃᆡ의를 쫏ᄉᆞ오니 아바 아바 그리 아옵쇼셔 (김씨가 아버지에게 쓴 유서) (밑줄 필자)

이제 달이 가고 해랄 보내매 거거일심 구타여 투생하오미 오장이 단진하고 심간이 붕졀하옵난지라 비록 셰상의 머무오나 삼종이 끗쳐져 만고죄인으로 하날을 보매 두렵고 일월을 보온즉 슬품 셜움이 압흘 막아 머리를 눌너 뜨지 못하게 하고, (유씨가 시부모에게 쓴 유서) (밑줄 필자)

이처럼 위 유서의 발신인들은 모두 남편이 세상을 떠난 후로 죽지 못해 조바심이다. 이들은 자신의 남은 목숨이 쓸데없다고 여기며 벌써 목숨을 끊었어야 했다고 말한다. 그녀들은 사는 데에 생각이 없어, 자신의 삶을 잔명으로, 구차하고 쓸모없는 것으로 여긴다. 즉 남편이 죽었을 때 이미 자신들의 삶도 끝났다고 생각한다.

그녀들이 이처럼 남편이 죽은 뒤 자신의 삶을 '투생' 즉 훔친 것이라고 생각[125]하고, 죽음을 택하는 이유는 무엇일까. 한 가지 분명한 것은 그녀들의 죽음이 당대 가부장 사회의 외적인 강요 때문만은 아니라는 사실이다. 물론 남편이 죽은 뒤에 남겨진 여성들에 대해 조선 후기 사회는 공식적으로 정절을 그리고 더 나아가 종사(從死)를 요구했다. 이는 열녀에 관한 수많은 글들을 통해 미루어 짐작할 수 있는 것으로, 양반 지식인들은 열녀에 관한 글쓰기를 통해 어떤 형태의 죽음이든 남성을 위한 여성의 희생을 찬미했던 것이다.[126] 하지만 일반 가문에서 며느리의 자살을 막으려고 애썼던 것 또한 엄연한 사실이다. 위에서 예로 든 유서들을 통해서도 알 수 있듯이 남겨진 여성의 가족들은 딸

125 김경미, 「기억으로 자기의 역사를 새긴 보통 여성, 풍양 조씨」, 『조선의 여성들, 부자유한 시대에 너무나 비범했던』, 돌베개, 2004, p. 252.

126 강명관, 『열녀의 탄생』, 돌베개, 2009, p. 495.

에게 또는 며느리에게 살아달라고 간청하고, 혹시나 그녀들이 스스로 목숨을 끊을까 마음을 졸이며 주변을 지켰으며, 죽음을 결심한 여성들도 이들에 대한 미안함을 유서 속에 감추지 않고 있다. 그럼에도 그녀들은 남편을 따라 죽을 결심을 바꾸지 않는다. 이처럼 외적인 강제가 아닌 자발적인 죽음이었다는 점에서 그녀들의 순절은 "열녀의식이 내면화"[127]된 결과로 이해되는데, 본 장에서는 그러한 내면화의 방식을 좀 더 구체적으로 검토해 보고자 한다.

조선시대 남편이 죽은 뒤 남은 여성들은 자신의 삶을 "투생", "잔명"이라고 표현한다. 그녀들은 더 이상 자신들이 살 이유가 없다고 여기는 것이다. 조선시대 여성들이 자신의 정체성을 어떻게 인식하고 있기에 그녀들은 이처럼 남편이 죽었다면 자신도 마땅히 죽어야 한다고 생각했던 것일까. 죽음을 결심하고 유서를 작성한 이들은 "투생", "잔명"이라는 표현들에서 알 수 있듯이 남편이 죽은 뒤 더 이상 자신들의 삶의 의미를, 존재의 의의를 찾지 못한다. 사회적 정체성을 획득하는 것, 다시 말해서 주체가 된다는 것이 상징적 질서에 대한 관계를 정립하는 것[128]이라고 할 때, 이 여성들은 남편의 죽음으로 시집이라는 상징적 질서[129] 안에서 자신의 자리를 찾는 것이 불가능해졌다고 여기는 것 같다. 자신이 속한 사회에 더 이상 자신의 자리가 존재하지 않기에, 그녀들은 스스로를 사회적 정체성을 획득하는 데 실패한 존재로 간주

127 위의 책, pp. 547~548.

128 브루스 핑크, 『라캉의 주체』, 이성민 역, 도서출판b, 2010, p. 11.

129 상징적 질서란 가정과 사회를 이루는 사회적이고 성적인 역할과 관계가 미리 주어진 구조를 뜻한다. 테리 이글턴, 『문학이론입문』, 김명환 외 역, 창작과비평사, 1986, p. 205.

하는 것이다.

남편의 죽음은 그녀들을 가부장적 체계에 자리매김하는 기준이 사라졌음을 의미하는 것으로, 큰 타자 속의 지지대가 없음을 깨달은 그녀들은 스스로 목숨을 거둔다. 종법제에 입각한 가부장적 친족제도가 완벽한 형태로 정립된 것은 대개 18세기 이후인데,[130] 그 내용은 가부장제의 정립을 위해 어머니를 아버지의 아래에, 아내를 남편의 아래에 위치지우는 일이 절대적으로 필요하다는 것이다.[131] 따라서 이처럼 철저한 위계에 따라 자신의 사회적 지위와 역할이 결정되던 때에 남편의 부재가 곧 아내의 부재를 의미했음을 이해하기는 어렵지 않다. 남편이 죽음으로써 가장 중요한 사회적 인연들이 끊어지고, 더 이상 자신의 자리가 존재하지 않는다는 사실을 알게 됨으로써 여성들은 '자살'을 선택한다.[132] 그녀들은 남편이 사라짐으로써 자신을 억압하던 굴레로부터 풀려나 자유를 얻는 것이 아니라 오히려 숨이 막히는 상태에 놓인다. "어떤 것도 좋은 주인만큼 잘 해방하지 못한다."[133]라고 할 때의 바로 그 해방은 남편과 함께 종법 질서에 속해 있는 상태이다. 남편이 죽은 뒤 아내들이 획득한 자유는 "우리의 이웃으로서의 타자가 없을 뿐만 아니라 큰 타자 자체 속의 지지대 또한 없는 우리 자신을 발견하는 지점이다. 그것 자체는 견딜 수 없이 숨이 막히는 것으로서 구제

130 강명관, 앞의 책, p. 13.

131 위의 책, p. 86.

132 "조선시대에는 일단 결혼이 약속된 이후라면, 남편의 생존 여부에 관계없이 열이라는 윤리가 부모에 대한 윤리 즉 효보다 선행한다." 강명관, 앞의 책, p. 486.

133 슬라보예 지젝, 『당신의 징후를 즐겨라』, 주은우 역, 한나래, 1997, p. 124.

의, '해방'의 정반대물"[134]인 것이다. 그러므로 조선의 여성들이 남성에게 예속되어 부자유스러운 삶을 영위한다고 단정적으로 말할 수만은 없다. 그녀들에게 진정 부자유스러운 것은 사회적 지위의 준거점으로서의 남편이 사라진 때이다. 희생할 대상이 사라진 순간 그녀들은 스스로 모습을 감춘다.

그렇다면 남편의 죽음과 동시에 흔적도 없이 사라져야 할 그녀들이 죽지 않고 일정 기간 살아있는 이유는 무엇일까. 과연 "조선의 열녀(烈女)들이 중국의 열녀(列女)보다 더욱 이데올로기에 고착된 상태"[135]이기 때문일까. 다시 말해서 "정절이나 자결과 같은 남성 사회의 도덕적 가치를 구현하면서도 한편으로는 자녀 양육과 부모 봉양의 실제적 책임까지도 회피할 수 없는 이중고"[136]에 시달리고 있었으며, 그리하여 "조선의 열녀들은 이제까지 살펴본 모든 열(列)녀의 모습 가운데 가장 남성 사회 질서를 잘 체화한 경우"[137]이기 때문일까. 다음 장에서는 그녀들의 죽음이 일정 기간을 거친 뒤에 이루어지는 현상에 관해 좀 더 자세하게 논해 보겠다.

134 위의 책, p. 124.

135 최진아, 「견고한 원전과 그 계보들-동아시아 여성 쓰기의 역사」, 정재서 엮음, 『동아시아 여성의 기원-『열녀전』에 대한 여성학적 탐구』, 이화여자대학교출판부, 2002, p. 111.

136 위의 책, p. 112.

137 위의 책, p. 112.

3. 순절의 지연: 희생양의 자격을 얻기 위한 희생 행위

가부장적 체계 안에서 남편의 죽음과 함께 자신의 자리 또한 상실한 여성들 가운데 많은 수는 놀랍도록 냉정하게 남편의 장례를 치르고, 가족들을 보살피고, 자신의 장례를 준비한다. 그녀들이 스스로를 죽은 목숨으로 여기면서도 한동안 살아서 이러한 일들을 행한 까닭은 무엇일까. 아래의 예문은 남편을 따라 곧바로 죽지 못한 이유를 서술한 부분들이다.

> 슬푸다 네 부친 초상예 한가지 죽기 무어시 어려우리마난 팔십 노친 의지하실대 업고 가장의 후사을 잊지 못하고 두 딸이 어리니 차마 일시예 죽지 못하고 그 후 노친 삼상 지내고 네 성입하고 딸도 다 구쳐하여시니 발셔 죽을 거신대 네 효성 지극하여 연전 내 병이 위중하여 망단하니 단지도 극진크든 상분은 더욱 무삼일고 네 마암 이렸하니 내 차마 일시예 소기지 못하여 내 죽기 이적 천연하여더니(열부 이씨)

> 저의 마음에 죽기로 결정한 것은 오래 되었으나 참고 지금까지 이른 것은 다만 다시 아버지 얼굴을 보고자 했고 또 남편의 염과 장사를 평안히 지내고자 해서 지금까지 구차하게 살았습니다. (남원 윤씨가 아버지께)

> 남편 상사 뒤에 내가 마땅히 즉시 따라 갈 것이나 한 가지 이유는 염과 장사를 기다린 것이고 또 한가지 이유는 연아의 행차를 기다

린 것이다.[138] (남원 윤씨가 점열에게)

네 어미 비록 방명죄인니나 삼종의 즁ᄒᆞᆫ 의와 부부의 대륜을 크게 ᄋᆞ난지라 하늘갓치 ᄇᆞ라고 태산갓치 우려던 쳔붕지통을 만나오니 시객인들 어니 머물이요만 난 존구의 극진 권구ᄒᆞ심이 주야 골돌ᄒᆞ시니 차마 목견악ᄉᆞ로 불효랄 끼치지 못ᄒᆞ고 또ᄒᆞᆫ 앗갑고 원통ᄒᆞ신 골육이 너뿐이라 네 나히 오세의 아모 상을 모라난지라 잔잉고 불상흠미 ᄎᆞ마 견대리요 ᄎᆞ마 내 독ᄒᆞᆫ 뜻슬 츰어 초종을 지내고 노친이 팔십 쇠경의 친히 와게셔 부대 슬기를 개유하시니 완명이 게유 걸여 ᄎᆞ월피월 지내여 조곰이나 진정이 될가 한 게 쳡쳡여환과 … 이제 한나 동생이 업사나 조만간 네 동생이 날거시이 부대 극진 우애하야 부모 한가지 아이말 혐의치 말고 화동하라 (유씨부인이 딸에게)

죄인의 잔명을 극진 권구하시물 각골하야 원을 참고 한을 품어 항혀 날을 보내고 달을 보내 조곰이나 진졍이 되면 존당 은혜와 원통 원통한 이런 불효랄 끼치니 엇지 죄인니 아니릿잇고 고금일래로 효절리 잇시니 효도 만져 잇고 절은 나종니이 효가 큰 쥴 모라미 아냐 무릇 일이 경즁이 잇사와 쳔셩이 여자의 절이 웃듬인 쥴 아옵던 배라 쥬의랄 고치 못하야 본뜻을 직히오나 셰상의 안병과 또 고고여식니 잇사오니 고륙의 젹악이 즁하온지라 (유씨부인이 시부모에게)

군자님 가신후 두달이 되엿셔라 불침한 내의 잔명 어이 이리지리한고 심서방님 영결한 후 셕달이 되엿셔라 모즐고 독한 내이 잔명 어이 이리 지리한고 귀신도 무지하다. (김씨부인, 「벽상서」1)[139] (밑줄 필자)

138 진동혁, 앞의 글, pp. 10~15.

139 "남편의 빈소를 생시같이 모시며 두문불출하고 독방명인의 생활 속에서 열녀 정씨전을 탐독하며 소일하다가 93일 만에 한만은 일생을 유한서에 종생을 고하고 원사했다." 위

이처럼 남편이 죽은 뒤, 남은 여성들은 자신의 삶을 문자 그대로 산 죽음의 상태로 인식하면서도 언제나 남편을 곧바로 뒤따르지는 않는다. 즉 이미 죽은 자들의 위치에 스스로를 가져다 놓으면서도,[140] 남편의 죽음과 자신의 죽음 사이, 잔명 혹은 투생이라고 부르는 그 시간을 반드시 거친 뒤에 목숨을 끊는다. 스스로를 생물학적으로는 살아 있지만 상징적·사회적으로는 이미 죽은 존재라 여기는 그녀들은 공통적으로 이 기간 동안 남편의 장례를 치르고, 후사를 잇는 일 등을 마무리하는 것이다.

이러한 순절의 양상은 열녀전에서도 쉽게 찾아볼 수 있는데, 아래에 그 가운데 한편의 일부를 인용해 보겠다.

> 유인의 성은 이씨이고 본관은 경주이다.……남편은 병으로 끝내 자리에서 일어나지 못하고 죽었다. 이씨는 쌀 한 톨 입에 넣지 않고 울부짖으며 따라 죽으려 하다가 하루는 갑자기 태도를 바꾸고 말했다.
> "지금 늙은 시어머님이 집에 계시고 핏덩이가 강보에 있으니, 내 죽음은 자애와 효도에 크게 걸리는 것이다. 차마 그럴 수 있겠는가?"
> …… 아들이 15살 되었을 때, 무척 총명하고 사랑스러웠는데 또 전염병에 걸려 요절했다. 이씨가 아들의 시신을 어루만지면서 한 번 곡을 하고 말했다.
> "아들도 죽었는데 내가 살아서 무엇하리? 그러나 시어머니 연세가 팔순을 바라보는데 시아주버니와 조카는 다 홀몸이요, 달리 시어머

의 인용문은 아버지에게 유서를 남기고 자결한 열부 김씨가 쓴 「벽상서」의 일부이다. 김씨부인은 남편이 죽은 뒤 그의 빈소를 93일 동안 지키고 스스로 목숨을 끊었다. 이수봉, 앞의 글, pp. 17~18.

140 슬라보예 지젝, 『How To Read 라캉』, 박정수 역, 웅진 지식하우스, 2007, pp. 138~139.

니를 모실 시누이나 동서도 없으며 또 집은 너무도 가난하다. 내가 죽으면 우리 연로하신 시어머니가 어떻게 입고 드시겠는가? 죽을 수도 없구나."

그리고는 태연자약하게 지내며 시어머니에게 슬픈 빛을 보이지 않았다. 발은 울타리 밖을 나가지 않고, 오직 부지런히 일해서 시어머니를 봉양하는 데 그의 온 정성을 쏟았다. 3년 뒤 비로소 시조카가 장가들어 며느리가 들어왔다. 이씨가 신부의 등을 쓰다듬으며,

"이런 신부라면 우리 어머님을 잘 모실 수 있겠구나."

하고 신부에게 신신당부했다.

"할머니께서 연로하시니 오직 정성껏 잘 모셔다오."

그리고 틈을 타서 밤에 침실로 몰래 들어가 목을 매고 죽었다.

아, 이씨의 죽음은 어찌 그리 효성스럽고 또 장렬한가?

이씨는 처음 남편이 죽던 날 이미 죽기로 결심했지만 어린 아들을 키우기 위해 죽지 않았고, 중간에 아들이 요절했던 날에도 죽기로 결심했지만 연로한 시어머니를 봉양하기 위해 죽지 않았다. 시조카가 장가들어 시어머니를 모실 사람이 생기자 그제야 죽는 일을 집으로 돌아가는 것처럼 편히 여기고 남편이 죽은 지 17년 뒤에 조용히 큰 의리를 결단했다. 오호라, 어찌 그리 장렬하고 또 효성스러우며, 효성스럽고 또 자애로운가?[141]

위의 인용은 조호연의 열녀전 가운데 일부분이다. 이씨 부인은 남편이 죽고 나서 곧바로 뒤를 따르려 했지만 어린 아들과 시어머니를 돌보기 위해 죽음을 미루었다. 결국 어린 아들을 병으로 잃고, 시어머니를 모실 조카며느리가 생겨 더 이상 행할 의무가 남지 않자 그녀는

---

141 조호연, 〈효와 열의 화신(효열(부) 이유인전)〉, 이혜순·김경미, 『한국의 열녀전』, 월인, 2002, pp. 358~359.

17년 동안 연기했던 죽음을 행한다. 그리고 위의 열녀전은 바로 이씨 부인의 이러한 덕행, 즉 아내로서 그리고 어머니와 며느리로서의 의무 어느 것 하나도 소홀히 하지 않은 그녀의 삶을 기린 것이다.

이처럼 조선 후기 열녀들이 남편의 죽음 즉, 자신의 상징적 죽음과 자신의 실질적 죽음이라는 두 죽음 사이에서 보이는 행위는 시집에서 자신의 역할을 다하는 것으로 이해할 수 있다. 장례를 지휘하고, 삼년 상을 치르고, 양자를 들여 대를 잇는 것은 며느리로서 그녀들이 담당해야 할 몫이다. 죽은 남편을 따라 무작정 삶을 끝내는 것이 아니라, 한 집안의 며느리로서 자신이 해야 할 일들을 모두 해야 죽을 수 있다는 것은 이들의 죽음을 실패, 또는 종결로 볼 수만은 없게 한다. 즉, 두 죽음 사이의 공간에서 그녀들이 수행하는 이러한 일들은 다음 단계로 진입하기 위해 겪어야만 하는 시련과 같다. 자신에게 주어진 과업을 완수하고 나서야 목숨을 끊을 자격을 얻는 듯 행동하는 것은 이승에서의 부채를 청산하는 것으로 볼 수 있다는 것이다.

남편을 잃은 아내들은 남편과 자신을 둘러싼 상징계의 균열 혹은 상징화의 부재나 실패를 깨닫는다. 남편이 이른 나이에 세상을 떠난 것은 남편과 자신이 속한 가문에 어떤 문제가 발생했음을, 즉 남편이 부재하는 비정상적인 상황에 처했음을 의미한다. 공동체에 위기가 발생한 것이다. 르네 지라르는 위기에 처한 공동체와 이의 해결이라는 문제를 전통적인 희생의 논리로 풀어내는데, 공동체는 무너진 사회적 평화를 세우기 위해 한 개인에게 폭력을 국지화한다는 것이다.[142] 공동

142 슬라보예 지젝, 『당신의 징후를 즐겨라』, 주은우 역, 한나래, 1997, p. 136.

체의 이익을 위한 개인의 희생 그리고 그에게 투사된 죄의식이 사회적인 직조의 해체를 막는다는 그의 관점을 따르면 남편의 이른 죽음에 대한 아내의 반응과 태도는 곧 위기 상황에 대한 유죄를 떠맡는 희생양의 그것과 일치한다. 즉 열녀들은 공동체에 의해 그에게 수여된 희생양이라는 사회적 위임을 기꺼이 수용하고, 사회적 평화를 세운다.

사실 남편의 이른 죽음에 그녀들이 책임이 없다는 것은 공동체의 성원 모두가 알고 있는 사실이다. 하지만 죽은 남편의 아내들은 공동체의 위기가 자신들의 탓이라 여기고 그에 대해 죄책감을 갖는다. 아래 〈열부 이씨전〉의 인용에 잘 드러나듯 대부분의 여성들은 남편의 죽음을 자신의 박명한 탓으로 인식한다.

> 슬픕니다. 며느리가 하늘과 땅의 죄인으로 삼가 십 년 은혜와 사랑을 받았으나, 하루만이라도 맛있는 음식으로 봉양하여 그 은혜를 갚기도 전에, 화가 저의 명운에 싹이 터서 효성스런 아드님을 병으로 잃었습니다. 이제 서른 살 젊은 나이로 양친 앞에서 세상을 떠나니, 원통한 혼백이 한을 머금어 황천에서도 눈을 감기 어렵고, 살아서 후사를 끊었으니 죽은 후 무엇을 바라겠습니까. 삼종이 이미 무너졌으므로 한번 죽는 것이 의리에 맞습니다. 단지 부모님께 아뢰지 못하고 죽을 것을 생각하니 죄악이 깊지만, 아뢰면 죽기 어려워 글로 아룁니다. 죽은 남편의 막내 동생이 있어 이미 장성했으므로 만약 후사를 얻게 되면 가업을 전할 수 있겠습니다. 원컨대 시부모님께서는 오래 오래 타고난 수명대로 사십시오. 죽은 사람은 그뿐이니 보중하셔서 몸을 상하게 하지 마십시오. 상자에 빨아놓은 옷이 있으니 염하는 도구로 충분할 것입니다. 삼가 화려한 비단을 쓰지 마시고 남편 곁에 묻어 주십시오.[143]

143 황윤석, 〈남편의 죽음은 나의 박명 탓(열부 이씨전)〉, 이혜순·김경미, 『한국의 열녀전』,

열녀들은 남편의 죽음으로 이미 사회적 죽음을 맞이하는데, 이는 앞 장에서 검토한 바대로 남편의 그림자로서 혹은 잉여로서 존재하는 여성의 특질을 나타낸다. 이러한 순절 행위는 여성들의 존재 양상을 드러내는 동시에 그녀들이 자신이 속한 공동체의 희생양 역할을 맡고 있음을 의미한다. 남편의 죽음으로 가문공동체에는 균열이 발생했고, 이는 전적으로 우연한 사건이지만 공동체가 이전의 상태를 회복하려면 누군가가 책임져야만 하는 사건임에는 분명하다.

거듭 말하지만 공동체의 누구도 그녀에게 죽음을 강요하지 않았다. 하지만 그녀가 죽은 뒤, 가문에서는 그녀를 열녀로 자리매김하기 위해 노력한다. 가문에 열녀가 나오면 요역(徭役)과 전세(田稅) 그리고 공부(貢賦)를 면제받을 가능성이 있었으며,[144] 가문과 개인의 명예를 드높일 수 있다는 점에서 매우 영예로운 일이었기 때문이다. 즉, 아들 혹은 아버지의 죽음으로 위기에 처했던 가문은 며느리의 죽음으로 이전보다 훨씬 안정적으로 질서를 유지할 수 있었으며 공식적으로 인정받을 수 있었다.

그러므로 열녀의 순절은 남편의 죽음으로 균형이 깨진 가문과 열녀 자신에게 위기이자 기회가 된다. 이처럼 그녀에게 실질적으로는 책

월인, 2002, p. 283.

144 "열녀는 정문과 복호로 표창하는 것이 일반적이었다. 복호는 원래 가호에 부과된 요역을 면제해 주는 것이었으나, 이 시기 복호는 전세와 공부까지 면제해 주었으니, 복호를 받을 경우 경제적 이익이 매우 큰 편이었다. 가장 큰 표창은 정려였다. 정려는 충신, 효자, 열녀가 사는 마을에 붉은 홍살문인 정문을 세워 그 인물의 존재를 알리고 해당자의 명예를 높이는 방법이었다. 정문과 복호는 따로따로 시행되기도 하나, 정문을 받을 경우 동시에 복호를 받기도 하였던 것이니, 정문이야말로 가장 큰 표창이었던 것이다." 강명관, 앞의 책, p. 82.

임이 없다는 점에서, 그럼에도 불구하고 모두가 희생양으로서의 그녀의 지위를 수용한다는 점에서, 그리고 그녀의 희생이 일어난 뒤에 공동체의 질서가 회복되며, 그녀 또한 공적인 영역에서 한 개인으로 이름을 남긴다는 점에서 그녀를 가부장제의 희생양이라고 이해하는 것은 어렵지 않다. 실제로 열녀들이 죽어야만 이름을 남길 수 있었다는 사실은 결국 여성의 존재 의미를 드러내고자 했던 신념과 연관되어 있으며, 열녀의 행위를 통해 여성은 비로소 자신을 독립된 개체로서 사회에 각인시키는 효과를 낳았다.[145]

다만 우리가 궁금한 것은 그녀가 희생양으로서의 지위를 수용하는 시점이다. 다시 말해서 조선 전기 혹은 중국의 열녀들과 다르게 유독 조선 후기의 열녀들에게만 순절의 '지연'이 나타난다는 사실을 어떻게 이해해야만 하는가라는 점이다.

그녀들은 남편이 죽은 뒤에 죽어도 되는 때를 기다린다. 그들에게 죽는 것은 당연한 것으로 이는 문제가 되지 않는다. 그녀들이 중요하게 생각하는 것은 죽어도 되는 때이다. 열녀들이 남긴 유서들을 보면 언제 죽어야 하는가 또는 언제 죽을 수 있는가라는 문제가 살아있는 그녀들의 가장 큰 관심사였음을 알 수 있다. 그녀들은 죽고 싶어도 죽지 못했으며, 죽어도 되는 시점에 이르기 위해 반드시 어떠한 과정을 거쳐야만 했다. 앞서 예로 든, 남편의 장례를 치르고, 시부모님을 모시고, 자녀를 키우고, 양자를 들여 후사를 해결하는 등의 일들을 처리했던 것이다.

145 최혜진, 「『여범』의 여성주의적 독해-작가와 서술의식을 중심으로-」, 『아시아여성연구』 43집 1호, 숙대 아시아여성연구소, 2004, p. 62.

이러한 행동들은 그녀들의 희생이, 즉 남편을 따라 목숨을 끊는 그리고 그렇게 함으로써 공동체의 질서를 회복하는 희생양으로서의 지위를 획득하는 것이 공동체의 요구나 강요가 아니라 그녀들의 자발적인 행위였음을 보여주는 효과를 낳는다. 그녀들의 최초의 희생이 궁극적인 희생 즉, 순절의 자격을 얻기 위한 희생의 역할을 하기 때문이다. 그녀들이 남편의 죽음 이후에 바로 뒤를 따라 죽지 않는 것은 아직 이승에서 해야 할 일이 남아있어서다. 이 일들을 끝내야만 남편의 곁으로 갈 수 있다는 점에서 즉, 순절할 자격을 얻을 수 있다는 점에서 순절을 지연하며 행하는 최초의 희생은 곧 순절을 위한 자격시련의 과정으로 볼 수 있다.

그녀들은 자신을 존재하게 했던 사회의 지지대가 사라진 사실의 원인이 부재한다는 사실을 부인하고 상실의 원인 자리에 스스로를 가져다 놓는다. 그리고 이러한 행동이 자발적이라는 것을 보여주기 위해, 자신은 희생양의 역할을 맡을 자격이 있다는 것을 보여주기 위해, 죽은 남편의 장례를 정성껏 치르고 시부모들을 봉양하고 자식을 거두는 등의 희생적이고 헌신적인 행동들을 보인 뒤, 마침내 죽어도 되는 때라는 판단을 내리고 목숨을 끊는다.[146] 요컨대 그녀가 남편을 위해서 그리고 가부장적인 이데올로기에 따라서 일정 기간 죽음을 양보하고 희생하는 행위는 바로 가부장제를 유지하기 위한 희생양의 역할을 맡기 위한 희생이다.

---

146 물론 순절하지 않은 여성들을 희생양의 역할을 거부하거나, 가문의 위기를 외면한 여성들로 보는 것은 아니다. 본고의 관점에 따르면 그녀들은 살아 있는 죽은 자로서 평생을 '순절의 지연' 상태로 지낸다고 할 수 있을 것이다. 즉 순절한 여성들과 그렇지 않은 여성들은 순절의 지연 기간이 다를 뿐이다.

4. 조선 후기 열녀의 사회적 기능과 의의

본고에서는 조선 후기 여성들의 자아 인식 및 세계 인식의 일면을 읽어보고자, 그녀들이 쓴 유서를 검토했다. 본고에서 다룬 유서의 서술자는 남편이 일찍 세상을 떠난 뒤, 스스로 목숨을 끊은 여성들로서 당대에 '열녀'로 칭해진 이들이다. 조선 후기 열녀들은 이전 시기의 열녀 또는 중국의 열녀들과 순절의 지연 현상이 나타난다는 점에서 구별된다.[147] 17세기 후반 이후부터 여성들은 남편이 죽은 뒤 자식이 없고, 시부모를 모실 형제가 있거나 후사 문제가 해결되었을 때 순절했다. 그리고 당대의 문사들은 남편 사후 즉시 죽은 이들보다 이처럼 세월이 경과한 후 죽은 이들에게 보다 많은 찬탄을 보냈다.[148] 이와 같은 순절의 지연은 적어도 조선조 열녀의 죽음이 한순간의 충동에 의한 것이 아니라는 점을 확인해 주는데,[149] 본고에서는 이러한 해석에서 더 나아가 '순절의 지연'이 열녀 개인과 그녀가 속한 공동체에서 어떠한 역할을 담당했는가를 탐구하고자 했다.

그 결과 순절의 지연을 그녀들이 상징계의 질서를 유지하기 위한 희생양의 역할을 떠맡기 위한 자격시련의 성격을 갖는 희생이라고 볼 수 있었다. 자신들의 죽음이 자발적인 것임을 입증하기 위해, 자신들이 떠안은 죄책감이 본디 자신들의 몫이었음을 보이기 위해 그녀들은 남은 의무를 성실히 이행했다는 것이다.

147 최진아, 앞의 책, pp. 111~112.

148 이혜순·김경미, 앞의 책, p. 36.

149 위의 책, p. 36.

한편 그녀들의 지연된 순절은 삶과 죽음 혹은 이승과 저승을 그들이 어떻게 이해하는지 알 수 있게 해준다. 자발적인 희생 행위는 희생양이 되기 위한 자격시련으로 볼 수 있는 동시에 삶에서 죽음으로 건너가기 위한 통과의례로 이해될 수도 있기 때문이다. 그녀들은 남편의 죽음으로 삶의 한 단계에서 자신의 지위를 잃게 된 것 뿐이며, 따라서 그들의 죽음은 '끝'을 의미하지 않는다. 남편이 사라지면 그녀들의 자리는 더 이상 이승에 존재하지 않는다. 즉 이승에서 그녀들은 살아있어도 더 이상 살아있는 존재라 할 수 없다. 남편이 간 그 곳에 다시 내 자리가 있으므로 그녀들은 다시 존재하기 위해서 남편의 옆으로 갈 수밖에 없는 것이다.

남편의 부재로 자신의 사회적 위치가 일순간 사라졌다고 생각하는 여성들에게 죽음은 이제 또 다른 자신의 위치, 먼저 그곳에 가 있는 남편의 곁을, 자신의 위치를 찾아가는 행위가 된다. 이처럼 순절의 지연을 하나의 통과의례로 본다면, 그녀들에게 죽음은 또 하나의 상징적 질서를 의미하는 것으로 이해할 수 있다. 남편이 죽은 뒤 곧바로 목숨을 끊는 것이 아니라, 삼년상을 치르고, 양자를 정하는 것 등은 죽음이라는 다음 단계의 상징 질서로 통합되기 위한 전이기를 통과하는 것이다. 그녀들에게 죽음은 종결이 아니라 한 단계의 끝인 동시에 다음 단계의 시작으로 이해되는 것 같다.

열녀들은 공동체의 희생양 역할을 자임하면서 가문의 위기를 극복하고, 개인적으로는 공동체의 성원으로 보다 확실히 자리매김하는 데에 성공한다. 남편이 존재할 때에만 가치를 갖는, 그리하여 남편의 부재가 곧 자신의 부재임을 깨닫고 잉여적인 자신의 지위를 스스로 목숨을 끊는 것으로 드러내는 그들은 역설적으로 이러한 행위를 통해 상징계에 이름을 남긴다. 가문과 지역 공동체 그리고 국가는 열녀라는 이름으로 그녀들을 기억하고 기리는 것이다.[150]

본고에서는 조선 후기 여성들의 자아 인식 혹은 주체 형성의 메커니즘은 상징계와 그녀들이 관계 맺는 방식을 검토함으로써 이해할 수 있다는 전제하에 열녀들이 남긴 유서를 검토해 보았다. 본 연구의 대상이 되었던 열녀들은 남편의 죽음으로 상징 질서의 균열을 경험하고, 살아있는 죽은 자로서 자신의 임무를 수행한 뒤에 남편의 곁으로 가는 이들이다. 산 죽은 자로서 그녀들의 행위는 부재하는 원인의 자리를 차지하기 위한 희생인 동시에 삶의 다음 단계에 완전하게 통합되기 위한 통과의례라 할 수 있는데, 이러한 행위는 일견 '큰 타자'를 위해 모든 것을 희생하는 듯 보이지만, 사실 큰 타자를 정립하는 행위라 할 수 있다. 즉 이 '큰 타자'는 주체에 의해, 이 여성 주체가 이데올로기의 거미줄에 붙잡히는 바로 그 행위 속에서 소급적으로 정립, 즉 전제되는 것이다.[151] 따라서 조선 후기의 열녀들은 잉여로서의 자신의 지위를 수행적으로 드러내어 기존의 질서를 보다 공고히 하고, 잉여의 지위를 사회적으로 인정받는 역설적인 존재라고 할 수 있다.

본고에서는 이러한 현상이 순조 대에 이르러 폭발적으로 증가했

150 규훈서나 열녀전 등에서 비일상적인 여성의 입전이 갖는 의미는 그것이 여성의 사회적 정체성을 획득하기 위한 공적인 수단이 된다는 것이다. 이러한 텍스트들은 정녀나 열녀가 될 수밖에 없는 상황적 맥락을 강조하면서 이들이 선택하였던 죽음이 오히려 사회적 정체성 획득의 기저로 작용되고 있음을 선명하게 드러낸다. 최혜진, 「『여범』의 여성주의적 독해–작가와 서술의식을 중심으로–」, 『아시아여성연구』 43집 1호, 숙대 아시아여성연구소, 2004, p. 63.

151 슬라보예 지젝, 앞의 책, p. 124.

다[152]는 점에서 조선 후기 여성들이 스스로의 지위 그리고 큰타자의 작동 양식을 무의식적으로 인식하고 있었던 것은 아닌가라는 가정 또한 가능하리라고 본다. 물론 이러한 가설은 동시대 남성 사대부들이 쓴 열녀전 그리고 동시대 여성들이 남긴 여타 산문들과의 광범위한 비교 작업을 통해 규명되어야 할 것이며, 이는 추후의 과제로 남기고자 한다.

152 강명관, 앞의 책, p. 486.

2부

근대적 주체로서의 여성

1장

의식적 소망으로서의 죽음과 무의식적 욕망으로서의 성 : 『옥중서간』을 중심으로

1장
의식적 소망으로서의 죽음과 무의식적 욕망으로서의 성: 『옥중서간』을 중심으로

1. 천주교 전파와 여성의 자기인식

본고에서는 18세기 이후 조선 사회에 큰 파장을 일으킨 천주교 전파가 근대적 여성 주체의 자기 인식과 어떠한 상관성을 갖는지를 상세히 밝혀보고자 한다.[153] 전통적인 유교 사회에서 여성의 지위는 자신이 속해 있는 계급에 따라 결정되었다. 여성의 자아 정체성 또는 여성으로서의 삶의 의미 등은 출생 신분에 의해 태어나기도 전에 미리 정해졌으며, 이는 변화를 겪지 않았다. 또한 당시에는 여성의 신분이 계급

153 서학 지식은 17세기 초에 전래되어 2백년 가까운 세월이 지나서 신앙 활동으로 살아났다. 즉 조선 사회에 천주교 신앙 활동이 본격화된 것은 18세기 말에 이르러서다. 금장태, 「조선서학의 전개와 과제」, 『한국학으로서 조선서학의 한계와 전망』, 서강대학교 신학연구소 서강 서학 학술대회(2011년 9월 28일) 발표논문집, p. 4 참조.

에 따라 다양하게 세분되었기 때문에 단일한 범주로서의 여성이 존재했다고 보기 어렵다. 천주교의 전래 및 전파는 이처럼 외적인 신분 질서가 주체를 구성하던 사회 질서에 균열을 일으킨 사건이었다. 천주교 신도들에게 양반의 자식이냐 천민의 자식이냐 하는 것은 더 이상 문제가 되지 않았다. 신 앞에 그들은 모두 동등했으며 신앙의 진실함 또는 순수함만이 자신의 존재를 증명해 주었다.

당시 조선 지식인들 가운데 상당수가 천주교에 대한 관심을 드러냈으며, 신문화 수용운동이라 할 수 있는 이러한 관심[154]의 결과가 여성 신도의 급격한 증가라는 결과를 가져왔다는 사실, 즉 천주교 신도 가운데 여성 신도의 비율이 남성에 비해 절대적으로 높았고, 여성 신도의 증가율이 남성 신도의 그것보다 높았다는 사실은 천주교의 전파와 여성의 자기 인식의 변화 사이에 상관성이 있음을 충분히 짐작케 한다.

실제로 조선 후기 천주교 여성 신도들의 신앙 활동은 당대의 사회 윤리나 가족제도에 비추어볼 때 상상을 초월하는 것이었다.[155] 당시의 동정녀들은 죽음을 각오하면서까지 결혼을 거부하고, 동정을 지키기 위해 거짓으로 머리에 쪽을 올리거나 과부라고 속이는 일도 마다하지 않았다.[156] 요컨대 천주교 여신도들은 이전과는 전혀 다른 방식으로 자신의 삶과 죽음을 의미화했다는 점에서 매우 특징적이다. 그리고 이는 그들이 남긴 글들을 통해 구체적으로 확인해 볼 수 있다.

이에 본고에서는 변화하는 질서와 규범 그리고 자아와 세계를 인

---

154 조광, 『조선 후기 천주교사 연구』, 고려대학교 민족문화연구소, 1988, p. 5.

155 강준만, 『한국근대사산책』 1권, 인물과 사상사, 2007, p. 41.

156 정해은, 「봉건체제의 동요와 여성의 성장」, 『우리여성의 역사』, 청년사, 1999, pp. 248~249.

식하는 새로운 관점이 어떻게 내면화되었는가를 그녀들이 남긴 산문의 서술 방식을 검토함으로써 규명하려고 한다. 지금까지 초창기 천주교 여성 신도에 대한 연구가 한국 천주교사 또는 한국 천주교 여성사의 범주 안에서 서학서나 성경의 교리를 중심으로 이루어졌다면[157] 본 연구는 여성 천주교인이 편지글 양식으로 쓴 유서를 연구 대상으로 하여, 문학적 관점에서 이 주제에 접근할 것이라는 점에서 이전의 논의들과 구별된다. 즉, 본 연구에서는 이루갈다의 유서를 통해서 그녀가 자신을 둘러싼 현실을 의미화하는 방식에 초점을 맞추고자 한다. 그녀의 유서에 반영된 세계상을 읽어내는 것이 아니라 그녀가 글쓰기 행위를 통해 서사적으로 구성한 당대의 인식 체계를 읽고자 하는 것이다.[158] 이를 위해 조선 후기 천주교 박해 시기 한 여성 신도인 이루갈다가 죽음을 앞두고 가족에게 남긴 두 편의 편지글을 대상으로 천주교 여신도들의 삶 그리고 죽음에 대한 인식을 검토해 보고자 한다.

조선 후기 상당수의 천주교 여신도들이 죽음을 축복이라 여기고 기꺼이 순교를 선택했는데, 본고의 논의 대상인 「옥중서간」의 작자 이루갈다는 그 중에서도 대표적인 인물로 꼽힌다. 지금 남아있는 이루갈다의 산문은 1801년 9월 27일 그녀의 어머니에게 보낸 편지와, 같은 해 11월에 쓴 것으로 추측되며 그녀의 친언니와 큰올케를 수신인으로 하는 편지글인데, 본고에서는 이 두 편을 대상으로 논의를 전개할 것

---

157 대표적으로 김옥희(『한국천주교여성사』 I Ⅱ, 한국인문과학원, 1983; 『한국교회사 논·저·해제집』, 순교의 맥, 1991), 김정숙(「조선 후기 서학 수용과 여성관의 변화」, 『한국사상사학』 제20집, 2003) 등을 들 수 있다.

158 로버트 단턴, 『고양이 대학살』, 조한욱 역, 문학과 지성사, 1996, p. 116, p. 146 참조.

이다.

이루갈다의 「옥중서간」은 한동안 달레가 사본을 직역하여 『한국천주교회사』에 실은 불어 번역문만이 남아 있었다. 1955년 『순정녀 이누갈다와 그 형제의 순교사기』는 이 내용을 다시 번역한 것이며, 1958년 『피묻은 쌍백합』은 같은 내용을 약간 소설화하여 일반 신자들에게 소개한 것이다.[159] 그러던 것이 1965년 원본에 가까운 필사본이 나타나 연구자들의 관심을 끌었다. 이 사본은 "1868년 무진박해 때 경상남도 울산에서 허인백, 이양 등과 함께 순교한 김종윤이 친히 복사하여 소지했던 것으로 그의 손자 김병옥 씨가 가보로서 보관해 오다가 다른 신심서들과 함께 김정구 씨와 가톨릭문화연구소에 기증한 것"[160]으로, 160여 년 전의 내간체로 쓰여 있으며 어느 정도 학식을 갖춘 이가 쓴 것으로 보이는 점 등을 이유로 이루갈다가 쓴 원본에 매우 가까운 사본으로 평가된다.[161] 이에 본고에서는 정인숙이 논문 「순교자 이누갈다의 생애와 사상연구」에 이 사본을 정리하여 부록으로 실은 것을 기본 텍스트로 삼고, 김옥희가 『순교자 이순이 루갈다의 삶과 그 영성』에 실은 영인본을 참고로 하여 논의를 전개하고자 한다.

초기 한국천주교회는 "가족적 전습의 기능이 중요시되었고 대부

159 비교적 최근인 2010년에도 옥중편지의 번역본과 영인본을 한데 묶은 자료집 『이순이 루갈다 남매: 옥중편지』(김진소, 양희찬·변주승 역, 디자인 흐름, 2010)가 출간되었다.

160 정인숙, 「순교자 이누갈다의 생애와 사상연구」, 서강대학교 석사학위논문, 1983, pp. 33~34.

161 "김구정 씨가 권위 있는 국문학자에게 감정을 의뢰한 바에 의하면 이 사본은 160여 년 전의 내간체로서 적실하며 매우 유식한 분의 문장이라고 판명한 것으로 보아, 이 사본은 누갈다가 직접 쓴 원본에 매우 가까운 사본이라고 하겠다.", 위의 글, p. 42.

분의 입교 동기가 「부전자습」, 「모전여습」 등 가족적인 권유"[162]에 있었다. 이루갈다의 집안은 이와 같은 초기 한국교회의 특징을 잘 나타낸다.[163] 그녀의 아버지 이윤하는 지봉 이수광의 후손이며[164] 최초의 수세자(受洗者)인 이승훈과도 가족적으로 연결된다. 이승훈은 이익의 증손인 이가환의 생질이며, 이윤하의 조카인 것이다.[165]

한편 이루갈다의 어머니는 이벽의 부인 유한당 권씨의 고모이며, 권철신(權哲身)과 권일신(日身)의 누이이다. 이루갈다의 어머니 권씨 부인과 생질인 이벽의 부인 권씨 부인은 투철한 교육정신으로 연결되어 있다고 평가받는데, 이루갈다의 어머니가 자녀들이 완전한 신앙인이 되도록 교육하는 데에 몰두했다면, 유한당 권씨는 많은 저술을 통해 대중을 교육하는 데 힘썼다.[166]

이러한 집안에서 자란 이루갈다는 평생을 동정으로 살고자 결심했지만, 독신 생활이 사회적으로 용납되던 시대가 아니었기에 괴로워하다가 전주의 양반이자 천주교 신자인 "柳恒儉 아오스딩의 큰아들 요한도 자신과 같은 결심을 하고 있다는 것을 알고 그와의 결혼을 마음먹었다."[167] 이루갈다는 그의 남편 요한과 처음 약속한 대로 동정부부로

162 김옥희, 「이루갈다의 옥중서간과 그 사적 의의」, 『최석우신부화갑기념 한국교회사논총』, 1982, p. 147.

163 "안동 권씨 가계의 신앙적인 여성 순교자들의 예는 우리나라의 순교자들이 「가족적 전습」 속에 묶어져서 그 맥이 이어 왔음을 우리는 일목요연하게 볼 수 있다.", 위의 책, p. 151.

164 위의 책, p. 154.

165 위의 책, p. 157.

166 위의 책, pp. 151~152.

167 위의 책, p. 159.

생활하며 4년간을 지내다[168] 1801년 신유박해 때 자신의 오라버니 이(경도) 가롤로 그리고 남동생 이(경언) 바오로와 함께 순교했다.[169]

지금까지는 이처럼 천주교 신자로서 눈에 띄는 가족사를 가지고 있으며 치열한 신앙생활을 통해 순교에 이른 이루갈다의 삶에 그녀에 대한 논의의 초점이 맞추어져 있었다. 특히 이루갈다의 「옥중서간」에 대해서는 대체로 그녀의 삶 혹은 신앙심 등을 밝히기 위해 유서에 실린 내용들을 참고하는 방식의 연구가 행해졌다.[170] 다시 말해서 대부분의 연구자들이 「옥중서간」을 문학 텍스트로 다루어 그것의 서사적인 특질 또는 표현 방식을 탐구하기보다는, 종교인으로서의 삶을 규명하는 데에 초점을 맞추었던 것이다. 때문에 이루갈다의 「옥중서간」이 갖는 중요성에 대해서는 종교학, 역사학 그리고 문학 분야에서 어느 정도 합의가 이루어졌음에도 불구하고 이를 둘러싼 다양한 논의가 있었다고 말하기는 어렵다.

이에 본고에서는 그녀의 생애나 신앙심보다는 그녀가 남긴 텍스트 「옥중서간」을 중심으로 연구를 진행하고자 한다. 물론 지금까지도 이에 대한 문학적 논의가 전혀 없었던 것은 아니다. 연구자들은 그녀

168 지금까지 알려진 조선의 동정부부는 모두 두 쌍으로 이루갈다 부부와 권 데레사 부부이다. 이 두 쌍의 부부는 모두 순교했는데, 순교할 때까지 이루갈다 부부는 4년, 권데레사 부부는 1802년부터 1817년까지 15년이라는 긴 시간 동안 수정을 지켰다. 김옥희, 『한국천주교여성사』Ⅱ, 한국여자수도회 장상연합회, 한국인문과학원, 1984, p. 55.

169 김옥희(1982), 앞의 책, pp. 151~152.

170 이희옥, 「전라도 천주교 전래와 이순이 루갈다의 순교」, 전주대학교 교육대학원 석사학위논문, 2010; 정두희, 「이순이 루갈다의 순교와 남긴 편지들」, 『세계의 신학』 35, 1997; 정인숙, 「순교자 이누갈다의 생애와 사상연구」, 서강대학교 석사학위논문, 1983; 하태진, 「이순이(李順伊) 루갈다의 童貞觀 形成에 關한 硏究」, 광주가톨릭대학교대학원 석사학위논문, 2008.

의 편지글에 "구사된 문장이 당시의 궁중이나, 사족가에서나, 양반가의 규방문학으로서도 손색이 없"는 "대단히 세련되고 미려한 고어체"이며, "서술 내용 역시 20세의 여인으로서는 너무 성숙한" "내면적인 사상이나 종교적인 진리"를 담고 있어서 "당시 이조 여인들의 정신사 내지 그 교육적 영향도의 폭이 얼마나 포괄적이었나를 나타내 주고 있다"[171]는 평가를 하기도 했다. 그러나 이러한 평가 역시 그녀들의 문장이나 "신앙정신, 정서와 덕행" 등에 한정되어 있어 아쉽다.

따라서 본 연구에서는 「옥중서간」의 서사 분석을 통해서 그녀가 자신을 둘러싼 현실을 어떻게 의미화 하는가를 규명하고 나아가 그녀가 속한 집단 내지는 시대의 인식체계의 일면을 읽어내고자 하는 것이다.[172] 이를 위해 이 텍스트들의 서사 구조를 검토하는 것에서부터 논의를 시작하겠다.

2. 서학 여신도의 자기 삶의 서사화 양상: 순교의 자격으로서의 육체적 욕망

본 장에서는 이루갈다의 유서를 그것이 쓰인 순서대로 검토해 보겠다. 먼저 비교적 길이가 짧은 첫 번째 편지부터 보면, 이 글에서 이루갈다는 편지를 쓰게 된 동기, 가족들에게 전하는 당부, 자신의 안

171 김옥희, 앞의 책, p. 167.

172 로버트 단턴, 앞의 책, p. 146 참조.

부, 이전 편지글에 대한 언급, 마무리 등의 순서로 이야기를 전개하고 있음을 알 수 있다. 이루갈다의 첫 번째 편지는 일반적인 편지글 그리고 당대 여성들이 쓴 한글 간찰의 양식과 크게 다르지 않다. 당시 여성들이 쓴 한글 간찰은 대체로 (가) 편지를 받을 사람 (나) 의례적인 안부 (다) 주요한 사연(내용) (라) 편지를 끝맺는 말 (마) 편지 쓴 날짜 (바) 편지 쓴 사람[173]의 순서로 되어 있는데, 이루갈다의 편지 역시 이 순서를 따르고 있다. 이 순서에 따라 이루갈다의 첫 번째 편지를 정리하면 다음과 같다.

1) 편지 쓴 동기

4년 동안 지낸 말씀을 드리고자 한다.

2) 당부

제가 죽더라도 크게 상심하지 말고, 감사히 여겨주시기를 바란다.
현세는 꿈이고 영세가 본향이므로 본향에서 만날 날을 기다리겠다.
오라버니가 순교한 것은 어머니의 복이다.
순교한 오라버니와 이제 곧 죽을 나를 걱정하지 말아 달라.
어머니와 떨어져 지낸 것이 4년이라 그리움은 한이 없지만 이 모든 것이 운명이다.
영세에 모녀의 정을 다시 이어 온전하게 지내자.
형님도 남편의 죽음을 서러워하지 마시라. 치명자의 아내가 되었음을 축하드린다.
내가 떠난 후에도 전주 시댁에 잘 해주시기를 바란다.

173 이광호, 「언문간찰의 형식과 표기법」, 『정신문화연구』 19권 3호, 1996, pp. 95~122.

3) 발신자의 결혼 생활

남편과 나는 동정부부로 살 것을 약속하고 4년을 지냈다.

동정부부로 살다가 중간에 십여 차례 약속을 깰 뻔했지만 견뎌냈다.

내 일을 답답하게 여길 것 같아 알린다.

4) 이전편지에 대한 언급

이전에 보낸 편지는 어찌하였는지 궁금하다.

5) 끝인사

이 세상은 헛되고 거짓된 것인 줄을 알기 바란다.

6) 결구

할 말은 한이 없으나 글로는 한계가 있기에 대강만 전한다.

7) 보내는 날짜

8) 서명

이루갈다는 "친필"로 "ᄉᆞ년니회"[174]를 알리고자 편지를 쓰는 것이라며 어머니에게 편지글의 목적을 밝히는 것으로 이야기를 시작한다. 그러고 나서는 어머니와 형님에게 자신이 죽더라도 "과도히 샹심하옵셔 특특ᄒᆞᆫ 은명을 ᄇᆡ반"하는 일이 없도록 할 것과, "우리 남ᄆᆡ를 ᄉᆡᆼ각지 말" 것을 당부한다.[175] 그런 다음에는 남편과의 결혼 생활을 이야

174 "창황ᄒᆞᆫ 시졀을 당ᄒᆞ와 하회를 알외오려 ᄒᆞ오매 다ᄒᆞᆯ길 업ᄉᆞ오나 친필노 슈항을 알외여 ᄉᆞ년니회를 올니ᄂᆞ니"

175 "비록 식이 죽는 디경의 니르러도 과도히 샹심하옵셔 특특ᄒᆞᆫ 은명을 ᄇᆡ반치 마옵시고 안심슌명ᄒᆞ옵소서" "우리 남ᄆᆡ를 ᄉᆡᆼ각지 말으소서" "형님 너모 셜워마옵 오라바니가 비록 죽으나 … 형님이 치명쟈의 안ᄒᆡ되심을 만만 하례ᄒᆞᄂᆞ니" "나ㅣ 업ᄉᆞᆸ 후라도 젼쥬

기하고, 이전에 보낸 편지를 잘 받았는지를 물어본 뒤, 신앙에 대한 당부[176]와 한글 간찰에 보편적인 결구[177]로 이야기를 마무리한다. 정리하면 이루갈다는 어머니에게 보내는 편지에서 안부를 대신하여 자신의 죽음 이후에 남을 가족들에 대한 걱정과 당부를 전한다. 자신이 죽는 것은 은혜를 입는 것이니, 자신에 대해 걱정할 것은 없다는 말을 어머니와 형님에게 남기는 것이다.

이는 순교를 앞둔 천주교 신자의 편지글에서 충분히 예상할 수 있는 내용이며, 한편으로 이처럼 죽기 전에 남은 가족들에게 당부의 말을 전하는 것은 유학자 집안의 여성들이 쓴 유서에서도 쉽게 찾아볼 수 있기에 크게 새로운 내용은 아니다. 당시에 남편이 죽은 뒤에 그를 따라 죽을 것을 결심한 사대부가의 여성들은 나머지 가족들에게 불효자식을 잊으라는 내용을 담은 유서 형식의 편지를 전한다. 물론 그때의 죽음은 이루갈다의 편지에서처럼 축복으로 묘사되지는 않지만, 가족들을 걱정하고 먼저 떠나는 자식을 잊으라는 당부가 주를 이룬다는 면에서는 유사하다고 볼 수 있다. 또한 결구의 "말숨이 쳡쳡 무궁ᄒᆞ오나 필지로 알외올 길 업ᄉᆞ오니 대강만 알외옵ᄂᆞ이다"와 같은 상투적인 표현은 일상적인 한글 간찰에서 쓰이는 결구와 내용 및 형식면에서 모두 동일하다.

이처럼 형식면에서는 당대 양반 여성들의 한글 간찰과 크게 차이점이 없지만, 이루갈다의 편지글은 전달하고자 하는 내용이 분명하다

셩식을 ᄉᆞᆫ치 말고 나 잇실 때와 ᄀᆞᆺ치ᄒᆞ옵"

176 "만번만번 ᄇᆞ라옵ᄂᆞ니 관회억제 ᄒᆞ옵소셔 ᄎᆞ세ᄂᆞᆫ 헛되고 거즛된 줄을 ᄉᆡᆼ각ᄒᆞ옵소셔."

177 "말숨이 쳡쳡 무궁ᄒᆞ오나 필지로 알외올 길 업ᄉᆞ오니 대강만 알외옵ᄂᆞ이다."

는 점에서 일상적인 안부를 주고받는 것이 주된 목적인 양반 여성들의 한글 간찰과 구별된다. 그녀의 편지는 죽음을 앞두고 남은 가족들에게 당부를 전하고 인사하는 것을 주된 내용으로 하지만 분명히 전달하고자 하는, 전달해야만 하는 용건을 가지고 있다.

이루갈다의 편지에서 용건에 해당되는 부분은 모두 그녀의 삶 특히 결혼 생활을 전하는 내용으로 이루어져 있다. 그녀는 어머니에게 자신의 결혼 생활에 대한 이야기를 하고 있으며, 그 중에서도 남편과의 동정 생활을 핵심적인 사건으로 다루고 있다. 그녀가 전하고자 했던 "ᄉᆞ년니회"의 내용은 바로 그녀가 동정부부로서의 삶을 살았다는 것이다.

아래의 인용문에서 알 수 있는 것처럼 남편 요한과 누갈다는 동정을 지키기로 "발원밍세"하고 4년을 살다가 중간에 "근 십여ᄎᆞ롤" 유혹에 빠졌으나 "셩혈공노롤 닐ᄏᆞ라" 죄를 면했다.

> 식이 이리 온 후 평일의 근심ᄒᆞ던 일을 엇어 구월의와 십월의 냥인이 발원밍세ᄒᆞ야 ᄉᆞ년을 지내다가 ᄉᆞ실의 남ᄆᆡ ᄀᆞᆺ더니 즁간의 유감을 넙어 근 십여ᄎᆞ롤 넙어 거의거의 ᄒᆞᆯ 일 업더니 셩혈공노롤 닐ᄏᆞ라 능히 유감을 면ᄒᆞ엿ᄉᆞᆸ (어머니에게 보낸 편지)

죽음을 앞둔 그녀는 육체적인 유혹을 이겨내고 동정 부부로서의 삶을 산 일을 자신의 인생에서 가장 의미 있으며, 어머니에게 전해야 할 가장 중요한 이야기로 여기고 있다.

이러한 사실은 이루갈다의 두 번째 편지에서도 마찬가지다. 이루갈다의 두 번째 편지 역시 일반적인 한글 간찰의 양식과 크게 다르지 않으며 첫 번째 편지와도 내용 및 구성 모두에서 유사하다. 다만 첫 번째 편지에 비해 분량이 긴 편이며 남편과의 결혼 생활 및 투옥되기까지의 과정이 비교적 자세히 서술되어 있어, 그녀의 삶과 이에 대한 그녀 자신의 생각을 보다 자세히 알 수 있다는 장점이 있다.

1) **호칭**

2) **수신자 안부**

3) **가족들의 안부**

4) **편지 쓴 동기**

5) **투옥까지의 과정**

시아버지가 돌아가시고 치명을 결심하였다.

어느 날 갑자기 포졸들이 들이닥쳐 붙잡아갔다.

처음에는 수급청에 가두고 반나절 후에 장관청으로 옮겼다.

시어머니, 시숙모님, 시동생 형제와 함께 옥에 갇혀 순교를 위해 기도했다.

남편의 순교

6) **결혼 생활**

동정 생활을 약속함

이웃에게 재산을 환원할 것을 약속함

7) **순교까지의 과정**

10월 13일에 관청 노비로 삼아 벽동으로 귀양보낸다는 판결 받음

백여리를 가다가 다시 잡혀오는 은혜를 입음

첫 심문

순교하지 못할까봐 두려워하며 조정의 지시를 기다림

8) **결말인사**

9) **당부**

10) **시댁소식전함**

남편에 대한 믿음 전함

시댁의 소식을 전함

시누이의 딱한 처지, 세 시동생의 귀양

11) **결말인사**

12) **결구**

13) **편지 쓴 날짜**

14) **서명**

앞서 살펴본 첫 번째 편지와 마찬가지로 두 번째 편지 역시 받는 이들에 대한 안부 인사와 당부의 말이 편지글의 서두 부분과 결미 부분에 적혀 있으며, 사연에 해당하는 내용으로 발신자 이루갈다의 삶이 적혀 있다. 즉 받을 사람의 호칭을 적은 뒤에 "오라바님·어마님·형님·희아형뎨와 동아·ᄆᆡ동·안어루신네·니동·아ᄌᆞ바님·출아" 등 수신자 및 가족들의 안부를 묻고, 이어서 "ᄉᆞ년니회와 싸흰 셜화를 잠간 ᄀᆡ록ᄒᆞ여 고ᄒᆞ고"라며 앞으로 적을 내용과 편지를 쓰게 된 동기를 간략하게 언급하며, 그 뒤로는 자신의 생애를 주된 사연으로 서술한다.

그녀의 생애 이야기 가운데 가장 먼저 제시되는 내용은 처음으로 투옥되기까지의 과정이다.

① 암연이 도라셔니 원ᄒᆞᄂᆞᆫ 바ㅣ 션종이라 (시아버지가 돌아가시고 치명을 결심하였다) ② 처음의 자바다가 슈깁청의 가도앗다가 (어느

날 갑자기 포졸들이 들이닥쳐 붙잡아서 수급청에 가두었다) ③ 반향이 지난 후의 쟝관청이란 ᄃᆡ 옴기오니 (반나절 후에 장관청으로 옮겼다.) ④ 고당 형데 분과 슉슉 형셰 계신지라 피ᄎᆞ의 ᄇᆞ라보고 말업ᄉᆞᆫ 누슈러니 그러구러 밤이 되어 구월 망간이라 츄텬이 요악ᄒᆞ고 창젼의 명월이 교교하야 월광이 조요ᄒᆞ니 슈인의 회포를 가히 알네라 누의며 안ᄌᆞ며 구ᄒᆞ고 원ᄒᆞᄂᆞᆫ 바ㅣ 치명지은이라 이 원이 ᄀᆞ득ᄒᆞ야 각각 말을 ᄒᆞᄃᆡ 일츌여구ᄒᆞ야 고당 양위와 슉슉형데로 더브러 오인이 샹약기를 위주치ᄉᆞ ᄒᆞ자ᄒᆞ야 각각 뎡지홈이 견여금셕이라 (시어머니, 시숙모님, 시동생 형제와 함께 옥에 갇혀 순교를 위해 기도했다.) (번호 필자)

그 다음으로는 남편이 순교했다는 소식과, 결혼 생활이 어떠했는지에 대한 내용이 이어진다. 결혼 생활에 대해서는 가장 먼저 남편과 동정 생활을 하기로 약속했다는 이야기가 적혀 있다.

> 젹년 원ᄒᆞ던 바ㅣ ᄯᅳᆺ과 ᄀᆞᆺ치 일위오니 심곡을 말하온 즉 뎌도 ᄯᅩᄒᆞᆫ 아시로 원ᄒᆞᆫ 바ㅣ라 우리의 모힘은 양인의 소원을 텬쥬 윤허ᄒᆞ샤 특별ᄒᆞ신 춍은이라 피ᄎᆞ의 감샤홈이 죽기로써 보은이라

다음으로는 이웃에게 재산을 환원할 것을 약속했다[178]는 내용이 잠깐 언급되고, 다시 동정 서약을 깰 뻔했던 위기를 어떻게 이겨냈는가를 다음과 같이 설명한다.

> 쟉년 납월이라 유감이 ᄌᆞ심ᄒᆞ야 ᄆᆞ음이 두려옴 여이리빅빙이오 여림

178 "양인이 언약ᄒᆞ기를 가산과 소업을 젼하시ᄂᆞᆫ 날이어든 삼ᄉᆞ분의 분파ᄒᆞ야 시졔빈인 ᄒᆞ고 계씨를 후회 주어 양친을 의 탁ᄒᆞ고 셰샹이 펴이거든 각각 ᄡᅥ나 사자ᄒᆞ고 피ᄎᆞ 샹약을 져ᄇᆞ리지 마ᄌᆞ더니"

심년이라 우러우러 이길 바를 근구근구 ᄒᆞ옵더니 쥬의 ᄎᆞᆼ우로 겨우 겨우 면ᄒᆞ야 아ᄒᆡ를 보젼ᄒᆞ야 피ᄎᆞ의 유신ᄒᆞᆷ이 견여금셕이며 신ᄋᆡ지 졍은 즁여ᄐᆡ양이라 형ᄆᆡ로 언약ᄒᆞ고 ᄉᆞ년을 지내더니

이어서는 남편이 뜻한 바대로 순교했음을 다시 언급한 뒤에, 자신이 순교를 앞두고 있다는 사실과 사형판결을 받기까지의 과정을 서술한다.

십월 십삼일의 관비뎡속ᄒᆞ야 벽동으로 원ᄇᆡᄒᆞ니 본관의 들어갓서 여ᄎᆞ여ᄎᆞᄒᆞᄃᆡ 우리 등이 텬쥬를 공경ᄒᆞ노니 국률의 죽일지라 각인들과 텬쥬를 위ᄒᆞ야 죽으렷노라ᄒᆞ니 밧비 쪼차나가라 다시 더욱 드러안자 셩쥬를 여성ᄒᆞ야 다시 ᄒᆞᄃᆡ 국녹을 먹으면셔 국명을 슌종치 아니신다 여러 가지로 말을 ᄒᆞᄃᆡ 드른 테도 아니 ᄒᆞ고 ᄭᅳ어내치기로 ᄒᆞᆯ 일 업시 길을 써나 연로의 ᄒᆡᆼᄒᆞ며 구ᄒᆞᄂᆞᆫ 바ㅣ 더욱 근졀터니 ᄇᆡᆨ여리를 겨유 나가 다시 잡히이니 이ᄂᆞᆫ 극진ᄒᆞ야 다시 더 ᄒᆞᆯ거시 업ᄂᆞᆫ ᄎᆞᆼ은이라 엇더케 감샤ᄒᆞ여야 맛당ᄒᆞᆯ고 날 죽은 후라도 감샤쥬은 ᄒᆞ옵소셔

자신이 귀양 갈 뻔했지만, 다행히 순교할 기회를 얻게 되었다는 위 인용문의 내용 뒤에는 마무리에 해당하는 인사말과 당부의 말이 비교적 길게 이어진다. 편지의 서두에서 여러 가족들에 대한 안부 인사가 길었듯이 말미에도 여러 가족들, 형님들, 어머니와 형님들, 올케 언니, 큰 형님, 큰언니 등에게 각각 전하는 당부의 말이 자세하다. 이들에게 전하는 당부는 앞서와 마찬가지로 순교를 축복으로 여길 것과, 신앙생활을 열심히 하라는 다음과 같은 내용이 대부분이다.

도ᄅᆞ혀 한ᄒᆞ오니 형님내 심ᄉᆞ야 오ᄌᆞᆨ하옵마ᄂᆞᆫ 만일 치명의 은혜ᄅᆞᆯ 닙으면 셜워 ᄒᆞᆯ 거시 업ᄉᆞ니 셜워둘 말으시고 경하ᄒᆞ시옵 ᄂᆞᆷ을 용셔ᄒᆞ며 ᄌᆞ긔ᄅᆞᆯ 셩찰ᄒᆞ고 화목을 힘써 어마님은 쥬의에 합ᄒᆞ ᄂᆞᆫ 늙은이 되시고 형님내ᄂᆞᆫ ᄉᆞ랑ᄒᆞᄂᆞᆫ ᄯᆞᆯ이 되시면 아니 됴켓ᄉᆞᆸ

이러한 내용을 담은 이루갈다의 편지는 지금까지 무엇보다 그녀의 신앙심을 입증하는 사례로 이해되었다.[179] 인간적인 욕망과 죽음의 두려움 앞에서도 꺾이지 않는, 순교를 향한 그녀의 강한 의지는 "한국 천주교 박해 시대의 교우들과 험한 산곡의 피신지에서 고통을 받았던 신자들을 위로하는 역할을 했으며 … 일반 서민 신자들도 여기에서 막대한 영향을 받았던 것"[180]이다.

그러나 본고에서 주목하려는 것은 이와는 다르게 이루갈다의 편지가 남편과의 동정생활을 자기 삶의 핵심적인 사건으로 다루고 있다는 사실이다. 위의 두 번째 편지글에서도 알 수 있듯이 그녀는 다른 이야기를 하다가도 이내 동정 부부로서의 삶을 언급하는데, 본고는 이러한 특징이 당대 서학 여신도들의 독특한 세계관을 해명하는 데 중요한 역할을 할 것으로 본다.

동정생활을 중심 사건으로 두고 이루갈다의 편지글을 다시 검토해보면, 그녀가 육체적인 욕망의 극복을 순교를 위한 요건으로, 순교의

---

179 "하느님이 창조주시오 대군대부이시라는 진리를 피로써 증거하는 것이요, 하느님께 대한 사랑의 극치의 고백이며, 하느님과의 일치의 관문이요 일치의 표현인 순교는, 한국초기 천주교인에게 있어서는, 하느님 아버지를 기쁘게 해드리며 생명을 바쳐 죽기까지 따르는 아버지이신 하느님께 대한 대효(大孝)의 길인 순명의 완성이요 결실인 것이다. 그리하여 누갈다는 순교란 특특한 은명이요 특총으로 결실하는 것이라고 하였다." 정인숙, 「이순이(누갈다)의 사상과 영성」, 『한국교회사논문집』 I , 1984, p. 1032.

180 김옥희, 『순교자 이순이 루갈다의 삶과 그 영성』, 한국학술정보, 2007, p. 54.

자격을 얻기 위한 시련으로 이해하고 있음을 발견하게 된다. 그녀는 자신이 죽을 수 있는 이유를 동정 서약을 지켰기 때문으로 보고 있다. 다시 말해서 그녀는 자신의 삶을, 자기 앞에 놓인 장애물을 뛰어넘어 원하는 목표를 성취한 것으로 이해하고 있으며, 이러한 점에서 우리는 그녀 삶의 이야기를 고난 극복의 서사 즉, '발단–전개–위기–절정–결말'이 갖추어진 한편의 잘 짜인 서사라고 할 수 있다.

그녀 삶의 목표는 오직 '순교'뿐이다. 그녀는 자기 삶을 이 행복한 결말을 향한 것으로 의미화하고, 육체적 욕망에 갈등하는 순간을 삶의 '위기' 단계로, 그리고 이를 극복하는 순간을 삶의 '절정' 단계로 설정한다. 결말을 향해 가는 직선적인 서사가 일반적으로 그러하듯 그녀 삶의 모든 행위들은 이 결론으로 수렴되는데, 그녀의 이야기에서 성적인 욕망이 해피엔딩에 도달하기 위한 필수불가결한 사건으로 기능하는 점이 특징적이다. 그녀가 순교하려면 그녀는 반드시 동정생활에 성공해야 한다. 그런데 동정생활에 성공하기 위해서는 다시 말해서 육체적인 유혹을 이겨내기 위해서는 반드시 성적인 욕망이 존재해야 한다. 성적인 욕망이 존재해야만 이를 억누를 수 있고, 이를 극복해야만 그녀가 원하는 죽음을 맞을 자격을 얻게 된다는 것이다.[181] 따라서 그녀의 육체적 욕망은 곧 그녀가 순교할 수 있는 조건으로 기능한다.

그녀의 삶의 이야기가 그녀의 성적인 욕망을 생산하는 문제와 관련해서는 다음 장에서 보다 자세하게 살펴볼 것이며, 본 장에서는 그녀의 편지가 갖는 서사적 특질을 명료하게 하는 것으로 논의를 정리하

181 위의 책, p. 132.

고자 한다.

「옥중서간」의 서사적 특질은 이 편지글에 나타난 시간관을 이해하면 보다 뚜렷하게 드러난다. 그녀의 편지에서 시간은 일정한 방향으로 흐르며, 그리하여 죄인이었던 그녀의 존재를 변화시키는 요인으로 작용한다. 동시대 여성들이 쓴 일반적인 한글 간찰이 반복을 특징으로 하며 순환적으로 혹은 존재의 외부에 놓인 것으로 시간을 이해[182]하는 것과는 다르게, 이루갈다의 편지에서 시간은 존재의 성격을 변화시킨다는 것이다. 이루갈다는 육체적 욕망에 흔들리는 나약한 존재에서 이를 극복하고 순교의 자격을 획득하는 영웅으로 변화했다. 이처럼 이 편지글에 나타난 시간에는 방향이 존재하며, 이는 결핍에서 충족을 향한 것이다.

이루갈다는 죄로 가득한 자신의 삶을 육체의 유혹이라는 고난을 극복함으로써 행복하게 마무리하는데, 이러한 시간관 그리고 이를 바탕으로 하는 그녀의 서사는 그녀의 종교가 세계를 이해하는 방식과 동일하다. 성서에서 이 우주는 시작과 끝이 있는 것으로 묘사되며, 아우구스티누스는 신이 무로부터 만물을 창조하여 역사의 종국에 신국이 실현될 것이라고 하였다.[183] 이 세계를 종말론적으로 이해하는 천주교의 교리와 마찬가지로, 그녀 또한 자신의 삶을 종말론적으로, 즉 순교를 향한 일방향의 서사로 의미화하는 것이다.

182 김정경, 「『선세언적』과 『자손보전』에 실린 17-19세기 여성 한글 간찰의 특질 고찰」, 『정신문화연구』 125호, 한국학중앙연구원, 2011, p. 188.

183 이양호, 「종말론적 시간관」, 『사회비평』 21권, 나남출판사, 1988, p. 39 참조.

3. 서학 여신도의 주체화 양상: 자발적 복종을 통한 주체의 획득

앞 장에서 우리는 이루갈다가 자신의 육체적 욕망을 자기 삶의 가장 커다란 시련으로 이해하고 있음을 알았다. 하지만 그녀의 욕망은 그녀의 순교를 좌절시킬 수 있는 가장 큰 장애물이면서, 한편으로는 그러한 시련의 극복이 곧 그녀에게 순교할 자격을 부여한다는 점에서 순교의 조건이 되기도 한다. 그리고 바로 이러한 이유에서 그녀는 반드시 자신의 욕망을 발화해야 한다.

천주교 여신도들이 자신의 욕망을 발화하는 것은 반드시 '고백'의 형태를 취한다. 이들이 자신의 성적인 욕망을 '고백'의 형태로 이야기하는 것은 그것이 '죄의식'과 밀접하게 관련되어 있기 때문이다. 그녀의 고백은 자신의 내면에 있는 육체적 유혹, 즉 죄를 인정하는 행위이고 이는 신앙심을 입증하기 위해 거쳐야하는 필연적인 과정이다. 물론 우리는 당대의 또는 이전 시기의 텍스트들에서도 여성의 욕망에 대한 이야기를 발견할 수는 있다. 그러나 이 시기의 여성들에게 육체적 욕망이 생의 핵심적인 문제로 등장하고, 그것이 죄의식과 긴밀한 관계를 맺고 있는 점은 이전에는 볼 수 없었던 특별한 현상이다. 이에 본 연구에서는 천주교 여신도들의 일기나 편지글에서 성적 욕망이 언제나 죄의식과 함께 표현된다는 점에 주목하여, 죄의식의 고백이 욕망의 주체를 구성한다는 관점에서 이루갈다의 「옥중서간」을 검토하고자 한다. 이는 이전까지의 문학 작품 속에 성적인 내용 또는 성적인 욕망이 등장하지 않았다는 것이 아니라 천주교가 전래·전파되던 이 시기에 '억압에 의해 존재하게 된 성'[184]이 출현했다는 점에 주목하겠다는 것이다.

이때 유의할 것은 천주교 여신도들의 죄의식은 과거 사대부가 여성들이 사회적인 의무와 관련하여 가졌던 죄책감과는 구별된다는 점이다. 사대부가 여성들이 가졌던 죄책감은 주로 남편이 먼저 세상을 떠나고, 가문을 이을 후손을 낳지 못한 것에서 비롯한다. 즉 자신의 의무를 다하지 못했기 때문에 갖는 감정이다. 그러나 천주교 여신도들의 죄의식은 사회적인 의무로부터 생겨나는 것이 아니라, 개인의 내면에서 발생하는 욕망으로부터 기인한다.

> 식이 이리 온 후 평일의 근심ᄒᆞ던 일을 엇어 구월의와 십월의 냥인이 발원밍셰ᄒᆞ야 ᄉᆞ년을 지내다가 ᄉᆞ실의 남ᄆᆡ ᄀᆞᆺ더니 즁간의 유감을 넙어 근 십여ᄎᆞᄅᆞᆯ 넙어 거의거의 ᄒᆞᆯ 일 업더니 셩혈공노ᄅᆞᆯ 닐ᄏᆞ라 능히 유감을 면ᄒᆞ엿ᄉᆞᆸ (어머니에게 보낸 편지)

> 쟉년 납월이라 유감이 ᄌᆞ심ᄒᆞ야 ᄆᆞ음이 두려움 여이리ᄇᆡᆨ빙이오 여림심년이라 우러우러 이길 바ᄅᆞᆯ ᄀᆞᆫ구ᄀᆞᆫ구 ᄒᆞ옵더니 쥬의 춍우로 겨우겨우 면ᄒᆞ야 아희ᄅᆞᆯ 보젼ᄒᆞ야 피ᄎᆞ의 유신홈이 견여금셕이며 신ᄋᆡ지정은 즁여ᄐᆡ양이라 형ᄆᆡ로 언약ᄒᆞ고 ᄉᆞ년을 지내더니 (두 언니에게 보낸 편지)

위의 인용문에서 볼 수 있듯이 이루갈다는 자신이 "육체적인 유혹"에 흔들렸음을 고백하는데, 이 유혹은 너무나 심하여 예수님이 십자가에서 겪은 고통을 떠올리며 이겨내야 할 정도이고, 얇은 얼음 위를 걸어가는 듯, 깊은 물가에 서있는 듯 존재를 위태롭게 만든다. 하지

184 가라타니 고진, 『일본근대문학의 기원』, 박유하 역, 민음사, 1997, p. 107.

만 흥미로운 사실은 그녀의 욕망은 오직 그녀의 내면에서 생겨난 것이기 때문에, 즉 그녀가 고백하지 않는다면 실제로 어떠한 일도 일어나지 않았으며 누구도 알 수 없기 때문에, 아무런 문제될 것이 없다는 점이다. 그럼에도 불구하고 이루갈다는 자신의 내면에서 일어난 모든 일들을 털어놓는다. 자신이 믿고 의지하는 신이 그녀의 마음속에서 일어난 모든 일들을 안다고 여기기 때문에 이루갈다는 이 사실들을 고백하지 않을 수 없다.

여러 이론가들이 고백을 권력관계 안에서 전개되는 의식이라고 말하는 것은 바로 이러한 이유에서이다. 이루갈다 편지의 수신자는 그녀의 가족들이지만, 그녀가 자신의 죄의식을 고백하는 실질적인 대상은 그녀가 믿는 신이며, 그녀의 고백을 듣는 신은 단순한 대화자가 아니라, 고백을 요청하고 강요하고 평가함과 동시에 벌하고 용서하고 위로하고 화해시키기 위해 개입하는 결정기관이다.[185] 이러한 이유에서 여성들이 자신의 육체적인 욕망과 유혹을 이야기하는 것은 이미 그에 대한 평가를 받고 있다고 또는 내리고 있다고 볼 수 있으며, 고백하는 행위에는 이미 고백하는 내용에 대한 평가가 개입되어 있다고, 즉 그것을 죄로 여기기 때문에 고백하는 것이라고 말할 수 있다.

미셸 푸코는 고백의 이러한 메커니즘이 성적 욕망을 억압하고 죄악시한다는 기존의 억압 가설에 의문을 제기한다. 고백의 담론들이 성적 욕망을 통제하고 억압하는 방식으로 성적 욕망을 창출하고 있다는 것이다. 다시 말해서 푸코는 성적 욕망이 고백의 원인이 아니라 효과

185 미셸 푸코, 『성의 역사』 제1권, 이규현 역, 나남출판, 1997, pp. 78~79.

이며 따라서 고백은 억압을 통해 억압의 대상을 생산하는 기제라고 주장한다.

푸코의 이와 같은 시각에서 이루갈다의 「옥중서간」을 검토해 보면 이 여성의 욕망은 죄의식을 통해서, 죄의식을 수단으로 생겨난다고 말할 수 있다. 즉, 본 논의에서는 여성의 내면에 억압되어 있던 성적인 욕망이 이 시기에 이르러 비로소 언표화 되었다거나, 천주교 교리 및 고백의 양식이 여성들의 성적인 욕망을 죄악시하며 억압한다고 보지 않는다.

앞서 말한 것처럼 천주교 여성 신도들은 '자기'를 고백하는데, 이때의 '자기'는 겉으로 드러난 행위가 아니라 자신의 마음속에서 일어난 갈등을 뜻한다. 이들의 죄의식은 개인의 내면에서 생겨나는 것이기에, 이 여성들은 죄의식을 느낌으로써, 그리고 그러한 죄와 죄의식을 상세히 고백함으로써 내면을 가진 개체가 된다. 그리하여 진실의 고백이 신의 절대적 권력에 의한 개체화(individualisation) 절차의 핵심에 자리잡은 것이라고 말할 수 있다.[186] 조선 후기 서학 여신도인 이루갈다가 자신의 성적 욕망을 고백한 편지글은 바로 이러한 맥락, 즉 고백의 형식이 개인의 탄생과 밀접한 관련이 있다는 측면에서 문학사적으로 중요하게 다루어져야 한다.

186 가라타니 고진은 일본 '근대 문학'이 고백의 형식과 함께 시작되었다고 해도 무방하다면서, 이 형식이 바로 고백해야 할 '내면'을 만들어낸 것이라고 주장한다. 그에 따르면 표현해야 할 '내면' 또는 '자기'가 선험적으로 존재하는 것이 아니라 어떤 물질적인 형식에 의해 가능해졌고, 고백이라는 형식 또는 고백이라는 제도가 고백해야 할 내면 또는 '진정한 자기'라는 것을 만들어낸 것이다. 근대 문학이 주체/객체의 이분법에서, 즉 하나의 주체로부터 출발한다면 내면의 형성을 가능하게 만든 고백 양식이 근대 문학의 성립과 긴밀한 관계를 갖는 것은 당연하다. 위의 책, pp. 75~76 참조.

조선 후기에 천주교 여신도들은 죄의식을 고백함으로써 결국 죽음에 이른다. 그녀들은 순교라는 목표에 도달하기 위해 한순간 육체의 욕망에 흔들렸던 자신의 죄를 고백한다. 비록 죄를 짓기는 했지만 굳은 신앙심으로 이를 극복하고 고백을 통해 용서받았기 때문에 그녀들은 순교의 자격을 갖추는데, 이 과정에서 당대의 지배적인 사회 질서가 결정적인 역할을 담당한다. 법적인 처벌, 즉 사형이 순교의 필수적인 요건이 되는 것이다. 이는 고백이라는 양식이 만들어낸 내면을 가진 개인을 당대의 유교 질서가 승인함으로써만 이 개인들이 자신이 원하는 삶, 즉 '순교'를 얻을 수 있다는 것을 뜻한다. 조선의 여성들이 동정을 지키기 위해 가출을 하고, 여성들끼리 공동생활을 하고, 결혼을 가장하거나, 동정부부로서의 삶을 영위한 것은 전통적 유교 윤리를 거부하는 행위였다. 이 여성들은 전통의 관습에서 벗어나 자신의 종교적 신념을 고수하고, 자기 삶의 독립된 주체가 되었던 것이다.[187] 하지만 유교 질서를 거부한 이 여성들은 유교 질서를 통해서 주체가 되는 역설적인 상황에 놓인다.

조선 사회에서는 여성에게 문제가 발생했을 때, 사법기관이 아닌 그의 아버지 또는 그의 남편이 이들을 처벌[188]하도록 했다. 그러나 동정녀들에 대한 처벌은 사법기관에 의해 이루어졌다. 이는 조선 사회

187 "그러나 천주교로부터 또 다른 삶의 형태를 알게 된 여인들은 동정을 통해 전통의 관습으로부터 벗어나 자신의 종교적 신념을 고수할 수 있었다. 이것은 여성이 자신의 삶에 있어서 독립된 주체자가 되고 있음을 의미한다고 하겠다." 하성래, 「한국초기 천주교회 동정녀들의 여성사적 의의」, 『여성문제연구』, 대구효성가톨릭대학교사회과학연구소, 1990, p. 130; 박혜정, 「천주교 수용기의 女性入敎와 童貞女의 활동」, 조선대학교 교육대학원 석사논문, 2003, p. 27.

188 김정숙, 「조선 후기 천주교 여성신도의 사회적 특성」, 『교회사연구』 19, 2002, p. 20.

가 천주교 여성 신도들의 죄를 특별히 공적으로 다루었다는 의미이다. 예를 들어 "1815년의 박해 때 李時壬(1782~1816)과 具性悅(1776~1816)을 참수하고자 하면서, 마지막 순간에도 경상 감사는 "너희는 여자인데 왜 죽으려 하느냐?"고 물으면서 신앙을 포기할 경우에는 그들을 놓아줄 수 있다는 뜻을 밝혔다."[189] 경상감사의 이러한 질문은 여자들은 법이 처벌하지 않는 존재이므로 충분히 죽지 않을 수 있는데, 왜 죽음을 택하느냐는 질문인 동시에 천주교 신자의 경우에만 법적 처벌을 받지 않아도 되는 여성의 범주에서 제외된다는 사실을 뜻하는 것이기에 흥미롭다. 다시 말해 서학에 대한 탄압이 천주교 여성 신도들을 개별적인 주체로 승인하는 과정이 되었다는 것이다. 요컨대 조선 후기 천주교 여신도들이 그들의 삶을 순교로서 완성하는 데에는 당대의 유교 질서가 반드시 그녀들을 개인으로 인정해야만 했다는 사실이 놓여 있다. 물론 이러한 여성의 주체화 과정은 죽음을 전제로 한다. 동정을 통해 자신의 종교적 신념을 고수한 그들을 당대 사회는 사형을 통해서만 한 개인으로 인정하기에, 조선 후기의 천주교 여신도들이 주체가 되려면 이들은 반드시 삶을 포기해야만 했다.

한편으로 그녀들은 유교 질서뿐만이 아니라 천주교 또는 신과의 관계에서도 역설적인 상황에 놓여 있다. 이전까지 그녀들은 선험적으로 결정된 사회적 분류체계에 따라 한 가문의 딸, 아내, 며느리의 지위를 획득했었다. 이들을 자기 자신이게 했던 것은 사회적인 관계와 지위와 같은 외적인 요인들이었다. 이러한 체계 아래 능동적인 개인

189 위의 글, p. 20.

의 의지와 행위가 개입될 여지가 없었음은 물론이다. 그리하여 더 이상 자신들에게 주어진 의무, 사회가 그들에게 기대하는 행동 양식들을 무조건 따를 수 없었던 이들은 주체적으로 신에게 복종할 것을 선택한다. 그녀들은 개인이 되기 위해 자발적으로 신에게 '복종'해야만, 즉 철저하게 수동적이 되어야만 한다. 이와 같은 그녀들의 행위는 가라타니 고진의 다음과 같은 말 속에 잘 정리되어 있다. "기독교가 초래한 것은 '주인'임을 포기함으로써 '주인(주체)'으로 남아 있게 하는 정신적 역전이다. 그들은 주인임을 포기하고 신에게 완전히 복종함으로써 '주체(subject)'를 획득한 것이다."[190]

이처럼 조선 후기의 여성들은 죽음을 통해서만 개인으로 인정받으며 자발적으로 복종해야만 주체가 될 수 있는 역설적인 상황에 놓인 존재들이다. 그러므로 남성에 비해 훨씬 많은 수의 여성들이 동정을 실천하고 순교를 결심한 당대의 상황은 기존의 상징적 질서에 등록되지 못한 여성의 현실과 새로운 질서에 자리잡고자 하는 그녀들의 의지를 단적으로 보여준다고 하겠다.

4. 유교질서의 호명에 응답하는 행위로서의 순교

일반적으로 우리는 죽음을 나이듦의 결과라고 생각한다. 시간이

190 가라타니 고진, 앞의 책, p. 115.

흐름에 따라 노화를 겪고 죽음에 이르는 것, 자신에게 주어진 수명을 다 누린 후 세상을 떠나는 것을 축복으로 여기는 것이다. 하지만 이루갈다를 비롯한 조선 후기 천주교 여신도들에게 죽음이란 이렇듯 자연스러운 시간의 진행과는 전혀 별개의 것으로 인식되었다. 그녀들에게 죽음이란 쟁취해야 할 대상이었고, 반드시 반대자의 손에 의해 처형되어야 한다는 구체적인 조건을 갖추어야만 성취할 수 있는 목표였다.

본고에서는 죽음에 대한 이와 같은 인식 변화가 박해기의 여러 순교자들 가운데 여성 순교자들 그리고 특히 동정녀들에 두드러진다는 사실에 주목했다. 천주교 박해기에 시간이 흐를수록 여성 순교자의 비중이 늘어나고 특히 『기해일기』를 중심으로 볼 때, 과부나 동정녀가 전체 여성 순교자의 2/3를 넘는다는 사실을 해명할 필요가 있다고 보았다.[191] 남성에 비해 여성 순교자의 증가율이 급격히 높아지고 동정을 지키는 이들이 많은 데에는, 분명 종교적인 것 외에 다른 원인이 있으리라는 것이다.

본고에서는 그녀들이 자신의 죽음을 어떻게 이해하는가 혹은 서사화하는가를 탐구함으로써 이러한 현상을 이해하는 실마리를 마련하고자 했다. 그 결과 박해기 천주교 여신도들은 자신의 죽음을 성취해야만 하는 목표로 인식하고 있음을 알았다. 이들은 이 세계를 종말론적으로 이해하는 천주교의 교리와 마찬가지로, 자신의 삶을 순교를 향한 일방향의 서사로 의미화한다는 것이다.

또한 이루갈다를 비롯한 많은 신도들을 죽음에 이르게 한 당대의

191 김정숙(2002), 앞의 글, p. 31.

유교 질서가 천주교 여성 신도들을 개별적인 주체로 승인하는 역설적인 결과를 낳았다는 사실도 알 수 있었다. '여자들은 법이 처벌하지 않는 존재이다, 단 천주교 신자는 예외이다'라는 지배층의 태도는 곧 천주교 신자인 여성들을 법적인 주체로 인정하겠다는 말에 다름 아니다. 따라서 이 여성들을 죽음에 이르게 하는 당대의 사회 질서가 그녀들을 법적인 주체로 인정함으로써 기존의 체계를 스스로 허문다는 사실을 발견할 수 있었다.

조선 후기 사회에서 여성은 개인이 되기 위해 죽음을 선택해야 하고, 지배질서는 자신의 권력을 유지하기 위해 이전에는 사회적 존재로 인정하지 않았던 여성을 개인으로 인정해야 했다. 그 결과 이 여성들의 저항을 죽음으로 처벌하여 기존의 질서를 유지하려는 행위는 여성을 법적인 주체로 호명하는 행위가 되고, 이것이 스스로의 권위를 약화시키는 결과를 가져오게 되었다.

이 과정에서 여성은 그러한 호명에 응답함으로써 이전과는 다른 새로운 상징계의 주체로 진입한다. 이 여성들은 천주교의 세계에서 새로운 이름과 지위를 부여받는다. 그리고 이때 여성들이 호명에 응답하는 행위, 그리하여 새로운 "상징질서나 대타자 속에 주체의 탄생"[192]을 경험하는 행위는 새로운 상징 질서를 구축하는 수행적인 행위가 된다. 신의 부름에 대한 그녀들의 응답은 순교로 행해지고 그녀들의 순교는 다시 신의 존재를 입증하는 효과를 낳기 때문이다. 신이 존재하기 때문에 자발적으로 순교했지만, 한편으로는 그녀들이 순교했기에 신이

192 박찬부, 『기호, 주체, 욕망』, 창비, 2007, p. 86.

존재할 수 있는 것이다. 따라서 그녀들은 순교라는 적극적인 방식으로 새로운 상징질서를 구성하고 있으며, 그녀들의 죄의식은 거꾸로 신의 존재를 입증하는 수행적 행위로, 다시 말해서 새로운 상징계에 기입되는 동시에 새로운 상징계를 구조화하는 행위로 이해될 수 있다.

결론적으로 남성에 비해 훨씬 많은 수의 여성들이 동정을 실천하고 순교를 결심한 조선 후기의 상황은 기존의 상징적 질서에 등록되지 못한 여성의 현실과, 새로운 질서에 자리잡고자 하는 그녀들의 의지를 단적으로 보여준다고 하겠다.

2장

새로운 주체의 형성(1): 『계축일기』를 중심으로

2장

새로운 주체의 형성(1): 『계축일기』를 중심으로

1. 사실과 허구의 대립에서 서사로

〈계축일기〉[193]는 선조 35년(1602) 인목왕후가 정명공주를 임신했던 때부터 광해군 15년(1623) 인조반정 때까지 궁중에서 일어난 여러 사건들에 대한 작자 미상의 기록이다. 상·하권 한 책의 한글 필사본으로 낙선재에 전해 오다가, 한국전쟁 때 원본은 소실되었고 지금은 전쟁 이전에 출간된 영인본이 남아있다.[194]

〈계축일기〉에 대한 연구는 강한영에 의해 교주본[195]이 출간된 것을 계기로 본격화되어 지금까지 대체로 작가문제와 장르문제를 중심

193 본고에서는 『계축일기』(조재현 옮김, 서해문집, 2003)를 기본 텍스트로 삼고 필요에 따라 강한영 교주 『癸丑日記』(新古典社, 1958)를 참고했다.

194 민병도 편, 『조선역대여류문집』, 을유문화사, 1950.

195 강한영 교주, 『癸丑日記』, 新古典社, 1958.

으로 진행되었다.[196] 먼저 작가론부터 보면, 여러 논자들이 〈계축일기〉의 작자에 대한 의견을 내놓았지만, 아직까지 명확하게 합의된 결론에 이르지 못했음을 알 수 있다.[197] 대표적인 논의로는 김용숙과 민영대의 것을 들 수 있는데, 〈계축일기〉에 대한 본격적인 연구를 시작한 것으로 평가받는 김용숙은 이전까지 별 이견 없이 받아들여졌던, 인목대비의 내인들이 지었다는 내인설(內人說)을 부인하고, 인목대비가 직접 서술했다는 견해를 밝혔다. 반면 민영대는 작자가 인목대비의 내인들임을 주장하면서 작품의 저작이 두 차례에 걸쳐 이루어졌으며, 소설사에서 비교적 초기에 위치한 작품이라는 의견을 제시했다.[198]

장르에 관한 논의 역시 뚜렷한 결론이 내려진 것은 아니며, 허구적 성격이 강한가 또는 사실기록적 성격이 강한가에 대한 입장 차이에 따라 소설 또는 수필(교술)로 분류했음을 알 수 있다.[199] 대표적인 논의

196 〈계축일기〉에 대한 연구사는 민영대(「계축일기」, 『고전소설연구』, 황패강 교수 정년퇴임 기념논총간행위원회, 일지사, 1993)에 자세히 정리되어 있다.

197 인목대비·정명공주설은 박연호(「계축일기와 당시 한문일기들의 비교연구」, 서울대 석사논문, 1983), 홍기원(홍기원 역주『서궁일기』, 민속원 1986), 김일근(「계축일기신고」, 『국어국문학』 55·57합병호, 국어국문학회, 1972) 등이 주장하며, 내인설은 김신연(「서궁일기연구」, 숙대 석사논문,1985), 정은임(『궁정문학연구』, 솔터, 1993), 민영대(『계축일기연구』, 한남대출판부, 1990), 이우경(『한국의 일기문학』, 집문당, 1995) 등이 주장한다. 작가문제는 "내인들이 잠깐 기록한다" 등과 같은 작품의 내적 기록을 그대로 믿었던 데에서 출발하여, 이제 작품 분석을 통해 이를 규명하려는 데에 이르렀다. 그러나 이 역시 원만한 해결책을 찾지 못하였다. 정병설, 「癸丑日記의 작가문제와 역사소설적 성격」, 『고전문학연구』 제15집, pp. 152~154 참조.

198 위의 책, pp. 819~820.

199 〈계축일기〉의 장르에 관한 논의는 문학개론이나 문학사 또는 소설론이나 수필론 등에서 간단하게 언급되는 정도였다. 이병기, 이숭녕, 김기동 등은 '소설적 표현법'을 쓰고 있음을 근거로 이를 소설로 보았으며, 조윤제, 김동욱 등은 '사실을 바탕으로 한 개인적 체험의 기록'이라 하여 이를 소설로 보지 않았다. 정은임, 「조선조 궁중문학의 장르 재조명」,

로는 민영대와 정은임의 것이 있는데, 민영대는 "처음부터 선과 악의 대립을 표면화시켜 궁중 안에서 벌어지고 있던 권력 다툼의 비극적인 모습을 인목대비 편에서 생생하고 박진감 넘치는 필치로 그려낸 것"으로, "현실적인 문제를 소설화"했으며 "고소설의 전형적인 주제인 권선징악"을 나타내고 있다고 하면서 이 작품이 소설임을 주장했다.[200] 반면에 정은임은 민영대의 주장에 대해 다음과 같은 반론을 폈었다. ① 예술은 인생을 조명하는 시대적 산물이므로 유교사회에서 권선징악의 주제는 소설만의 전유물이 아니다. ② 사건 기술에서의 허구성과 작품에 삽입된 비현실적인 이야기들은 소설 이외의 다른 문학 양식에서도 찾아볼 수 있다. ③ 고소설이 주인공의 일대기를 평면적으로 기술하는 데 반해 〈계축일기〉는 주인공 인목대비의 일대기적인 내용은 생략된 채, 작자가 하고 싶은 이야기들로 채워져 있다.[201] 즉 정은임은 이 작품을 소설이 아닌 수필로 보고 있다. 그러나 정은임의 이러한 논의 역시 정병설[202]에 의해 다시 반박되었다. 이처럼 〈계축일기〉의 장르에 대한 논의 또한 작가론과 마찬가지로 여전히 진행중이다.[203]

『동양학』 제32집, 단국대학교 동양학연구소, 2002, pp. 2~4.

200 민영대, 「계축일기」, p. 817. 정은임은 이를 다음의 세 가지로 항목화하여 정리했다. ① 작품의 중심 인물인 인목대비와 광해군의 묘사에 있어서 사실과 전혀 다르게 기술되어 있다. ② 작품 속의 사건이 사실과 다르게 기술한 것은 작가의 허구화에 의해 재구성하였기 때문이다. ③ 구성에서 도입부엔 비극의 씨앗인 영창대군의 탄생, 전개부에서 갑작스런 선조의 승하와 광해군의 즉위로 인해 연이어 일어나는 비극적 사건, 종결부에서 인조반정과 인목대비복위 등이 훌륭한 소설적 구성을 갖추었다. 위의 글, p. 5.

201 위의 글, pp. 5~6.

202 정병설, 앞의 글.

203 이 외에도 작품의 문체(이병원, 「계축일기의 문체론적 연구」, 『국어국문학』 96권, 국어국문학회, 1986) 또는 궁중 풍속(이순구, 「『계축일기』에 나타난 궁중생활상」, 『한국사학

〈계축일기〉의 작가와 장르 문제에 관한 여러 논의들 가운데 작품의 역사소설적 성격을 밝힌 정병설의 논의[204]와, 서술자의 측면에서 표현 전략을 살펴본 이영호의 논의[205]는 새로운 관점을 제공한다는 면에서 주목할 필요가 있다.

정병설은 〈계축일기〉가 기본적으로 사실(史實)기록적 성격이 없지 않지만, 체계적·구성적 면모, 허구성, 서사 전개 등에 있어서 소설과 보다 밀접한 관계를 맺고 있기 때문에, 역사적 사실을 기반으로 하여 창작된 소설, 즉 범박한 의미에서 역사소설이라고 주장한다.[206] 특히 그는 작품의 결미에 있는 창작경위에 대한 진술이 '작품전개기법'에 불과하다고 주장한다. 〈쌍천기봉〉, 〈명주보월빙〉, 〈유효공선행록〉, 〈옥원재합기연〉, 〈소현성록〉 등 다른 규방소설 혹은 장편대하소설에서도 작품의 등장인물이 작품을 창작했다는 진술을 작품 결미에서 찾을 수 있다는 것이다. 따라서 〈계축일기〉의 "내인들이 잠깐 기록한다"[207]에서 '내인'이란 소설 내에 허구적으로 설적한 '가상작가'로 간주되어야 한다는 입장이다.[208] 그리고 이를 토대로 〈계축일기〉는 서궁 내에서 일어난 사건을 여러 기록과 소문을 토대로 재구성한 역사소설이며, 창작 시기는 18세기 초를 전후한 시기라고 주장하는 것이다. 나아

회』, 1998) 등과 관련한 논의들이 간헐적으로 전개되었다.

204 정병설, 앞의 글.

205 이영호, 「서술자의 측면에서 본 〈계축일기〉의 표현 전략 연구」, 『고전문학과 교육』 11집, 한국고전문학교육학회, 2006. 2.

206 정병설, 앞의 글, p. 158.

207 조재현 옮김, 『계축일기』, 서해문집, 2003, p. 179.

208 정병설, 앞의 글, pp. 159~161.

가 그는 17·18세기 조선의 소설계에는 중국의 역사를 허구적으로 서사화·소설화하는 경향이 서서히 생겨났으며, 그런 경향의 대표적인 산물이 〈계축일기〉, 〈인현왕후전〉이라고 작품의 소설사적 위상을 밝혔다.[209]

이영호는 〈계축일기〉의 작가와 장르를 이해하는 데 있어서 서술자의 비중이 매우 크다는 점을 전제로 하여 서술자의 역할에 따라 〈계축일기〉의 내용을 구분하고 각각에 특징적으로 나타나는 서술자의 표현 전략을 분석한다. 그는 〈계축일기〉를 '광해군 측의 비윤리성', '인목대비의 수난', '내인들이 받은 핍박'의 세 부분으로 구분하고, 다시 69개의 서사단락으로 나누어 꼼꼼히 검토한 후에 다음과 같은 결론을 내린다. 〈계축일기〉의 서술자들은 '풍문의 매개자'이자 '사건의 목격자'이며, '체험의 기록자'로서의 면모를 지니고 있다는 것이다.

이때 풍문의 매개자로서 서술자는 자신들에게 핍박을 가한 광해군 측 인물들의 부도덕성을 드러낼 수 있는 사례들을 수집하여 이를 믿을 만한 사실의 형태로 제시하고 규범적 측면에 입각하여 논평을 가함으로써 이들에 대한 비판 의식을 드러낸다. 사건의 목격자로서의 서술자는 계축옥사나 영창대군의 출궁과 같은, 대비에게 발생한 비극적 사건을 곁에서 지켜보고 극적 제시를 통해 이를 생생하게 전달하여 독자들의 동정과 공감을 이끌어낸다. 마지막으로 내인들이 받은 핍박을 다룬 부분에서 서술자는 내인들의 집단적 체험에 대한 보고자이자 행위주체의 일원으로서 복합적인 면모를 갖는다. 요컨대 이영호는 서술자의

209 위의 글, pp. 164~165.

역할과 그에 따르는 표현 전략과의 상관성을 밝혔다.[210]

비교적 자세하게 검토한 위의 두 논의에 주목하는 까닭은 이들이 지금까지와는 다른 방향에서 〈계축일기〉에 접근하고 있기 때문이다. 지금까지는 이 작품을 대개 궁정문학이라는 테두리 안에 두고, 〈인현왕후전〉, 〈한중록〉 등과 비교 검토해 왔다면, 위에서 검토한 정병설의 논의는 여기에서 벗어나 동시대의 다른 서사물들과 함께 다루고 있다는 점에서 의의가 있다.

또한 지금까지는 작가 규명에 관한 연구와 맞물려 작품에 서술된 내용을 통해 작가의 의도를 파악하는 데 논의가 모아졌다면, 이영호의 논의는 작가의 의도와는 별개로 서술자의 양상을 검토하고 그에 따른 표현 전략을 구체적으로 검토하여 작품 서술상의 특징을 체계적으로 드러냈다는 면에서 차별점이 있다.

정리하자면 지금까지의 논의는 대체로 사실/허구라는 틀을 전제로 하여 〈계축일기〉와 역사적 사실과의 관련성에 치중한 반면에 이들 논의는 사실/허구의 대립을 서사라는 범주에 포괄함으로써 현실의 구성 또는 의미화의 방식에 초점을 둔다는 점에서 주목할 만하다. 이 논의들은 현실이 어떻게 재현 또는 왜곡되었는가에서 현실을 어떻게 의미화 하는가로 주의를 돌렸다는 것이다. 따라서 본고에서는 이들 논의와 같은 맥락에서 〈계축일기〉가 세계를 의미화 하는 방식, 다시 말해 역사적 사실 혹은 경험에 의미 있는 형상을 부여하는 방식[211]을 찾아보

---

210 이영호, 앞의 글, pp. 65~66.

211 〈계축일기〉에서 세계를 의미화하는 방식을 규명하고자 하는 본고의 논의는 이 텍스트에 기록된 내용이 당대의 집단적 사고의 틀을 벗어나지 않는다는 점을 전제한다. 다시 말

고자 한다. 그리고 이를 위해 텍스트가 역사적 사건을 선악의 대립구도로 바라보는 양상에 논의의 초점을 맞출 것이다.

선조는 조선왕조사상 처음으로 방계 서손 출신으로 왕위에 올랐기 때문에 왕위 계승의 문제에 누구보다 민감했다. 첫 번째 중전인 의인왕후에게 자식이 없어서, 나이가 40이 넘을 때까지 세자책봉을 미뤄온 것만으로도 이는 충분히 짐작할 수 있다. 그럼에도 불구하고 후궁 공빈 김씨의 차남으로 태어난 광해군이 세자로 책봉될 수 있었던 것은 전적으로 임진왜란 때문이었다. 임진왜란이 일어나자 선조는 만일의 경우에 중국 요동으로 망명할 계획을 세우고, 전란과 관계된 모든 사항들을 광해군에게 일임했던 것이다.

그러나 임진왜란이 끝나고 선조는 새롭게 인목왕후를 중전으로 맞아 영창대군을 낳고, 이때부터 조정에서는 '적통론'을 내세우는 소북파와 광해군을 지지하는 대북파의 갈등이 첨예하게 나타난다. 1608년 갑작스런 선조의 죽음으로 광해군이 왕위를 잇기는 하지만, 갈등은 수그러들지 않은 채 수많은 옥사를 낳고 결국 광해군은 폐위되기에 이른다.

이처럼 수많은 우여곡절을 겪은 뒤 왕위에 오른 광해군은 원년인 1609년 4월에는 형 임해군을 그리고 1614년에는 동생 영창대군을 살해한다. 또한 1618년에는 인목대비까지 서궁에 유폐시켜 패륜아로 지탄받는다. 하지만 이 같은 패륜적인 행위에도 불구하고 그에 대한 평가가 비난 일색인 것만은 아니다. 광해군이 왕위에 있던 15년 동안 그

해서 세부 사실의 선택이나 묘사 등에 나타나는 주관적인 성격은 그가 속한 집단 내지는 시대의 인식체계와 별개일 수 없다. 따라서 〈계축일기〉의 의미화 작용을 검토함으로써 우리는 그것이 생산된 계층과 시대의 인식상의 특징을 읽어낼 수 있을 것이다. 로버트 단턴, 『고양이 대학살』, 조한욱 역, 문학과 지성사, 1996, p. 116, p. 146 참조.

가 임진왜란으로 어려워진 경제를 되살리고 국가의 재정을 확보하는 데 전력을 기울였다는 데에는 누구나 동의한다. 또한 실리를 앞세운 외교정책은 광해군의 최대 업적으로 평가받는다.

광해군을 둘러싼 당대의 그리고 후대의 평가가 이처럼 다양하기 때문에 우리는 그에 대한 기록들이 누구의 입장에서 쓰였는가라는 문제를 고려하지 않을 수 없다. 다시 말해서 광해군에 대한 여러 이야기들은 동일한 사건을 전혀 다른 시각에서 서술하고 있기 때문에 어떤 관점이 사실에 보다 충실한 것인지 판단하기가 쉽지 않다. 이는 〈계축일기〉에도 적용되는 문제로서, 우리는 광해군을 둘러싼 여러 사건과 일화들을 기록한 이 텍스트가 전적으로 사실 또는 허구이다라고 말할 수 없다. 이에 본고에서는 텍스트에 서술된 사건들의 진위 여부를 논하는 데에서 한걸음 더 나아가, 여러 사건들이 〈계축일기〉 속에서 어떻게 이해되는가를 검토함으로써 혼란스러운 당대의 상황이 의미화되는 방식을 논해보려 한다. 요컨대 〈계축일기〉를 향유한 집단[212] 즉, 그것을 생산하고 소비한 집단이 자신이 살고 있는 세계와 자신이 처한 상황들을 어떻게 받아들이는가를 밝혀 보고자 한다.

212 창작연대조차 불명확한 〈계축일기〉의 향유집단을 명확히 규정하기는 어려운 것이 사실이다. 조선 후기 한글 산문의 생산자와 소비자 혹은 〈계축일기〉의 생산자로 지목되는 17(~18)세기의 내인들 혹은 인목대비와 정명공주를 향유집단이라고 할 수도 있을지도 모르겠다. 그러나 본고에서 향유집단이라는 표현을 쓴 것은 특정한 시대와 집단을 지칭하기 위해서는 아니다. 이 작품의 향유집단은 지금까지의 논의는 물론이고 본고와 앞으로 계속될 연구를 토대로 계속해서 추론되어야 할 문제이다. 그러므로 향유집단이란 세계를 의미화하는 방식을 탐구하고자 하는 필자의 논의가 궁극적으로 목표로 하는 지점이라고도 볼 수 있다.

〈계축일기〉는 선과 악의 대립이 분명한 작품으로 평가받는다.[213] 다시 말해서 "작자는 핍박을 가하는 광해군과 수난을 당하는 인목대비를 선악의 대립으로 설정하고, 철저하게 인목대비 측을 긍정하는 시각에서 작품을 서술하고 있다"는 것이다.[214] 그러나 〈계축일기〉에는 광해군과 인목대비 외에도 여러 인물들이 다양한 관계를 맺은 채 등장하고 있으며, 이들을 광해군 측과 인목대비 측으로만 나누기에는 무리가 있다. 이에 본고에서는 선과 악의 대립 양상이 분명히 드러나 있기는 하지만 무엇을 선으로 그리고 무엇을 악으로 볼 것인가에 대해서는 한 가지로 규정하기 어렵다는 입장에서, 작품 속에 드러난 선과 악에 대한 당대 인식의 일면을 규명해 보고자 한다.

논의를 진행하기에 앞서 〈계축일기〉의 서술상에 나타나는 특징을 언급할 필요가 있겠다. 〈계축일기〉는 시간의 순서가 작품 속에서 거의 비중을 차지하지 않는 텍스트이다. 〈계축일기〉의 서술자는 무엇 또는 누구를 이야기하는가에 따라 사건과 일화를 선택하여 기술한다. 가령 광해군의 악행을 부각시키려는 부분에서는 광해군의 잘못을 드러내는 일화들을 선택하고, 인목대비의 가련한 처지를 부각시키려는 부분에서는 대비의 억울함을 효과적으로 보여주는 일화나 사건들을 선택[215]하는 식이다. 따라서 작품 속에서 역사적인 사건들은 시간적 순

213 민영대, 『고전소설연구-황패강교수 정년퇴임기념논총』, 일지사, 1993, p. 817.

214 이영호, 앞의 글, p. 42.

215 "계축년부터 대비전 내인들이 겪은 서러운 일이며, 왕이 날마다 내관을 보내어 위협하고 꾸짖던 일이며, 어른을 천대하고 도를 행하지 않고, 부모님에게 불효하던 일들을 이루 다 기록하지 못하여 겨우 만분의 일이나마 기록할 뿐이다." 『계축일기』, 179쪽. 이영호, 앞의 글, p. 44 참조.

서에 따라 서술되지 않는다.[216] 그러므로 우리는 텍스트 상에 등장하는 여러 사건이나 일화들을 어디까지나 텍스트에 서술된 순서 혹은 위치에 근거하여 이해해야 한다. 본고에서는 사건이 발생한 시간적 순서보다는 그것이 서술된 순서를 중심으로 논의를 진행할 것이다.

2. 무질서로서의 악 : 문명/야만의 대립

본고에서는 이 작품이 '선조의 죽음'[217]과 '계축옥사'를 기준으로 크게 세 부분으로 나뉜다고 보았다. '선조의 죽음' 이전에 작품 속에 드러나는 갈등의 양상과 '계축옥사'를 전후로 하여 작품에서 구현되는 갈등의 양상이 뚜렷이 변별되며, 이들 사건을 기준으로 선악에 대한 인식상의 어떠한 변화가 나타난다고 보았기 때문이다. 앞으로의 논의는 이렇게 구분한 세 부분을 차례로 검토하는 방식으로 진행될 텐데, 본 장에서는 이 가운데 '선조의 죽음' 이전 부분을 다루겠다.

위에서 언급했듯이 '선조의 죽음'을 내용을 구분하는 첫 번째 기준

216 앞부분에 서술된 이야기들만 정리해보면, 1602→1603→1606→1604→1607→1608→1607→1592→1600→1606의 순서로 진행되고 있음을 알 수 있다. 뚜렷한 기준을 가지고 사건들을 배열했다고 보기에는 무리가 있다고 여겨진다. 민영대, 『계축일기연구』, 한남대학교출판부, 1990, p. 124 참조.

217 이때 선조의 죽음을 기준으로 보고 있다고 하여 선조가 죽은 해인 1608년 이전에 벌어진 일들과 이후의 일들을 구분하는 것은 아니다. '선조의 죽음'이 서술된 이후에도 작품 속에서는 그 이전에 벌어진 사건이나 일화가 제시되기 때문이다. 따라서 선조의 죽음 이전이란 선조의 죽음이 처음으로 텍스트에 제시되기 이전에 서술된 일들을 선조의 죽음 이후는 그 이후에 서술된 사건들을 의미하는 것임을 밝혀 둔다.

으로 삼는 까닭은 이를 기준으로 인식상의 어떠한 변화가 나타나기 때문이다. 물론 '선조의 죽음' 이전 부분은 전체 텍스트에서 차지하는 비중이 그리 크지는 않다. 그렇지만 이 부분은 서사가 진행되기 이전의 안정된 혹은 최초의 질서를 보여주는 부분이므로 충분히 언급할 가치가 있다.

본고에서는 기존의 몇몇 논의들[218]을 참고로 하여 〈계축일기〉의 내용을 정리하였는데, 그 가운데 선조의 죽음 이전까지의 내용을 제시하면 다음과 같다.[219]

1. 유자신이 중전을 놀라게 하여 낙태시키려고, 궁궐 밖에 화적 떼가 나타났다는 소문을 퍼뜨렸다.(1602)
2. 인목왕후가 공주를 낳고, 유자신이 축하예물을 올렸다.(1603)
3. 중전이 대군을 낳았다.(1606)
4. 유자신이 동궁을 모시는 무리들과 정인홍에게 동궁의 안위를 위하여 굿도 하고 점도 치도록 하라고 지시했다.
5. 임해군과 영창대군을 음해하는 소문을 퍼트리기 위해 동요까지 지어 유행시켰다.
6. 대국의 천자에게 세자책봉을 주청드리자고 선조를 재촉했다.
7. 갑진년에 대국의 천자가 둘째 아들을 왕세자로 책봉하는 일은 예법에 어긋난다 하여 동궁의 세자책봉을 허락하지 않았다.(1604)

218 민영대, 앞의 책, 이영호, 앞의 글.

219 〈계축일기〉는 일반적인 의미에서의 플롯을 갖추고 있다고 보기는 힘든 텍스트이다. 때문에 서사단락을 정리하는데 시간의 순서가 거의 무의미하다고 볼 수 있다. 1602년에서 1623년까지 벌어진 일들을 서술했다고는 하지만, 시간의 흐름에 따른 구성이라고 보기 힘들다. 선조가 죽은 뒤의 일들을 서술하는 가운데 갑자기 선조가 살아있을 때로 되돌아가는 일도 비일비재하며, 영창대군이 죽은 것을 서술한 뒤에 갑자기 영창대군이 살아있을 때의 일을 서술하기도 한다.

8. 정인홍 등이 임해군을 위한다며 유영경을 죽이라는 상소를 올리자 선조가 귀양보내라는 교지를 내린다.(1607)
9. 선조가 죽다.(1608)

'선조의 죽음' 이전까지는 계비 인목왕후가 대군을 낳는 문제를 둘러싼 갈등이 주로 나타난다. 유자신과 동궁을 모시는 무리들은 인목왕후와 영창대군, 그리고 임해군을 해하기 위해 밤낮으로 궁리하고 결국 임금으로부터 귀양 가라는 명령을 받는다. 반면 선조는 '둘째 아들을 왕세자로 책봉하는 일'이 '예법에 어긋'나는 것임을 깨닫고 더 이상 대국에 이 일을 거론하지 못하게 하는 한편으로 자신에게 대항하는 신하들을 귀양 보낸다. 요컨대 〈계축일기〉에 가장 먼저 제시되는 대립 관계는 선조 대 유자신의 대립이며, '선조의 죽음' 이전에 작품 속에서는 이들 간의 갈등이 가장 두드러진다.

유자신의 무리가 가장 염려하는 일은 동궁이 폐위되는 것이며, 선조가 가장 못마땅하게 여기는 것은 신하들이 자신을 재촉하거나, 이리하라 저리하라는 등 조종하려는 것이다. 동궁의 폐위를 막기 위해 유자신은 굿을 하고 점을 치며, 소문과 동요를 지어 퍼뜨린다. 그리고 선조는 자신을 마음대로 하려는 신하들을 귀양 보내라는 명령을 내린다.

이처럼 선조와 유자신이 대립적인 관계로 기술된 것은 당시의 상황을 고려했을 때 충분히 짐작이 가능하다. 따라서 우리는 그들이 역사적으로 왕위 계승을 둘러싸고 대립했다는 사실이 아니라 이러한 갈등이 유교와 무속의 대립으로 텍스트 상에서 구체화되었다는 점에 주목해야 할 것이다. 선조의 교지(8)는 임금을 마음대로 하려는 신하들의 행동을 벌하기 위한 것이었다. 즉 선조는 유교적인 위계 질서를 이용하여 자신에게 도전하는 신하들을 벌하려 했다. 반면에 유자신은 자신의 정치적 목적을 달성하기 위해 있지도 않은 일들을 꾸며내어 소문을 퍼트리고(1, 5) 굿을 하고 점을 치라고 지시한다(4). 무속을 수단으로 자신의 목적을 달성하려는 것이다. 서술자는 이러한 대립 가운데 선조의 질서 즉 유교적인 질서를 긍정적인 것으로, 그리고 유자신이 이용하고자 하는 무속을 부정적인 것으로 그린다. 요컨대 선조의 죽음 이전 부분에서는 임금의 명령을 따르는가 아니면 거역하는가라는 문제가 유교와 무속의 대립으로 나타난다는 것이다.

이에 당시에 유교와 무속이 어떠한 관계에 놓여 있었나 하는 점을 참고로 하여 이 문제를 해석해 보고자 한다. 사실 유교적인 것을 선으로 그리고 무속적인 것을 악으로 보는 이러한 비대칭적인 대립 관계는 조선시대 유교와 무속이 차지한 사회적인 위상과 관련시켜 보면 쉽게 이해할 수 있다. 조선시대에 유교가 정통성을 인정받았다면 무속은 그렇지 않았다. 조선시대에 공식 종교는 유교뿐이었으며, 무속은 대표적인 체제 외적 종교였던 것이다.[220]

> 조선조의 공식종교인 유교는 공식적인 위상을 지니지 못하는 민속 종교 전통을 음사론을 통해 통제해 나갔다. 음사론은 정사(正邪)의 구별의식에서 비롯된 것으로서 공식종교의 제도적 힘의 논리로 구사되었다. 공식종교의 의례편제에 해당되는 것은 바른 제사로 간주된 반면, 공식적인 사전(祀典)에 속하지 않는 민속종교의 의례는 바르지 못한 제사로 규정되었다. 이른바 정사의 대립적 구도 속에서 공식종교는 정도(正道)

220 최종성, 「조선시대 유교와 무속의 관계 연구」, 『샤머니즘 연구』 제4집, p. 229.

를 실현하는 우월하고 정상적인 종교인 데 반해, 민속종교는 정도(正道)에서 벗어난 주변적이고 비정상적인 종교라는 점이 부각되었다.[221]

이처럼 조선시대에는 유교와 무교의 관계를 정(正)과 사(邪)의 관계로 인식하는 것이 보편적이었다. 이 과정에서 우리가 주목해야 할 것은 유교로의 일원화 과정이 도성 안에서 이루어진다는 사실이다. 유교가 내세운 음사비판의 핵심은 바로 사대부와 왕도를 무속의 오염으로부터 지키는 것이었다. 왕의 궁궐이 자리 잡고 있는 도성은 유교의 왕도정치가 실현되는 출발지로서 순수한 공간으로 여겨졌다. 음사로 간주되는 무속 문화로부터 왕도를 보호함으로써 순수한 공식종교의 정통성을 확보하는 것이 유교의 기본 과제였다.[222] 다시 말해서 조선사회가 기획한 것은 나라 전체에 유교적 이상을 실현하는 것이 아니라, 유교와 무속을 엄격하게 분리하는 일이었다. 조선 사회가 안정된 상태라고 보는 것은 유교적인 세계, 그리하여 무속적인 것이 완전히 제거된 공간이 아니라, 유교적인 것과 무속적인 것이 엄격하게 구분된 세계이다. 왕도와 그 밖의 경계를 명확히 하는 것, 이것이 바로 조선사회가 지향하는 바였다.[223]

221 위의 글, p. 230.

222 위의 글, pp. 246~247.

223 조선시대에 무속을 제거하는 것보다는 무속을 도성 밖으로 배척하는 것이 문제시되었음은 다음과 같은 글을 통해서도 알 수 있다. "이조 이래로 유가의 류가 이단을 공격하고 좌도를 배척하는 것을 일삼아서 무격을 쫓아내어 성중에 거주하지 못하게 하며, 승니들이 연하에 발길을 접하지 못하게 할 것을 건의하며, 또 좌도와 이단이 백성의 해가 되므로 배척해서 쫓아내는 것이라면, 경성 문 밖의 땅은 왕의 영토가 아니며, 경성 문 밖의 사람은 다만 왕의 신하가 아닌가? …… 이조의 정령이 성 밖에는 나가지 않았음이 다만 중과 무당을 쫓아낸 일에 보일 뿐만 아니라, 그 밖에 다른 정령도 이와 같은 것이 많았

실제로 현실에서 이것이 완성되었다고 보기는 어렵지만, 〈계축일기〉에서 '선조의 죽음' 이전에 그리는 세계는 이러한 질서를 표상한다고 이해할 수 있을 것이다. 궁궐 안의 질서는 위에서 말한 유교적 질서, 곧 문명이며 궁궐 밖의 질서는 무속적 질서, 즉 비정통적이며 비공식적인 그리하여 문명 이전의 상태라고 정리될 수 있다.

3. 본성으로서의 악: 식물/동물의 대립

앞서도 언급했듯이 '선조의 죽음'은 〈계축일기〉에서 선과 악의 대립양상이 변화하는 계기로 작용한다. '선조의 죽음' 이전에 텍스트 안에서 선과 악은 유교와 무속, 즉 정(正)과 사(邪)로 의미화 되었다면, 이제 선과 악은 이와는 전혀 다른 양상으로 제시된다. 인목대비와 광해군의 대립이 중심에 놓이면서 선과 악의 새로운 대립 양상이 전개되는 것이다. 이 부분에서 인목대비와 광해군의 대립은 곧 서궁과 대전의 대립이라고 할 수 있다. 서궁과 대전은 각각 인목대비와 광해군을 지칭하는 호칭인 동시에 그들이 기거하는 공간을 의미한다.

서궁은 1618년 광해군이 인목대비를 후궁의 자리로 끌어내려 유폐시킨 곳으로서, 이곳은 작품 속에서 매우 긍정적으로 묘사된다. 그러나 선한 공간으로 제시된다고 해도 이 공간을 지배하는 질서는 이전의 선조로 대표되었던 질서, 즉 유교적인 질서와는 거리가 멀다. 이는

다." 이능화, 『조선무속고』, 이재곤 역, 동문선, 1991, p. 124.

서궁과 대립적인 양상으로 드러나는 대전과 관련시켜 보았을 때 더욱 두드러지게 나타난다.

선조의 죽음 이후에 대전에서 벌어지는 사건들은 크게 광해군의 불효(25, 26, 27, 28, 33, 34, 44, 50), 무능함(35, 37, 38, 39), 그리고 식성과 포악함에 대한 것이라고 요약할 수 있다. 이전의 '악'이 미개함, 무질서, 문명 이전의 세계를 의미했다면, 선조 죽음 이후에 대전이 표상하는 악은 자연관이라는 측면에서 논의되는 것이 적합해 보인다. 먼저 서궁에 대한 묘사를 살펴본 뒤에 이에 대해 논해 보겠다.

다음의 내용은 '서궁'에서 벌어진 일들과 그와 관련된 인물들에 대한 것이다.

분리·죽음을 의미하는 부분

70. 처소 안팎을 에워싸고 문이란 문은 다 밀어 닫고 사잇문까지 탕탕 막아 버렸다.
71. 대비전의 바깥 행랑에는 큰 대문이 있는데, 본래 드나드는 문이 아니어서 늘 닫아 놓았다. 내인들은 그리로 소식을 전하려 하였으나 군사들이 지키고 섰는지라, 관아의 하인 따위가 다니는 모습을 보고도 전할 길이 없어 세월만 보내고 있었다.
72. 대비마마는 웃어른의 처소에 계시지 못하고 후궁이나 정빈이나 마찬가지로 뒤섞여 지낼 수밖에 없게 되었다.
76. 당시 대비전과 대전이 거처하는 두 대궐에는 사잇문이 있었는데, 대부분 잠가 두고 아침에 내관이 문을 열어야 조석 문안을 드리는 상궁이 다닐 수 있었다.
96. 서궁의 담을 더 높이 쌓고 궁중을 좁게 했으며 문에는 첩을 박았다.
97. 대전에서 더러운 물건을 한 곳에 모아두라고 하여 일 년 동안 모아

놓은 것이 산과 같았다.

98. 두어 해가 지나자 악취가 궁중에 가득하고, 구더기가 방안과 밥 지어먹는 솥 위에까지 끼어, 물로 씻어내도 없어지지 않을 정도였다.

99. 집 위에 까마귀와 까치의 똥이 가득하여 마치 회를 바른 듯했다.

100. 그렇게 십 년이 지나자 모든 물건이 다 없었다. 신바닥을 기울 노끈이 없어 베옷을 풀어 꼬아 깁고, 지을 실이 없어 모시옷과 무명옷을 풀어 썼다.

재생을 의미하는 부분

101. 짐승의 똥에 마침 쪽 씨가 들어있었던지 풀 한 포기가 생겨났다.

102. 쌀을 일 바가지가 없었는데, 하루는 까마귀가 박씨를 물어 와서, 한 해 길러 두 해가 되자 쪽박이 열리더니, 세 해째는 중박이 되고, 네 해째는 큰 박이 되었다.

103. 솜도 없이 칠팔 년 동안 겨울을 지냈는데, 우연히 면화씨가 섞여 들어왔다.

104. 가지와 외와 동화 씨가 짐승의 똥에 들어 있었다. 그것을 심어 나물 상을 차려먹을 수가 있었다.

105. 어느 날은 꿩의 목에 수수씨가 들어 있었다.

106. 상추씨가 짐승의 똥에 있어서 심었다.

109. 하루는 씨 뿌린 적 없는 나물이 침실 뜰에 가지가지 났다. 꿈에 어떤 사람이 와서 "나물을 못 얻어먹기에 이 나물을 주노라." 하였다.

110. 문이 닫혀 있는 동안 햇과일이 없었는데, 대비마마께서 친정아버지를 위해 제사를 지내시자, 무오년(1618)부터 이 대추나무가 무성해지더니 큰 밤만한 열매가 열렸다.

111. 복숭아 나무 또한 저절로 길가에서 자라났다.

선조의 죽음 이후에 서궁은 이전의 궁궐 안과는 성격이 판이하다고 할 수 있다. 유교적 질서와는 거리가 먼 공간이기 때문이다. 앞서 궁궐 안은 유교적 질서가 지배적인 공간으로서 문화적이며 인위적이라는 특징을 가졌다. 그러나 이제 서궁 '안'은 문화적 또는 인위적이라기보다는 지극히 자연적인 공간이라는 특징을 갖는다.

이처럼 이제 대전과 서궁은 무엇보다도 자연적인 특질을 갖는 공간으로 묘사된다는 공통점을 갖는다. 그러나 이때 각각의 공간이 표상하는 자연의 성격은 매우 상반된다. 서궁은 마치 인목대비가 폐위되었다가 다시 복위하는 것처럼 죽었다가 살아나는 식물과 유사하게 그려진다. 시들어가는 나무가 다시 살아나고, 허물어가는 집이 다시 모양새를 되찾는 것은 마치 겨울이 와서 사라진 것 같았던 식물들이 봄에 다시 자라는 것처럼 일정한 주기를 가진 것 같다. 이 공간에서는 모든 것이 땅으로부터 생겨나고, 사라졌다가 다시 자란다. 서궁마저도 식물처럼 다 버려진 공간에서 다시 생명을 획득하는 것으로 그려진다.

반면 대전의 자연은 이와는 전혀 다른 모습이다.

32. 광해군은 하루도 채식만은 못할 정도로 육식을 즐겼다.

40. 왕의 성품이 좀 잔인한 데가 있었는데, 부쩍 기둥으로 사람을 때리고 채찍을 휘두르고, 달군 석쇠로 내리치는 등 본성을 드러내는 일이 많았다.

43. 광해군의 미욱함은 소와 같아 뒷간에 오래 있거나 자주 들락거렸다.

46. 왕은 영창대군이 보위를 노린다는 불안감에 시달려 위엄을 과시하기 위해 날고기를 먹었다. 이처럼 날것을 즐기자 왕의 눈은 충혈된 것처럼 벌겋게 되었다.

47. 왕은 야채를 더럽게 여기고 육식만 일삼았다.

48. 왕은 점점 흉폭스러워졌고, 실없는 말까지 했다.

이처럼 광해군은 육식을 좋아하는데다 날것을 즐겨 먹어 언제나 눈이 붉게 충혈되어 있으며, 성품은 마치 짐승처럼 포악하기가 이를 데 없는 인물로 그려진다. 대전과 광해군은 동물적으로 묘사되고, 이때 동물적인 것은 매우 부정적인 것으로 인식되는 것이다.

이와 같은 서궁과 대전의 대립을 통해 자연을 대하는 전혀 상반된 입장을 발견할 수 있다. 한쪽에서는 자연을 일정한 주기를 가지고 순환하며 재생하는 것으로 본다면, 다른 한쪽에서는 자연을 폭력적이며 야생적인 것으로 인식하고 있다. 이전에 궁궐 안과 밖이, 즉 선과 악이 문명과 야만을 대립쌍으로 가지고 있었던 것과는 다르게, 선조의 죽음 이후에 서궁과 대전, 즉 선과 악은 조화와 순환 대 폭력과 무질서로 의미화된다. 대전은 자연적인 것이 동물적인 것과 동일시되는 공간이며, 서궁은 자연적인 것이 식물적인 것과 동일시되는 공간으로서 전자는 악의 공간 후자는 선의 공간으로 인식된다. 정리하자면, 이전의 안정된 상황은 광해군에 의해 파괴되고, 안정된 상황을 무너뜨린 광해군은 악으로, 내적 공간으로 인식되는 서궁은 선으로 그려진다. 그리고 이때 선과 악은 상이한 자연관으로 표상된다.

이러한 내용을 토대로 우리는 '선조의 죽음' 이후에 텍스트에서 제시되는 선 또는 악을 인물의 본성이라는 문제와 관련하여 생각해볼 수 있다. 자연이란 본래 주어진 것이기에 대전과 서궁을 자연으로 인식한다는 것은 그것의 특징을 본래적인 것으로 파악했다는 것을 의미할 수 있다. 그리하여 대전을 동물로, 서궁을 식물로 이해하는 것은 각각의 공간과 그것의 주인의 본성을 동물적인 것과 식물적인 것으로 이해하는 것이 된다. 따라서 동물적인 것을 악으로 식물적인 것을 선으로 이해하는 것은 대전을 본래적인 악으로 서궁을 본래적인 선으로 이해함을 뜻한다. 그러므로 자연을 동물적인 것으로 바라보는 대전과 식물적인 것으로 바라보는 서궁의 대립은 성악설과 성선설 사이의 대립[224]과 매우 유사한 양상을 띤다고 할 수 있다.

4. 행위로서의 악: 고정적 인물/유동적 인물의 대립

인목대비의 서궁유폐사건은 조선왕조에서 유일무이하게 왕이 어머니의 지위를 박탈한 사건이다. 앞장에서 검토했듯이 〈계축일기〉의 서술자는 서궁에 유폐된 인목대비를 선한 인물로, 그리고 인목대비를 유폐시킨 광해군을 악한 인물로 그리면서 광해군의 악한 본성을 드러내고 있다. 그런데 선조의 죽음 이후에 작품 속에서 나타나는 선악의 대립 양상은 서궁과 대전, 즉 인목대비와 광해군의 대립으로만 볼 수

224 이와 관련하여 우리는 인간의 본성은 도덕적으로 선한가 아니면 악한가라는 맹자의 성선설과 순자의 성악설을 떠올릴 수 있다. 이 두 가지 사상은 우리의 인성에 관한 인식론적 이해에 적지 않은 영향을 끼쳤다. 성선설은 사람에게는 본질적으로 남의 곤경을 보면 이를 가엾게 여기고 동정하는 마음과 남의 옳지 못한 일에 대해서는 부끄러움과 미워하는 마음 및 분별하는 마음이 있어 이런 인성의 내면적인 구조가 곧 인의예지를 이룬다는 것이다. 이에 대해 순자는 '사람의 성은 악'이라고 주장한다. 순자는 인간의 악을 정성(情性)과 관련시키고 있는데, 정성은 나면서부터 각종의 욕망인 이를 좋아하고 성색을 좋아함이 있어 이에 순하게 되면 쟁탈이 생기고 음란에 이르게 된다는 것이다. 이재선, 『한국문학주제론』, 서강대학교출판부, 1989, pp. 66~68.

없다. 〈계축일기〉안에는 대전과 서궁에 대해 자신을 대립항으로 인식하는 매우 흥미로운 인물들이 등장하고 있기 때문이다.

이 인물들은 〈계축일기〉의 가장 유력한 작자로 지목되는 내인들 가운데 일부이다. 이 작품에 등장하는 내인은 약 30 여명으로 끝까지 인목대비의 곁에 있었던 이들과 어느 편에도 속하지 않는 유동적인 인물들로 나뉜다. 이 가운데 후자의 유동적인 인물들이 '계축옥사' 이후의 부분에서 악인의 역할을 주로 담당한다.

계축년에 벌어진 내인들에 대한 대대적인 옥사를 겪고 나서 이제 내인들은 광해군 혹은 인목대비에 대해 다양한 태도를 취한다. 내인들에게 방정사건을 뒤집어씌움으로써 그들을 죽음으로 몰아넣은 계축옥사 이후에 서궁에 속해 있던 내인들은 본격적으로 대전과 서궁을 넘나든다. 이제 그들은 계속되는 여러 누명을 피하고자 혹은 궐 밖 친가와의 연락을 잇고자 서궁과 대전 사이를 오간다.

이 인물들을 그리는 서술자는 여전히 서궁을 선으로 그리지만, 이제 악은 대전만이 아니다. 서궁과 인목대비는 여전히 선함을 표상하지만 대전과 함께 서궁을 배신한 내인들이 악인으로 그려지는 것이다. 또한 악인으로서 광해군의 특징도 이전과는 다른 관점에서 다루어진다. '계축옥사' 이후에 나타나는 대표적인 악인인 중환이의 예를 들어보면 다음과 같다.

> 중환이는 제 오라비가 인장을 위조한 사실 때문에 여러 해 형추를 당하자 왕을 원망하는 마음이 날로 더해져서 공공연히 욕을 하고는 했다. …… 그런데 중환이가 이렇듯 원망하고 있다는 사실을 가히가 알게 되었다. 가히는 당장 중환이를 데려다 감싸고 달래며, 상냥하고 은

근히 대하여 정이 들게 한 뒤에 이렇게 언약하였다.
"네가 내 말을 잘 들어주면 나도 네 오라비를 살려 주마."
중환이는 가히가 시키는 대로 수라상에 놓는 은바리를 도적질해 가져다 주었다.[225]

중환이는 제 오라비가 형벌을 당한 것이 대전 때문이라고 생각하고 오랫동안 왕을 원망했지만, 오라비를 풀어주겠다는 가히의 한마디에 모든 원망을 지우고 대비를 배신한다. 이전까지는 자신들의 공간에 붙박이처럼 존재하며 타고난 선한 본성 혹은 악한 본성에 따라 인물의 성격과 행동을 이해할 수 있었다. 그러나 이제 중환이와 같은 인물들은 어느 편에 속해 있기 때문이거나 타고난 본성이 본래부터 악하기 때문이 아니라 자신의 이익이 무엇인가에 따라 언제든 입장을 바꾸며 이러한 행동으로 인해 악인으로 이해된다.

"의인마마께서 살아 계셨을 때도 당시 세자이셨던 상감 마마께서는 효성이 없고 어질지도 못하였지. 일찍이 의인마마께서 하시던 말씀이, '…… 하물며 제 친어머니가 일찍 죽어서 내 고이 길러 아들로 삼았더니 ……. 정이 전혀 없으랴마는, 본래 사람됨이 효심이 없는 인물이니 능히 알 노릇이지.' 하시더군. 그러니 지금 저렇게 모진 짓을 하지. 어쩌면 저리도 사나울까?" 난이는 나쁜 짓인 줄 알면서도 중환이와 함께 다니며 방자하게 대비전의 물건을 밤낮으로 가져갔다.[226]

위의 인용문은 대전 내인인 난이에 대한 것이다. 난이는 대비전에

225 위의 책, p. 99.

226 『계축일기』, pp. 126~127.

적대적인 동시에 임금에게도 부정적이다. 대부분 서궁의 내인들이 대비를 배신하고 자신의 이익을 꾀하는 것으로 그려지지만, 대전의 내인들 역시 광해군에게 언제나 호의적인 것은 아니다. 임금을 원망하는 것이 당연한 입장에 있는 중환이도 자신의 이익을 위해서라면 대전 내인의 편을 들며, 대전 내인 난이 역시 때때로 광해군을 욕하며 다닌다.

74. 중환의 오라비를 가히가 구해주겠다고 유혹하여 중환을 심복으로 삼았다.
75. 중환 등이 대비전 물건을 훔쳐다가 가히에게 주고 대비전의 일을 소상히 알려주었다.(1612)
77. 가히는 이곳을 드나들며 기회를 틈타서 영창대군을 죽이려고도 하고, 방정을 걸기도 했다.
78. 계축년 동짓달 중환이가 인목대비에게 경을 읽도록 권유했으나 거절했다.
79. 중환이 가히에게 인목대비가 대전을 죽으라고 하늘에 제사지내고 계신다는 거짓을 고 했다.
80. 중환이 문상궁을 속여 일을 꾸몄다.
82. 여옥이가 거짓 자백을 했다.
83. 상궁 난이는 광해군의 부덕함을 욕하고, 대비전에게도 해를 끼쳤다.
91. 천복이가 서궁에 불을 질렀다.
92. 가히 등 대전 내인들이 인목대비를 없애기 위해 서궁의 시녀들을 꾀어 서궁에 불을지르는 등 대비를 놀라게 했다. 하인들 중의 여러 아이들과 가히가 내통하였다.
114. 가히, 은덕이, 갑이를 아는 사람들은 밖에 사는 제 부모에게 청만 넣으면 앓지 않는 사람조차 데려갔다.

위의 내용을 통해서 볼 수 있듯이 '계축옥사' 이후에는 주로 광해군의 과실과 내인들의 억울함 그리고 내인들의 악행이 그려진다(74, 75, 77, 78, 79, 80, 82, 83, 91, 92, 114). 앞서도 언급했듯이 이 부분에서 가희와 난이 그리고 중환이와 같은 대표적인 악인들이 표상하는 악은 '계축옥사' 이전에 대전이 표상하던 동물적인 악과는 전혀 다르다. 여기에서의 악은 본래적이라기보다는 인물이 행동한 결과와 동일시된다. 이 공간에서는 선한 행위를 하는 자가 선인 그리고 악한 행위를 하는 자가 악인이 된다. 다시 말해서 선과 악을 결정하는 것은 인물의 본성 혹은 공간의 본질이 아니라 그곳에서 펼쳐지는 인물의 행위이다.

이러한 변화는 광해군에 대한 인식의 변화 또한 수반한다. 서궁과 대전의 대립이라는 관점에서 볼 때 광해군의 특성을 결정한 것은 그의 타고난 본성이었다. 그의 타고난 자질이 악하다면 그가 왕의 자리에 있다고 하더라도 그의 본성은 숨길 수 없는 것이 되며, 결국은 그의 본성이 드러나게 되어 있다. 따라서 광해군의 악한 본성은 절대 변화를 겪지 않는다.

반면 내인들이 겪는 수모와 관련된 이야기들에서 광해군의 악함은 그의 본성이 아니라 그의 행위에 의해 결정된다. 광해군이 저지른 결정적인 과오가 내인들로 하여금 그를 악인으로 여기게 만든다. 광해군이라는 인물의 자질을 결정하는 것은 그의 악한 본성에서 그가 내인들에게 저지른 일련의 행동과 선택으로 바뀐다. 내인들과 서궁(그리고 대전)의 대립이 두드러진 부분에서 악은 기질적이거나 본래적인 것이 아니라 우연적이고 돌발적인 것으로 그려지고, 인물은 단지 그의 본래적 특성 때문이 아니라 행위 때문에 비난 받는다.

행위에 의해 인물의 자질이 결정되는 부분에서 특히 내인들이 중심이 되는 것은 조선시대 그들의 특수한 위치와도 관련이 있을 것이다. 조선시대 내인은 타고난 신분으로 보기도 어렵지만 그렇다고 남성들의 벼슬처럼 하나의 직업으로만 보기에도 무리가 있다. 조선 효종 때까지도 내인이 될 수 있는 자격에 분명한 기준이 있던 것은 아니었다.[227] 내인들은 궁궐에 속한 이들이었지만, 병들거나 죽을 때가 되면 궁궐을 떠나야만 했다. 궁궐을 나온 내인들은 절에서 생을 마감하거나 궁말이라고 불리던 마을에서 모여 살았다. 이처럼 내인들은 평생 동안 완전하게 자신의 집, 자신만의 공간을 갖지 못했다. 내인들은 실제로 어느 한 공간에 완전히 속하지 못한 것이다. 따라서 행위에 의해 인물의 자질을 파악하는 데에 타고난 본성으로 완전히 설명하기 힘든, 내인이라는 경계적 인물들이 보다 적합했으리라고 판단된다.

5. 정체성을 구성하는 세 가지 방식

전통적으로 고전소설에서의 작중 인물은 출생에 의해 그 본질적 의미가 결정되었다. 그의 몸 안에 흐르는 '피'의 근원이 무엇이며, 그것이 얼마나 순수한 것인가 하는 혈통의 순수성이야말로 한 개인의 특성을 결정하는 근본적 요소였다. 왕의 아들은 비록 목동에 의해 양육

227 조선 전기에는 내인이 될 수 있는 자에 대한 명확한 기준이 없었다. 그러다가 조선 중기 효종 때에는 양가에서 뽑았다. 그러나 여러 폐단이 생겨 영조는 양가의 딸을 내인으로 뽑지 못하게 했다.

되었다 하더라도 근본적으로는 여전히 왕이며, 그의 신분이 밝혀질 때 마땅히 왕이 된다. 왜냐하면 그의 몸속에는 이미 왕의 피가 흐르고 있기 때문이다.[228] 반대로 왕이 되어서는 안 될 피를 타고난 인물은 그가 비록 왕위에 오르는 데 성공한다 하더라도 궁극적으로는 왕으로서의 자기 역할을 다 하지 못한다. 광해군은 비록 왕의 아들이지만 적자가 아니기 때문에 온전히 왕으로서의 자기 역할을 수행하는 데 실패한다. 따라서 여기에서 인물의 전형적 의미는 출생 신분에 의해 미리 결정되며 그것은 변화를 겪지 않는다.

〈계축일기〉에 나타난 인목대비와 광해군의 대립은 이러한 서사의 변형이라 할 수 있다. '계축옥사' 이전까지 그 인물들은 이미 출생에 따른 결정적 의미를 지닌 것으로 이해된다. 등장인물은 선천적이고 본질적인 자신의 본성에 맞게 행동함으로써 본래의 정체성을 확인한다. 다시 말해서 이미 '본성'으로 주어진 것이 드러나도록 행동함으로써 자신의 '본성'에 맞는 존재가 된다.

이는 인조반정이라는 사건을 바라보는 인목대비의 입장을 대변하는 것으로 볼 수 있을 것이다. 인목대비는 왕가에 내재된 일련의 속성을 선천적으로 갖고 있다. 그녀의 그러한 속성은 사회적으로 비천한 상황으로 내몰린다 하더라도 변하지 않고 잠재해 있다. 마치 작품 속의 서궁처럼 말이다. 그리고 그러한 잠재적 특징이 확인되는 것은 마지막에 서궁이 다시 되살아나듯이 그녀가 비로소 자신의 근본적 특성에 걸맞은 위치를 차지할 때이다. 마찬가지로 본질적 악인으로서의 광해

228 조너선 컬러, 『문학이론』, 이은경 역, 동문선, 1993, p. 178.

군 역시, 서자라는 자신의 타고난 특성에 걸맞은 위치로 쫓겨남으로써, 자신의 잠재된 본성을, 그의 행동의 토대이자 원인인 그러한 본성을 확인하게 된다. 즉 '계축옥사' 이전 부분은 타고난 본성에 걸맞은 위치를 되찾는 것으로 인조반정을 이해하는 인목대비의 시각을 대변한다.

반면 '계축옥사' 이후에 나타난 악인으로서의 광해군의 면모는 불순한 혈통이 아니라 악행에서 비롯되는 것으로 그려진다. 이러한 관점이 의미하는 바는, 이제 인물의 속성으로 제시될 수 있는 악의나 폭력, 잔인함 등은 기질적인 것이 아니라는 것이다. 그것은 일련의 행동과 선택의 결과이다. '계축옥사' 이후에 보이는 광해군의 악인적 면모는 기질적이거나 본래적인 것이 아니라 우연적이고 돌발적인 것이다. 이제 처벌받아야 할 것은 인물의 본래적 특성이 아니라 자제력의 상실이나 비이성적 증오심, 혹은 분별력의 상실 등이다. 따라서 영혼의 상태, 혹은 인물의 내적 상태라 할 수 있는 선과 악을 드러내는 지표가 되는 것은 이제 출생에 따른 '피'의 순수성이나 자연적 본성이 아니라 행동과 선택의 옳고 그름 여부가 된다. 인물이 본래 어떠한 특성을 지녔든, 그가 자제력을 상실하고 사리판단을 그르치는 순간, 그 인물의 도덕성은 함께 타락하게 된다는 것이다. 내인들 역시 그들이 태어날 때부터 선한 혹은 악한 인물이었기 때문이거나 그들이 어느 편에 속해서가 아니라 그들의 행위에 의해 선인 혹은 악인이 된다.

이런 의미에서 〈계축일기〉는 '인조반정'을 둘러싼 모순되는 다양한 시각들을 담은 것이라고 할 수 있다. '인조반정'은 임금의 악행에 대한 일종의 사회적 처벌로 간주될 수 있는데, 그것이 악행인 이유는 근본적으로 상이하다.

유교적 질서의 관점에서 볼 때, 즉 작품의 도입부를 지배하는 유교/무속의 대립쌍의 관점에서 볼 때, 광해군의 가장 큰 잘못은 중화사상이라는 유교적 근본 원리를 따르지 않은 데 있다. 실질적 동기가 어디에 있든 명목상으로 '인조반정'의 주역들이 내세운 반란의 이유 또한 이것이었다. 앞서 '선조의 죽음' 이전에서 그리는 안정된 상황은 각자의 위치를 침범하지 않는 엄밀한 구분의 상태라고 했다. 이런 관점에서 보면 인조반정의 주역들에게는 선험적인 유교적 질서가 부여한 임금의 역할이, 그리고 명에 대한 조선의 역할이 이미 전제되어 있다. 그런데 광해군은 그러한 질서에 입각한 임금의 역할에서 벗어난 정책을 취하고자 했다. 곧 그는 조선 사회를 지배하는 지배 이념을 거스르고 독자적으로 자신의 입장을 관철하려 하였기 때문에, 임금으로서의 자격을 상실한 것이다.

반면 인목대비의 관점에서 볼 때 광해군은 이미 태생적으로 임금의 지위에 올라서는 안 될 인물이었다. 왜냐하면 그는 적자가 아닌 서자이기 때문이다. 그의 몸속에는 이미 불순한 피가 흐르고 있으며, 이러한 태생적 한계가 그의 근본적 정체성을 지배한다. 그의 악행은 이러한 본질적 한계로부터 기인하는 것이며, 그가 임금의 자리에서 쫓겨나는 것 또한 자연의 질서에 부합하는 것이다.

이와 달리 내인들의 입장에서 '인조반정'은 광해군의 어리석은 판단과 잘못된 행동에 대한 정당한 응징이다. 그는 자신의 선택과 판단, 행동에 따른 책임을 지게 된 것이다. 그들은 내인이라는 특수한 지위를 갖기에 본래적 정체성을 부여받은 자들이라 보기 어렵고, 그럼에도 불구하고 일련의 역사적 사건들 속에서 가장 피해를 입은 자들이다.

그들은 자신들의 비극을 어떠한 방식으로든 이해하고 의미화해야 했을 것이기에 작품의 후반부는 그 의미화 방식의 일면을 제시하는 것으로 볼 수 있으리라는 것이다.

이상으로 본고에서는 〈계축일기〉에 나타난 선악에 대한 세 가지 관점, 즉 사회적으로 주어진 경계를 지키는가, 어떠한 본성을 타고났는가, 어떠한 행동을 하는가에 따른 각각의 선악관이 곧 임금을 폐위한 사건을 이해하는 다양한 입장과 관련될 수 있음을 보였다. 요컨대 이 세 가지 선악관은 하나의 사건을 이해하고 의미화 하는 다양한 방식으로부터 파생된 결과라는 것이다. 이러한 점에서 각각의 선악관은 당대의 상황이 의미화 되는 상이한 방식을 표상하는 것이라고 볼 수 있다. 그리고 〈계축일기〉는 이처럼 '인조반정'을 이해하고 의미화 하는 다양한 시각을 담고 있다는 점에서 그 의의를 찾을 수 있다.

〈계축일기〉의 서사 단락

1권

1. 유자신이 중전을 놀라게 하여 낙태시키려고, 궁궐 밖에 화적 떼가 나타났다는 소문을 퍼뜨렸다.(1602)
2. 인목왕후가 공주를 낳고, 유자신이 축하예물을 올렸다.(1603)
3. 중전이 대군을 낳았다.(1606)
4. 유자신이 동궁을 모시는 무리들과 정인홍에게 동궁의 안위를 위하여 굿도 하고 점도 치도록 하라고 지시했다.
5. 임해군과 영창대군을 음해하는 소문을 퍼트리기 위해 동요까지 지어 유행시켰다.
6. 대국의 천자에게 세자책봉을 주청드리자고 선조를 재촉했다.

7. 갑진년에 대국의 천자가 둘째 아들을 왕세자로 책봉하는 일은 예법에 어긋난다 하여 동궁의 세자책봉을 허락하지 않았다.(1604)
8. 정인홍 등이 임해군을 위한다며 유영경을 죽이라는 상소를 올리자 선조가 귀양보내라는 교지를 내린다.(1607)
9. 선조가 죽다.(1608)
10. 인목대비가 광해군이 보위에 오르는 데 도움을 주다.
11. 선조가 죽기 전에도 인목대비가 부자 관계를 돈독하게 중재해 주었다.(1607)
12. 이때에는 광해군도 중전의 은혜를 고맙게 여겼다.
13. 선조는 광해군을 어렸을 때부터 부족하게 여겼다.
14. 갑자기 임진왜란이 일어나 동궁을 왕세자로 책봉했다.(1592)
15. 선조가 광해군을 꾸중하면 그때마다 원수처럼 생각했다.
16. 광해군이 후궁의 조카를 첩으로 삼으려하자 선조가 꾸짖었다.(1600)
17. 결국 광해군이 후궁의 조카를 빼내자 선조가 더욱 못마땅하게 여겼다.(1606)
18. 대군이 탄생하자마자 유자신과 동궁의 무리들은 대군을 없애기 위해 날마다 모의했다.
19. 선조가 죽고 나자 광해군이 정인홍 일당에 벼슬을 주었다.(1608)
20. 정인홍 일당이 임해군을 속여, 대궐 밖에 한걸음 내딛자마자 비변사로 결박해 갔다.
21. 임해군이 강화도 교동에 감금되었다.
22. 임해군에 대한 정황을 조사하기 위해 명나라의 관리가 파견되었다가 돌아갔다.
23. 임해군이 독살되었다.
24. 정인홍 일당이 영창대군을 처치하기위해 상소를 올렸으나 신하들이 반대하여 당분간 그냥 두었다.
25. 광해군이 인목대비에 대한 문안을 점점 불손하게 하였다.

26. 선조가 죽은지 삼칠일이 지나 대비전에 문안을 갔을 때, 예법에 어긋나게 광해군은 곡을 하지 않았으며, 대비에게도 못하게 하였다.
27. 선조의 묘호를 정하는데 대비의 말을 따르지 않고, '종'자를 붙여 불효했다.
28. 대비의 능행을 반대했다.
29. 대비가 혼전에 나가는 것을 광해군은 반대하고 중전이 허락했다.
30. 광해군이 대비전에 와서 정명공주는 사랑하면서 영창대군은 미워했다.
31. 광해군은 세자가 어렸을 때부터 영창대군을 경계하는 말을 하여 세자로 하여금 영창대군을 싫어하게 만들었다.
32. 광해군은 하루도 채식만은 못할 정도로 육식을 즐겼다.
33. 광해군은 민망할 정도로 선조의 죽음을 슬퍼하지 않았다.
34. 광해군이 대비의 울음소리를 듣고 비웃었다.
35. 광해군이 능력이 없어 중전의 도움으로 정사를 처리하다.
36. 내관이 이에 대해 듣기 싫은 소리를 하자 계축년에 죽였다.
37. 왕은 정사를 제대로 처리하지 못했다.
38. 대궐의 담 밖에 움막을 짓고 하인 하나를 상주하도록 하여 밤이면 그를 통해 유자신의 가르침을 전달토록 하였다.
39. 대궐의 한 시녀는 공사에 대한 답을 들으러 하루에도 몇 번씩 유자신의 집에 드나들었는데, 이를 불평하자 쫓아냈다.
40. 왕의 성품이 좀 잔인한 데가 있었는데, 부쩍 기둥으로 사람을 때리고 채찍을 휘두르고, 달군 석쇠로 내리치는 등 본성을 드러내는 일이 많았다.
41. 광해군이 관청의 물건을 다른 곳으로 옮겨놓았다.
42. 광해군이 인목대비를 공경하는 척했다.(1608)
43. 광해군의 미욱함은 소와 같아 뒷간에 오래 있거나 자주 들락거렸다.
44. 광해군이 점점 대비를 박대하는 것이 극에 달했다.(1610, 1611)

45. 왕은 상궁 가히를 가까이 두고 중전을 멀리하면서도, 공사를 처리할 때는 도움을 청했다.
46. 왕은 영창대군이 보위를 노린다는 불안감에 시달려 위엄을 과시하기 위해 날고기를 먹었다. 이처럼 날것을 즐기자 왕의 눈은 충혈된 것처럼 벌겋게 되었다.
47. 왕은 야채를 더럽게 여기고 육식만 일삼았다.
48. 왕은 점점 흉폭스러워졌고, 실없는 말까지 했다.
49. 1608년 초까지는 대비전 내인들에게 후덕하게 대했으나 1611년부터는 본 체 만 체 했다.
50. 광해군이 배릉하면서 곡하지 않았다.
51. 중전도 대비를 모시는 일을 소홀히 하고 분란만 만들고 있었다.
52. 왕비는 사실 글재주도 있고 재치 또한 겸비하여 마음 씀씀이가 고운 면도 있었다. 그러나 간사한 내인들과 어리석은 왕이 흉악한 데다 터무니없는 거짓말까지 지어내어 이간질했다.
53. 신해년(1611)에 대궐을 옮겼다.
54. 김직재의 난이 일어난 이후로 점을 치고 남을 저주하는 일들을 하여 궁궐의 분위기가 더욱 어수선해졌다.(1612)
55. 대궐 밖의 이름난 점쟁이를 모두 유자신의 집에 불러들여 대군에게 화를 입힐 방책을 물었다.
56. 유자신의 아내 정씨가 대궐 안에 들어와 자신의 딸과 사위를 불러 무엇인가 의논했다.
57. 계축년(1613, 광해군5) 정월 초사흗날부터 저주를 시작하여, 털이 하얀 강아지의 배를 갈라 대궐로 들여오기도 하고, 화상을 그려 활로 쏘는 시늉을 해 놓고는 그것을 인적이 드문 곳과 왕이 주무시는 곳에 몰래 놓아두었다.
58. 계축년에 역모에 대한 자백을 받아내기 위해 대대적인 옥사가 벌어졌다.(1613)
59. 유자신이 그간의 모든 방정사건을 대비전에 덮어씌우고 이 일을 빌

미로 대비전의 침실 상궁 김씨와 영창대군의 보모상궁과 유모 환이, 그리고 침실 시녀 여옥이를 문초하라는 어명을 내렸다.

60. 옥중에서는 김상궁을 비롯한 많은 내인들에게 사약을 내렸다.

62. 나중에는 대궐 밖에까지 나가 유모를 찾아 끌고 갔다. 이렇게 잡아들인 내인들이 근 30여 명은 되었으나 결국 한 사람도 자백하지 않고 죽었다.

63. 대비의 아버지가 살인 도적의 일로 죄를 뒤집어쓰고 잡혀 들어갔다.

64. 대비가 왕에게 부친과 동생들을 살려달라고 호소했다.

65. 응벽의 무복사건이 있었다.

66. 대비 측근의 제거를 시도했다.

67. 영창대군이 궐밖으로 끌려나갔다.

68. 대군을 강화로 옮겨 갔다.

69. 내인을 시켜 대궐 밖을 살피게 하였다.

70. 처소 안팎을 에워싸고 문이란 문은 다 밀어 닫고 사잇문까지 탕탕 막아 버렸다.

71. 대비전의 바깥 행랑에는 큰 대문이 있는데, 본래 드나드는 문이 아니어서 늘 닫아 놓았다. 내인들은 그리로 소식을 전하려 하였으나 군사들이 지키고 섰는지라, 관아의 하인 따위가 다니는 모습을 보고도 전할 길이 없어 세월만 보내고 있었다.

72. 대비마마는 웃어른의 처소에 계시지 못하고 후궁이나 정빈이나 마찬가지로 뒤섞여 지낼 수밖에 없게 되었다.

73. 경춘, 중환이 입궁하여 대비가 믿고 일을 맡겼다.(1610)

74. 중환의 오라비를 가히가 구해주겠다고 유혹하여 중환을 심복으로 삼았다.

75. 중환 등이 대비전 물건을 훔쳐다가 가히에게 주고 대비전의 일을 소상히 알려주었다.(1612)

76. 당시 대비전과 대전이 거처하는 두 대궐에는 사잇문이 있었는데, 대부분 잠가 두고 아침에 내관이 문을 열어야 조석 문안을 드리는

상궁이 다닐 수 있었다.

77. 가히는 이곳을 드나들며 기회를 틈타서 영창대군을 죽이려고도 하고, 방정을 걸기도 했다.
78. 계축년 동짓달 중환이가 인목대비에게 경을 읽도록 권유했으나 거절했다.
79. 중환이 가히에게 인목대비가 대전을 죽으라고 하늘에 제사지내고 계신다는 거짓을 고 했다.

2권

80. 중환이 문상궁을 속여 일을 꾸몄다.
81. 이로 인해서 대비전의 내인들이 하옥되고, 갑인년 초에 추국을 당했다.(1614)
82. 여옥이가 거짓 자백을 했다.
83. 상궁 난이는 광해군의 부덕함을 욕하고, 대비전에게도 해를 끼쳤다.
84. 영창대군이 내인의 꿈에 나타나 좋은 곳에 와서 놀고 있다고 하였다.
85. 갑인년(1614) 왕이 내관을 보내 변상궁에게 대군의 죽음을 알렸다.
86. 대비가 대군의 죽음을 알게 되었다.
87. 병이 든 변상궁이 온몸을 뒤지는 모욕을 당한 뒤 나갔다.
88. 천복이가 다시 들어왔다.(1614)
89. 천복이가 말하길 상감마마께서 공성왕후의 지위를 강남에 가서 봉하여왔다고 하였다.
90. 천복이가 대전의 꾸중을 듣고 똥오줌을 지렸다.
91. 천복이가 서궁에 불을 질렀다.
92. 가히 등 대전 내인들이 인목대비를 없애기 위해 서궁의 시녀들을 꾀어 서궁에 불을지르는 등 대비를 놀라게 했다. 하인들 중의 여러 아이들과 가히가 내통하였다.

93. 마마에는 칼질과 도마질이 가장 흉한 것이라 믿고 고기를 토막쳐 들였다.
94. 변상궁이 들어왔다.(1615)
95. 갑인년 4월 내관 박충신이 정명공주와 영창대군의 처소에서 세간을 내갔다.(1614)
96. 서궁의 담을 더 높이 쌓고 궁중을 좁게 했으며 문에는 첩을 박았다.
97. 대전에서 더러운 물건을 한 곳에 모아두라고 하여 일 년 동안 모아 놓은 것이 산과 같았다.
98. 두어 해가 지나자 악취가 궁중에 가득하고, 구더기가 방안과 밥 지어먹는 솥 위에까지 끼어, 물로 씻어내도 없어지지 않을 정도였다.
99. 집 위에 까마귀와 까치의 똥이 가득하여 마치 회를 바른 듯했다.
100. 그렇게 십 년이 지나자 모든 물건이 다 없었다. 신바닥을 기울 노끈이 없어 베옷을 풀어 꼬아 깁고, 지을 실이 없어 모시옷과 무명옷을 풀어 썼다.
101. 짐승의 똥에 마침 쪽 씨가 들어있었던지 풀 한 포기가 생겨났다.
102. 쌀을 일 바가지가 없었는데, 하루는 까마귀가 박씨를 물어 와서, 한 해 길러 두 해가 되자 쪽박이 열리더니, 세 해째는 중박이 되고, 네 해째는 큰 박이 되었다.
103. 솜도 없이 칠팔 년 동안 겨울을 지냈는데, 우연히 면화씨가 섞여 들어왔다.
104. 가지와 외와 동화 씨가 짐승의 똥에 들어 있었다. 그것을 심어 나물 상을 차려먹을 수가 있었다.
105. 어느 날은 꿩의 목에 수수씨가 들어 있었다.
106. 상추씨가 짐승의 똥에 있어서 심었다.
107. 여러 해가 지나자 안 담이 무너지니, 하도 민망하여 뜰에다 달구질을 하여 고쳤다.
108. 그러던 어느날 바깥담까지 무너졌다.
109. 하루는 씨 뿌린 적 없는 나물이 침실 뜰에 가지가지 났다. 꿈에

어떤 사람이 와서 "나물을 못 얻어먹기에 이 나물을 주노라" 하였다.

110. 문이 닫혀 있는 동안 햇과일이 없었는데, 대비마마께서 친정아버지를 위해 제사를지내시자, 무오년(1618)부터 이 대추나무가 무성해지더니 큰 밤만한 열매가 열렸다.
111. 복숭아나무 또한 저절로 길가에서 자라났다.
112. 신유년(1621) 임술년(1622)부터는 신인이 내려와 내인들의 눈에 신기한 일이 많이 일어났다.
113. 내인이 병들었으니 내보내달라고 백 번 빌어야 내보내 주었다.
114. 가히, 은덕이, 갑이를 아는 사람들은 밖에 사는 제 부모에게 청만 넣으면 앓지 않는 사람조차 데려갔다.
115. 3월 13일 삼경에 문이 열렸다.

3장

새로운 주체의 형성(2): 천주교 여성 순교자전을 중심으로

3장

새로운 주체의 형성(2): 천주교 여성 순교자전을 중심으로

1. 머리말

본 연구는 천주교 전파가 당대의 글쓰기 주체와 대상의 성격 변화에 끼친 영향의 구체적인 양상을 밝히는 것을 목적으로 한다. 서학의 유입으로 전통적인 유학이 제시하는 세계와는 또 다른 질서 안에서 여성 주체를 인식하는 새로운 방식이 대두되었으리라고 보고 이를 체계화하려는 것이다. 이를 위해 조선 후기 박해 과정에서 남겨진 순교자전을 통해, 천주교가 조선 후기 여성을 신앙의 주체로 호명하는 방식의 역사적 특수성을 해명하고자 한다.

천주교 여신도들의 주체화 방식과 그 의의를 다룬 대표적인 논문으로는 김정숙, 하성래, 김윤성 등의 것이 있다. 김정숙은 천주교 신앙에 대해 그것이 조선의 여성들에게 근대적 정신과 근대적 생활 양식의 기초를 마련해 주는 계기가 되었다고 평가한다.[229] 같은 맥락에서 하성래는 천주교 여신도들이 "남자들의 노리갯감을 벗어나, 남자들에게 의탁하지 아니하고 자기들 나름대로 자주적이며 주체적인 삶을 개척하려고 노력하였다"[230]는 면에서 의미를 갖는다고 하면서 특히 동정생활은 신을 위해 순사(殉死)할 수 있는 새 틀을 마련한 것으로 새로운 여성생활과 문화를 창조한 것이라고 보았다.[231] 김윤성은 천주교 여신도들의 종교적 실천이 사회적으로 가시화되는 양상과 그것의 정치적인 효과에 주목했다. 그는 여신도들의 금욕적 실천이 정치적인 효과를 갖는다면서[232] 이들에게 음식 절제와 성적 절제 같은 금욕적 실천은 한편으로 가부장적 한계 안에 갇힌 타자화된 욕망의 착란이자 동시에 여성들이 자기 몸의 주인이 되고 자신의 욕망을 긍정함으로써 자율성을 확보하고 주체성을 실현하는 탈가부장적 모색이라고 주장한다.[233]

이상의 논의들이 천주교 여신도들의 의의를 종교적이고 역사적인 관점에서 주로 논의한 것이라면 문학적 관점에서 천주교 관련 서적들과 신도들의 의미와 의의를 탐구한 논문으로는 하성래, 이유진, 윤인선, 김정경의 것을 들 수 있다. 하성래는 천주교 관련 저술들과 〈동명

229 김정숙, 「조선 후기 천주교 여성 신도의 사회적 특성」, 『교회사연구』 제19집, 2002.12, p. 10.

230 하성래, 「한국 초기 천주교회 동정녀들의 여성사적 의의」, 대구가톨릭대학교 사회과학연구소, 『여성문제연구』 18, 1990, p. 120.

231 위의 글, p. 130.

232 김윤성, 「몸의 여성과 몸의 정치 : 조선 후기 천주교에서 주체와 권력」, 한신문화연구소, 『종교문화연구』 6집, 2004, p. 171.

233 김윤성, 「조선 후기 천주교 여성들의 금욕적 실천」, 『여성학논집』 24집1호, 2007, p. 260.

일기〉, 〈계축일기〉, 〈홍길동전〉, 〈삼국사기〉, 〈삼국유사〉 등 우리 고전문학작품들을 함께 비교·분석하는 작업을 시도했으며[234] 최근의 이유진[235], 김정경[236], 윤인선[237]은 자료의 실증성을 넘어 "서사 구조와 담화를 통해 순교의 의미에 대해 논의하고 있다."[238] 이 연구들은 순교일기의 서사화 양상을 면밀히 분석하여 여성 동정 순교자와 평신도 및 수도자의 삶과 죽음에 대한 이해를 체계적으로 드러내고자 한 것이다.

본고 역시 최근의 이와 같은 논의들과 동일한 문제의식을 가지고 텍스트에 접근할 것이다. 즉 순교일기를 문학적 관점에서 분석하여 순교자와 순교자전의 서술자, 나아가 이들이 몸담고 있던 시기의 문화를 읽어내려 한다. 특히 순교자전이 전근대의 '전(傳)' 양식과 관계된다는 점에 주목하여, 열녀전과의 비교·검토를 통해 순교자전의 특성을 규명해 보겠다. 여러 순교자전 가운데 "기해박해(1839) 당시부터 몇 년에 걸쳐 국내의 여러 천주교 신자들에 의해 집필되고 보완된[239] 〈기해일기(己亥日記)〉에 실린 여성 순교자들의 전기와 『한국의 열녀전』[240] 가운데

234 하성래, 「국어국문학에 끼친 천주교의 영향」, 『국어국문학』 제74권, 1977.4; 「순교일기의 전기문학으로서의 특성」, 『한국교회사논문집』 I, 한국교회사연구소, 1984.

235 이유진, 「한국 천주교 순교자 설화 연구」, 『구비문학연구』 26집, 2008.

236 김정경, 「조선 후기 천주교 여신도들의 죽음의 의미화 방식 연구-이루갈다의 옥중서간을 중심으로」, 『한국고전여성문학연구』 23집, 한국고전여성문학회, 2011.

237 윤인선, 「〈기해일기〉에 나타난 순교 경험의 서사화 양상-'고난'을 매개로 나타나는 순교의 문화적 의미」, 『기호학 연구』 38집, 2013.

238 위의 글, p. 188.

239 최석우, 「『긔히일긔』의 몇 가지 문제점」, 『한국교회사의 탐구』, 한국교회사연구소, 1982, pp. 266~272; 방상근, 「기해일기에 대한 기초적 연구」 『한국교회사연구』 12, 한국교회사연구소, 2005, p. 5.

240 이혜순·김경미, 『한국의 열녀전』, 월인, 2002.

'남편을 따라 목숨을 끊은 여인들'의 전기를 주된 대상으로 하여 논의를 전개하고자 한다.

〈기해일기〉를 주된 분석 대상으로 삼은 이유는 무엇보다 기해박해까지 동정녀와 여성 순교자의 비중이 높아 천주교의 유입으로 변화된 여성 인식을 검토하기에 적절할 것으로 기대되기 때문이다.[241] 기해박해 이전에는 교회의 여성관이 상대적으로 개방적이어서, 여성의 수정생활이나 전교 활동에 대한 교회 안에서의 제약이 비교적 덜했다면, 병인박해기에 이르러 "여성신자의 의식도 유교적인 여필종부에 다시 몰입되는 양상을 나타냈다."[242]는 것이 일반적인 평가이므로, 〈기해일기〉는 전통적인 여성들과의 차이점을 드러내기에 보다 적합한 텍스트라 여겨진다.

정리하면 본고에서는 〈기해일기〉에 나타난 천주교 여신도들의 재현 양상을 검토하여, 변화하는 질서와 규범 그리고 자아와 세계를 인식하는 새로운 관점을 당대의 여성들이 어떻게 내면화하였으며 나아가 이것이 당대의 글쓰기 양식에 어떠한 변화를 끼쳤는가를 밝혀보고자 한다.

241 김정숙(2002), 앞의 글, pp. 9~60.

242 방상근, 「병인박해기 천주교 여성 신자들의 존재 형태와 역할」, 『교회사연구』 19, 2002, p. 70.

2. 조선 후기 천주교 여신도들의 주체화 방식

본 장에서는 〈기해일기〉에 나타난 여성 순교자들의 주체화 양상을 검토하고자 한다. 그리고 조선 후기 천주교 여신도들의 주체 구성 방식의 특질을 명료히 드러내기 위해 이를 열녀의 주체화 방식과 비교해볼 것이다.

〈기해일기〉에 실린 여성 순교자전은 대체로 "㉠주인공 소개 ㉡입교 과정 ㉢1차 고난 및 고난의 극복 ㉣2차 고난 및 고난의 극복 ㉤순교"[243]의 순서로 기술된다. 아래 예문에도 나타나듯 이러한 기록은 인물에 대한 평가보다는 전기적 사실에 대한 서술과 치명 당시의 날짜와 순교자 나이 등 정보를 확인하기 위한 것으로 보인다.

> ㉠김 안나는 경성 여자이니, 본디 봉교하는 집 자식이라. ㉡어려서부터 수계하더니, ㉢중년에 이르러 과거하여 노모와 한가지로 지낼새 빈고를 감수 인내하며 극진히 효봉하더니 그 모친은 나이 늙은 후, 신부 임하신 때를 당하여 성사를 타당히 받고 선종하니라. 이요한「경삼」이와 생애를 한가지로 하는 고로, 격린하여 한 집같이 지내더니, ㉣기해 2월에 요한의 집과 함께 잡히어 문목 수형함을 같이 하되, 종내 배교치 아니하는 고로, 후에 형조로 옮겨 결안하고 ㉤옥에 있은지 오삭만에 6월 초 10일에 참수 치명하니, 연이 51세러라.

위의 인용은 〈기해일기〉에 실린 김 안나의 전기이다. 대부분의 순교일기처럼 김 안나의 이야기도 시간 순서대로 사실의 보고처럼 기술

243 이유진(2008), 앞의 글, p. 259.

되었다. 서술자는 김 안나가 어려서부터 교리를 따르고(㉠ ㉡), 모친과 함께 가난을 견디며 신앙 생활을 한 일(㉢), 기해 박해 때 투옥되어 배교하지 않고(㉣) 참수 치명한 일(㉤) 등을 시간 순으로 적고 있다. 그리고 모든 순교인의 전기가 그러하듯 이 역시도 김 안나가 치명하던 때의 날짜와 그의 나이를 정확하게 기록하는 것으로 마무리된다.

대부분의 열전 또는 열녀전에서 행적에 대한 규범적 해석을 내리는 논평이 기술되는 것과는 다르게, 순교자전에서는 순교자의 행적 이외의 논평을 볼 수 없다. 순교자전은 인물에 대한 평가보다는 행적을 사실대로 기록하는 데에 목적이 있음을 알 수 있게 하는 부분이다. 본고에서는 서술자가 이처럼 순교자의 삶에 대해 평가하는 '말하기'가 아니라 행적을 '보여주기'의 방식을 취하는 것은, 순교자전의 목적이 "후세 사람들에게 권장을 삼으"려는 데에도 있지만 무엇보다 이들을 시복시성하는 데 있다는 사실과 밀접하게 관계된다고 생각한다. 다시 말해서 순교자들이 여러 성인–특히 그들의 본명 성인–과 동일한 삶을 살고 순교했다는 것을 입증하는 것이 〈기해일기〉 서술자의 가장 큰 목적이며, 치명의 순간을 정확하게 기록하여 남기는 것이 무엇보다 중요했던 이유도 여기에 있다는 것이다. 즉 순교의 정확한 날짜와 순교자의 당시 나이를 빠짐없이 기록하는 것은 순교자전이 사실 확인을 목적으로 하는 글임을 말해 주는 것으로 보인다.

당시 신자들은 성인 가운데 행적이 자신과 비슷하거나 혹은 자신이 닮고 싶은 사람을 택하여 그 이름을 취했기에, 세례명은 곧 본명 성인과 같은 삶을 살겠다는 의지의 표현이라 할 수 있다.[244] 이때 여성 신자들이 보유한 세례명은 대체로 동정과 치명을 특징으로 했으므로, 이들이 본명 성인의 모습, 즉 동정과 치명을 닮고자 한 경향이 강했으리라는 점은 충분히 짐작 가능하다.[245] 동정을 지키고 참수를 당하는 것은 곧 그녀들의 삶이 자신의 세례명의 성인들과 동일해지기 위한 필수적인 과정인 것이다.[246] 그러므로 여성 신도들에게 본명 성인은 자신이 그렇게 되고 싶은 이상적인 자아상이라고 할 수 있으며, 여신도들의 동정과 순교를 향한 강한 의지는 이상적인 자아상과 스스로를 동일시하여 그의 삶을 모방하고자 하는 것으로 이해할 수 있다.

이처럼 신도들이 성인의 삶을 모델로 하여 그들과 같은 삶의 궤적을 그리고자 하는 것은 이들의 주체화 양상과 관련하여 시사하는 바가 크다. 여신도들이 마리아를 비롯한 성경 속 동정여인들의 삶을 적극적으로 따르고자 한 의지와 행동은 당대의 체제에 심각한 도전으로 받아들여졌고, 따라서 이들의 행위는 봉건사회에 대한 저항과 근대적 여성 주체의 출현이라는 의의를 갖는 것으로 평가받았다. 본고에서 주목하고자 하는 바는 이렇듯 근대적 여성 주체라고 평가되는 여성 신도들의 등장이 그녀들의 실제적인, 그리고 상징적인 죽음과 밀접하게 관계된다는 사실이다. 즉, 그녀들의 능동적이고 적극적인 행위는 역설적으로

244 위의 글, p. 84.

245 방상근, 「18세기 말 조선 천주교회의 발전과 세례명」, 『한국교회사 연구소』, 2010, p. 88.

246 "여성 신자들이 남성 신자들보다 좀 더 강한 순교 의식을 지니고 있었음을 말해 주며, 이것은 자신의 본명 성인으로부터 받은 영향이 크게 작용한 결과라고 생각한다." 위의 글, p. 82.

자신을 지우는 결과를 낳았고 이렇게 자신을 지움으로써만 주체가 될 수 있었다는 점에서 그녀들을 근대적 개인과 유사한 존재로 보기는 힘들다는 것이다.

실제적 죽음과 상징적 주체화라는 역설적인 과정을 이해하려면 순교자 개인과 그의 세례명, 그리고 순교 성인의 이야기가 함께 논의되어야 한다. 사실 한 성인에 관한 이야기는 결국 모두 같은 이야기,[247] 즉 성 스테파노나 성 라우렌시오나 조선인 순교자들의 이야기는 결국 모두 순교 성인에 관한 이야기[248]라고 볼 수 있다. 순교자전은 성인에 관한 이야기를 읽고 이를 본받아 행함으로써 그 자신 역시 성인이 된 사람에 관한 이야기로서 이야기와 삶이 뫼비우스의 띠처럼 순환하면서 서로를 끊임없이 생성하도록 한다.[249] 이는 순교자전에 기록된 신자들이 치명의 순간 주체의 위치를 부여받는다는 의미로 해석할 수 있는데, 앞서 말했듯이 순교자전의 여성 주체는 자신을 버림으로써 비로소 주체가 되는 역설적인 상황에 놓인다. 참수 이전까지 여신도들이 순교 성인을 닮고자 그들의 삶을 모방하는 개인이었다면, 참수의 순간 그녀들은 순교 성인 자신이 된다. 그들은 순교를 통해 순교 성인의 자리를 차지함으로써 과거의 자신을 지우고 다른 존재가 되는 것이다.

순교 이전과 이후의 주체의 성격 변화는 순교자들이 순교 이전의 세계와 순교 이후의 세계를 전혀 다르게 인식하는 것과도 관계가 있

247 김윤성, 「초기 한국 가톨릭의 성인 전기-서지 및 구조적 특성을 중심으로」, 『교회사연구』 15, 2000, p. 72.

248 위의 글, p. 73.

249 위의 글, p. 78.

다. 아래의 예문에서 알 수 있듯이, 옥에 갇힌 신도들은 현실 세계와 치명 이후의 세계를 분명하게 구분한다. 그들은 현실에서의 삶을 거짓된 것으로, 죽음 이후의 삶을 진실된 것으로 여기며, 세례 받기 이전의 이름과 순교 이전의 삶은 지워야 할 덧없는 것이고 오직 참된 의미를 가지는 것은 성인의 이름과 순교 이후의 세계라고 믿는다.

> 부모와 장부와 베네딕따가 다 치명하시니, 육정은 오죽하리오마는 천당을 생각하여 위로 감사하고 도리어 신락이 도도하고 심중에 즐겁다.[250]

> 결안하여 하옥하니 "상시에는 치명 말만 들어도 무섭더니, 성신의 총은으로 이 같은 극악 대죄인을 도우시니, 겁이 없고 즐거워, 이렇게 쉬운 일을 전에는 모름이로다."하고 환흔 용약하여 죽을 날을 기다리며 날마다 몇 번씩 손꼽아 헤더라. 재옥 삼삭, 11월 24일에 장부가 먼저 참수 치명하니, 연이 42세러라. 치명할 때에 상주의 홍은을 감사하고 즐겨 칼을 받더라.[251] (밑줄 필자)

그들이 이처럼 "감사하고 즐겨" 참수를 당하는 것은 참수 뒤에야 비로소 진짜 삶을 살 수 있으며 진짜 세계에 갈 수 있다는 이유에서이다. 당시의 순교자들은 "죽으면 천당에로 돌아"[252]간다고 믿었다. 신도들은 현실에서의 자신의 이름을 지우고 죽음 이후의 세계에서 성인의 이름으로 참된 삶을 살고자 했으므로 기꺼이 죽음의 순간을 맞을 수

250 현석문, 〈최 바르바라〉, 『기해일기』, 성황석두루가서원, 1986, p. 139.

251 위의 책, 〈고 바르바라〉, p. 122.

252 조광 역주, 『역주 사학징의 I』, 한국순교자현양위원회, 2001, p. 172.

있었다. 그리고 순교자들이 치명한 이후에 가게 될 참된 세계의 모습은 아마도 성령공동체인 교우촌을 통해 짐작할 수 있을 것이다.

1801년 신유박해로 조선천주교가 거의 붕괴된 상태에서, 학식이 있는 자들은 모두 사형을 당하고, "명문거족 중에는 여자와 아이들만이 남아있는 집안이 많았다."[253] 이처럼 천주교에 대한 박해가 심했던 시기에 살아남은 여신도들은 "대부분 거주지였던 서울을 버리고 인가가 드문 산곡으로 숨어서 박해가 계속되던 동안에도 그들의 신앙생활을 방해받지 않고 행했"[254]으며, 자신의 자녀들뿐만 아니라 "이웃에 있는 무식한 이들에게도 기도문과 천주교 요리(要理)를 가르치는 것을 본분"[255]으로 여겼다. 그리고 기해박해까지의 기간 동안 '여교인 공동체가'에서 동정녀의 수효는 점차 늘어났다.[256] 조선시대 여성들의 사회적 지위와 삶의 형태는 태어나기도 전에 정해져 있었으며, 이는 그녀들이 속해 있는 '가문공동체'의 위상에 따른 것이었다. 그러나 '여교인 공동체가'라는 '가문공동체'가 아닌 '성령공동체'의 성원으로 자리매김 되면서, 천주교 여신도들은 타고난 신분이 아닌 개인적인 믿음과 행위라는 일련의 행동과 선택의 결과로 주체가 되었다. 이처럼 교우촌은 현실 안에 존재하지만 현실의 질서가 적용되지 않는 곳으로 그 안에서 신도들은 교우들과 새로운 관계를 맺으며 세례명을 본명으로 하여 살아가

253 샤를르 달레, 『한국천주교회사』 中, 안응렬, 최석우 역주, 한국교회사연구소, 1996, p. 10.

254 김옥희, 『한국천주교여성사』 I, II, 도서출판 한국인문과학원, 1983, p. 6.

255 샤를르 달레(1996), 앞의 책, p. 17.

256 이여진, 「조선 후기 천주교 '여교인 공동체가'의 형성과 변천과정」, 『성신사학』 12.13호, 1995, p. 88.

기에, 이곳에서의 삶은 순교 이후 그들이 가게 될 세계의 모습과 닮아 있다고 할 수 있을 것이다.

이와 같은 천주교 신앙공동체 안에서 여성들이 존재하는 방식에 여러 논자들이 주목하는 이유는 그들의 신앙 활동이 "전근대 의식이나 윤리규범에서 탈피"하여 18세기 후반부터 "억압의 굴레를 깨고 반봉건적 체제에 저항하고 있었다는 증거"가 된다고 보기 때문이다.[257] 그러나 위에서 논의한 것처럼 적극적인 저항 행위를 한 개인과 그들이 획득한 주체 위치를 동일한 것으로 보는 것은, 천주교 초기 여성 순교자들의 경우, 적절하지 않다. 그녀들은 적극적인 저항 행위의 배후에 있는 행위자로서의 주체라기보다는[258] 새로운 이름에 응답하여 그에 합당한 또 다른 역할을 수행하는 주체이기 때문이다. 다시 말해서 이들은 성인을 닮고 싶어 했던 데에서 진정으로 자신을 성인과 동일시하면서 주체가 되었다. 동정을 지키고 순교라는 역할을 맡음으로써, 모방의 대상으로서의 성인이 아니라 자기 자신이 성인의 자리를 차지하고, 이로써 과거의 자아를 지우고 새로운 주체가 된 것이다. 신앙 속에서 승리를 거두는 순교의 영웅[259]은 사라지고 온전히 성인이 되는 것, 즉 성인으로서의 자기 자신이 됨으로써 그녀들은 주체가 된다. 이제 여성들은 성인을 닮고 싶어 하는 개인이 아니라, 그녀가 닮고 싶어 했던 바로 그 성인의 위치를 점하는 것으로 주체가 된 것이다.

257 정해은, 「봉건체제의 동요와 여성의 성장」, 『우리여성의 역사』, 한국여성연구소 여성사연구실, 청년사, 1999. p. 250.

258 주디스 버틀러, 『젠더트러블』, 조현준 역, 문학동네, 2008, p. 131.

259 하성래(1984), 앞의 글, p. 469.

본고에서는 이러한 주체화 양상을 행위의 진정한 주인으로서의 주체 즉 근대적인 개인이 된 것으로 보기보다는, 주체가 되는 방식이 이전과 달라진 것으로 이해하는 것이 적절하다는 생각이다. 즉, 천주교 여신도들의 주체화 방식이 근대적 개인의 주체화 양상을 이해하는 데 실마리를 제공하였다면 그것은 전근대적인 주체화 과정을 거부하고 성인을 닮고자 하는 그녀들의 적극적이고 능동적인 행위 때문이지 개별적 주체로서의 개인이 되었기 때문은 아니라는 것이다. 여신도들은 자신의 이름으로 주체성을 획득했다기보다는 "상호 주관적인 상징적 네트워크 안에서 자신에게 위임된 어떤 역할, 세례명 성인의 역할을 맡음으로써"[260] 주체가 되었다.

한편 열녀전에 기록된 열녀들은 죽음 이후의 다른 세계가 아니라 그들이 몸담았던 세계에서 자신의 삶을 획득한다는 점에서 천주교 여신도들의 주체화 방식과 구별된다. 순교자전의 여성들이 성인의 삶을 모방하던 데에서 순교를 통해 최종적으로 성인이 됨으로써 주체가 되었다면, 열녀전의 여성들은 자신에게 주어진 의무를 충실히 수행하고 최종적으로는 죽음의 의무까지 완수함으로써 공적인 존재로 확실하게 자리매김된다. 열녀들은 그녀들의 절행을 통해 자신의 지위를 유지하고 죽은 뒤에 가문과 지역 공동체 그리고 국가에 자신의 존재를 더욱 분명하게 남길 수 있게 된다.

조선시대에 남편의 죽음으로 혼자 된 여성들이 이전처럼 자기 삶을 가치 있고 당당한 것으로 여길 수 있는 방법 가운데 가장 보편적인

260 슬라보예 지젝, 『이데올로기라는 숭고한 대상』, 이수련 역, 인간사랑, 2002, p. 193.

것은 열녀가 되는 것이라 할 수 있다. 국가 역시 적극적으로 여성의 순절을 유도했는데, 대개 그가 사는 마을에 붉은 홍살문인 정문을 세워 그 인물의 존재를 알리고 해당자의 명예를 높이는 정려와 가호에 부과된 요역·전세·공부까지 면제해주는 복호를 통해서였다.[261]

> 향당이 그 정열을 가상히 여겼는데, 병오년 간에 상국 여성제가 본도에 안찰사로 왔을 때 그 열행을 아름다이 여겨 부계리에 정문을 세워 줄 것을 국왕께 아뢰었다.[262]

> 군에서 이 일을 예부에 올리자 예부에서 특별히 정려를 내려 줄 것을 아뢰었다고 한다.[263]

> 3년 뒤 고을 사람들이 그 열행을 갖추어 임금님에 거둥하실 때 하소연하였는데, 그 뒤 2년이 지나서야 비로소 정려가 내려왔다.[264]

> 도내의 유생 김귀현 등 88인이 그 행실을 모두 써서 관에 올리고 임금님께 아뢰어 주기를 청했으나 아직 정려가 내려오지 않았다.[265] (밑줄 필자)

---

261 "열녀의 표창에 대한 정식 법은 성종조의 『을사대전』의 예전 장권조(奬勸條)이다(효도, 우애, 절의 등의 선행을 한 자는(효자·순손·절부·나라를 위하여 죽은 자의 자손·목족·구환과 같은 등속이다.) 해마다 연말에 본조(예조)가 정기적으로 기록하여 왕에게 아뢰어 장권한다(상직을 주거나 혹은 상물을 주며 더욱 특이한 자는 정문을 세워 주고 복호를 해 준다. 수신한 처에게도 또한 복호를 해 준다.)." 강명관, 『열녀의 탄생』, 돌베개, 2009, pp. 81~82.

262 이혜순·김경미, 〈열녀 허씨전〉(김기홍), 『한국의 열녀전』, 월인, 2002, p. 202.

263 위의 책, 〈열부 유인 한씨전〉(이용휴), p. 217.

264 위의 책, 〈박열부전〉(성해응), pp. 246~247.

265 위의 책, 〈열녀 문성 류씨전〉(임헌회), pp. 254~255.

이처럼 당대의 사대부들은 고을에 열녀가 있으면 의견을 모아 정려를 내려달라고 왕에게 청했으며, 열녀들 역시 이러한 사실을 잘 알고 있었을 것이다. 그러므로 그녀들은 자신의 순절이 자신이 속한 공동체에 공식적으로 자신의 이름을 남기는 결과를 가져오리라는 것을 충분히 짐작하고 죽음을 행했다고 볼 수 있다.

정려는 남편이 죽은 뒤 자신의 삶을 구차하고 쓸모없는 잔명[266] 또는 투생[267]이라 여긴 이들이 자신의 이름을 남길 수 있는 유일한 방법이었다. 산 죽음의 상태인 여성이 다시 주체성을 획득할 수 있는 방법은 죽음을 통해서였고, 이는 당대 사회가 여성들에게 요구하던 여러 규범들과 마찬가지로 유교적 질서의 유지를 목적으로 한다. 이때 죽음을 대하는 그녀들의 태도는 순교자전의 여신도들과는 다르다. 그녀들은 자신의 처지를 피할 수 있다면 얼마든지 피하고 싶은 모진 운명으로 여기며 이승을 떠나는 것을 슬퍼하고 하늘을 원망하기도 한다. 다만 해야 하는 일이기에 행하는 것일 뿐이다. 즉 그녀들에게 누구도 직접적으로 죽음을 강요하지는 않았지만 그녀들이 남편을 따라 죽는 것은 온전한 삶을 살기 위해서는 피할 수 없는 선택이었다.

순교자전에 재현된 여성 순교자들과 열녀전에 재현된 열녀들은 모두 죽음으로써 자신이 믿는 신의 존재를 증명하고자 하며, 자신이 속한 사회의 질서를 유지하려고 한다. 이때 이 여성들의 행위를 단순한 희생이라고 할 수 없는 이유는 이 과정을 거침으로써 그들이 사라지는

---

266 김정경, 「조선 후기 열녀의 순절의 의미화 방식 연구」, 『국제어문』53집, 2011, p. 21.

267 김경미, 「기억으로 자기의 역사를 새긴 보통 여성, 풍양 조씨」, 『조선의 여성들, 부자유한 시대에 너무나 비범했던』, 돌베개, 2004, p. 252.

것이 아니라 주체의 자리를 차지하게 되기 때문이다. 다만 열녀전의 여성들은 당대의 체제에 순응하는 방식으로, 순교자전의 여성들은 저항하는 방식으로 주체가 된다는 점이 다르다. 열녀전의 여성들은 조선 사회가 그들에게 요구하는 의무를 행함으로써 전근대 사회에서 여성이 존재하는 방식, 즉 가문의 일원으로서의 정체성을 획득한다. 그녀는 순절을 통해 누군가의 아내이자, 어머니 그리고 며느리로서의 자신의 지위를 확고하게 유지할 수 있는 주체가 된다. 한편 순교자전의 여성은 적극적이고 자발적으로 새로운 자아를 선택한다. 그러나 이때의 자아는 순교자 개인이 아닌 중세의 성인이기에, 순교 여성은 자발적으로 기꺼이 이전의 자신을 버리고 성인의 이름으로 성인의 삶을 산다는 점에서 열녀전의 여성과도 근대적 여성과도 다르다.

정리하면 순교 또는 순절하기 전의 여성들은 자신이 있어야 할 자리가 지금 여기가 아닌 다른 곳에 있다고 생각하고, 스스로를 살아있으나 죽어 있는 존재로 여겼다. 때문에 온전한 삶을 살기 위해서 천주교 여신도들의 경우 순교를 통해 이승에서의 거짓된 삶을 끝내고 하느님의 세계에서 성인의 주체성을 획득하고, 열녀의 경우 순절을 통해 잔명을 거두고 가문의 이름으로 공동체 안에 자리매김 된다. 즉, 조선의 열녀들이 가문의 이름으로 존재했다면 이제 천주교 여성 순교자들은 가문의 이름 대신 성인의 이름으로 존재하게 된 것이다.

3. 조선 후기 천주교 여신도들의 생애 재현 방식

〈기해일기〉의 "일기"는 "한 인물의 전기(傳記)를 '사실(事實)의 정확한 실기(實記)'라는 개념으로 수용하고, 또 그것을 순교자들의 전기(傳記)에 그대로 준용"[268]한 용어로 이해된다. 즉 당대의 천주교 신자나 선교사들은 모든 순교일기를 일기(Diary)가 아니라 전기(Biography)로 인식[269]했는데, 이처럼 순교자들에 대한 기록이 일기라는 명칭으로 남아 있는 것은 〈기해일기〉, 〈치명일기〉와 같은 순교자전이 우리의 전통적인 서사 양식과 매우 밀접한 관계에 있음을 짐작하게 한다.

물론 순교자전에 대한 지금까지의 논의는 기존의 전기문학과의 유사점보다는 차이점에 초점이 맞추어졌다. 예를 들어 하성래는 한국 천주교의 순교일기를 구약성서 또는 중세 성인전과 유사하며, 유교적 바탕에서 쓰인 전기와 불교적 바탕에서 쓰인 고승전과는 구분된다고 보았다.[270] 한편 이유진은 "한문 양식의 하나인 기존의 전기문학이 개인의 창작물인 반면, 19세기에 출현한 한글 순교자전들은 공동체 구비전승의 정착물에 해당된다"고 하면서 이 텍스트들은 전기 형식으로 기록된 자료이지만 전기문학보다는 문헌설화에 가깝다고 했다.[271] 이 연구들은 순교자전 고유의 양식적 특질을 규명하기 위해 순교자전과 서양

268 하성래(1984), 앞의 글, p. 440.

269 위의 글, pp. 440~441.

270 위의 글, p. 448.

271 이유진(2008), 앞의 글, p. 252.

중세의 성인전 및 유교의 전기와 불교의 고승전을 비교했지만 이러한 작업이 본격적으로 이루어진 것이라고 보기는 어렵다. 이에 본고에서는 순교일기를 유학자들의 전기 그중에서도 열녀전과 면밀히 비교 검토하여 각각의 특질을 보다 명료하게 밝혀 보고자 한다. 특히 본 장에서는 지금까지의 논의가 주로 순교자의 삶 즉 작품의 내용이나 주제적인 측면에 집중되어 있었다고 보고, 순교자의 삶을 기술하는 서술자의 시선 혹은 태도에도 초점을 맞추어 기존의 논의를 보완·심화하고자 한다. 〈기해일기〉에 실린 순교자들의 전기를 문헌설화로 본다 해도 이러한 문제의식은 여전히 유효하다고 보는데, 이는 구전하는 이야기를 기록할 때에도 편찬자의 관점과 기술 태도가 개입되지 않을 수 없기 때문이다. 그리하여 일반적인 '전' 양식을 따르면서도 순교자의 삶에 대해 어떠한 판단이나 평가도 내리지 않는 순교자전의 서술자가 보이는 태도와 그가 기술하는 여성 순교자의 주체 구성 방식의 관련성을 규명해보려는 본 연구는 대상에 대한 이해 방식의 변화가 그의 생을 기술하는 방식의 변화와 갖는 상관성을 드러내고자 하는 시도로도 이해될 수 있을 것이다.

〈기해일기〉는 "인물의 내력, 신앙하게 된 동기, 신앙 생활의 열심, 박해를 당한 뒤 붙잡혀 모진 형벌 속에서도 굴하지 않고 신앙을 증거하다가 순교한 사실"[272]이라는 순교일기의 기본적인 구조를 그대로 따른다. 이유진은 이를 다시 '주인공 소개–입교과정–1차 고난 및 고난의 극복–2차 고난 및 고난의 극복–순교'[273]의 순서로 정리하였고, 윤

---

272 샤를르 달레, 『한국천주교회사』(上), 안응렬·최석우 역주, 분도출판사, p. 17.

273 이유진(2008), 앞의 글, p. 259.

인선은 '순교에 이르지 못한 주체의 최초상태–순교에 이를 수 있는 조건이나 자질을 비롯한 역량 제시–고문과 같은 순교에 이르기 위한 시련을 극복하는 수행–순교라는 최종상태'[274]라는 통합체적 구조로 읽어냈다. 약간의 차이는 있지만 이들은 모두 이 텍스트가 순교하기까지의 과정을 시간 순서에 따라 제시하고 있음을 보여주고 있다. 이때 본고에서 주목한 것은 인물의 행적을 시간 순으로 기록하는 것과 더불어 〈기해일기〉의 서술자가 인물 내면의 심리나 생각 등을 함께 서술하고 있다는 사실이다.

> (가) '중인(衆人)의 영혼이 많이 지옥에 떨어진다.'
> 하는 구절에 이르러, 크게 감동함과 측은함을 발하여, 부친께 고하여 가로되,
> "후래에, 내 마땅히 원방에 전교하여 중령을 구하리이다."
> 하더니, 나이 점점 장성함에, 학식이 유에 뛰어나고, 본원이 더욱 간절함에, 8만 리 바닷길을 멀리 아니 여기시고[275]

> (나) 그 아내 이 말을 듣고 크게 깨달아, 이 후로는 형벌과 욕을 많이 받되, 조금도 어려워하는 마음이 없으니, 대개 애주하는 불이 염염한 고로, 권면 징계하는 말이 이같이 마음을 감동함일러라.[276]

> (다) 다미아노가 듣고 경계함에 마음이 크게 감동하여 혹형과 능욕을 감수하고, ... 어린 아들 12세 된 것을 포청에서 포장이 '배주하라'고 때리고, 포졸배도 때려, 형벌이 자못 빈 날이 없고, 기한 질

274 윤인선(2013), 앞의 글, pp. 195~196.

275 현석문, 앞의 책, 〈범 라우렌시오 주교〉, p. 21.

276 위의 책, 〈남 다미아노〉, p. 44.

병이 있다는 말이 자주 들리나 육정을 물리치고 도리어 '천주 광영'이라 하여 비색을 드러내지 아니하니, 진실로 애주가 만유지상이라 하리로다.[277]

(라) 동국말로 번역하시니, 지우와 노유를 의논치 말고, 간략하여 알기 쉽게 함을 위하심일러라.[278]

(마) 노역을 과도히 하므로 병이 나니, 생각하기를 사주구령하기에 방해로움이 될까 하여 (도리에) 명백한 교우와 상의하고 그 집을 떠나 다른 교우의 곁방을 얻어, 생애를 부지런히 힘써 자기는 박히 하고 모친과 동생을 돌아보더라.[279]

(바) 수정할 원의가 있더니 …… 항상 치명할 원의가 간절하더니[280]

(사) 어려서부터 도리를 익히 들어 봉행할 마음이 있으나 …… 항상 치명할 원의가 있더니[281]

(아) 항상 치명하실 원의 간절하신 고로, 매사를 위로하여 감순 인내하시더라.[282] (밑줄 필자)

위에 제시한 인용문들은 모두 순교자의 마음 상태를 기록한 부분

277 위의 책, 〈이 마리아〉, p. 46.

278 위의 책, 〈범 라우렌시오 주교〉, p. 22.

279 위의 책, 〈조 막달레나〉, p. 154.

280 위의 책, 〈김 막달레나〉, p. 50.

281 위의 책, 〈한 바르바라〉, p. 51.

282 위의 책, 〈범 라우렌시오 주교〉, p. 23.

들이다. 서술자는 순교자가 어떤 책을 읽고, 누구의 말을 듣고 마음이 어떻게 변했는지, 즉 무엇을 깨닫고 느끼고 결심했는지를 적고 있다. (가)는 범 라우렌시오 주교가 성경의 '중인의 영혼이 많이 지옥에 떨어진다'라는 구절을 읽고 크게 감동하고 사람들을 측은하게 여겨 먼 지역의 전교를 결심했다는 이야기이며, (나)와 (다)는 감옥에 갇힌 남 다미아노·이 마리아 부부가 포졸들을 꾸짖는 서로의 말을 듣고 용기를 얻어 흔들림 없이 순교할 수 있었다는 이야기이다. 또한 (라)는 범 라우렌시오 주교가 교리서를 번역한 이유, (마)는 조 막달레나가 이사를 결심하게 된 동기 그리고 (바)~(아)는 인물들의 본뜻 또는 본마음을 기술한 부분이다. 이처럼 (가)~(아)의 예문들은 모두 서술자가 인물의 행위뿐만 아니라 그의 마음까지도 읽어내고 있음을 보여준다.

이와 같은 사실들을 통해 우리는 〈기해일기〉 서술자의 위치를 짐작할 수 있다. 이 텍스트의 서술자는 서술대상의 외적인 면과 내적인 면, 즉 행동과 감정·생각을 함께 기록한다. 시점을 화자가 세계를 바라보고 인식하고 기술하는 위치나 태도라고 할 때 〈기해일기〉의 서술자는 서술대상의 행위와 심리를 볼 수 있는 위치에 자리한다. 즉 순교자전의 서술자는 순교자와 공간적·시간적·심리적으로 가까운 위치에서 순교자에 대해 기록한다.

이 경우 서술자는 서술 대상인 순교자의 심리를 행동의 원인으로 제시하거나, 순교자의 행위를 보고 자신의 느낀 바를 기록하는 경우가 많은데, 이는 서술자와의 거리를 더욱 가깝게 여기도록 해준다. 순교자의 행위가 어떠한 사적인 동기에서 비롯되었는가 하는 것은 서술자와 순교자의 거리가 가깝지 않고는 알 수 없는 내용이기 때문이다.

또한 서술자는 순교자의 마음을 읽어내고 때론 추측하며 순교자의 고난에 안타까움을 표하기도 하는 등, 지극히 개인적인 생각이나 느낌을 기록한다. 서술자가 순교자의 행동을 통해 그의 마음을 짐작하거나 읽어내는 것은 서술자의 개인적인 관점에서 이루어지기에, 이 또한 순교자전의 서술자를 전지적인 제3자보다는 개별적인 존재로, 따라서 친밀하게 인식하게 하는 데 많은 영향을 준다고 할 수 있다. 서술자의 이와 같은 태도가 순교자전의 서술자를 개별적인 존재라고 생각하게 하는 것이다.

이러한 서술자의 위치는 화자가 누구의 입장에서 어떤 태도와 믿음으로 대상의 일생을 기술하는가의 문제와 관계가 있을 것이다. 다시 말해 우리는 〈기해일기〉 서술자의 태도와 믿음에 대해 논의할 필요가 있으며, 이를 위해서는 서술자가 누구의 관점으로 순교자의 심리와 행위를 바라보며 기술하는가라는 '동일시'의 문제를 다루어야 한다.

> 허다한 형고는 물론하고 <u>어린 자녀의 정상을 보니, 육정이 오죽하리오마는</u> 위주 인내하고 누차 수형에 조금도 동치 아니하는지라.[283]
>
> <u>그 평일의 행위가 어떠하므로 이러한 결실하는 은혜를 입는고?</u>[284]
>
> "성의 회사 치명인 남 다미아노이라 이른다면 내 원이 족하리라."하더니, <u>슬프다. 이제 그 원이 맞을 줄을 누가 알았으리오?</u>[285] (밑줄 필자)

---

283 위의 책, 〈권 바르바라〉, p. 41.

284 위의 책, 〈박안나〉, p. 53.

285 위의 책, 〈남 다미아노〉, p. 45.

위에서도 말했듯 서술자는 순교자의 내면을 단정적으로 제시하기도 하지만 이처럼 짐작하기도 한다. 주교와 교우들을 속인 '요한'의 이야기를 서술하기에 앞서 "슬프다"라고 하면서 자신의 감정을 드러내는 것처럼, 서술자는 슬픔을 한탄하거나 순교자의 삶에 감탄조로 존경을 표하는 등 개인적인 감정을 기술하고 있다. 이러한 서술이 사적인 것으로 여겨지는 것은 서술자의 인물에 대한 공감도가 매우 크기 때문이다. 서술자는 순교자의 심적이고 육체적인 고통을 마치 자신의 것처럼 여기면서 스스로를 글을 읽는 독자들보다는 순교자에 더 가까이 위치시킨다.

> 겪으신 바 고초는 불가형언이라.[286]
> 도처에 시사한 것을 다 기록하기 어렵더라.[287]
> 그 사이 노고는 형용하기가 진실로 어렵도다.[288]
> 겪으신 바 간고는 필설로 어찌 다 하리오?[289]
> 그간 고초는 어찌 형용하리오?[290]
> 갇히어 사정을 살펴보니, 할 일 없는지라, 두 신부께 '들어오라.' 편지한 지 한 달 만에......[291]

286 위의 책, 〈범 라우렌시오 주교〉, p. 22.

287 위의 책, 〈나 베드로 대주교〉, p. 28.

288 위의 책, 〈나 베드로 대주교〉, p. 29.

289 위의 책, 〈나 베드로 대주교〉, p. 31.

290 위의 책, 〈권 바르바라〉, p. 41.

291 위의 책, 〈범 라우렌시오 주교〉, p. 25.

위의 인용문에서도 알 수 있듯이, 서술자는 독자보다 순교자의 감정 또는 인식에 가까우며, 순교자가 경험하고 느낀 것만을 아는 존재라고도 볼 수 있다. 즉 서술자는 순교자와 동일한 범위의 시야를 갖고 있다는 것이다. 왜냐하면 위의 인용들을 모두 1인칭 독백으로 읽어도 무방할 정도로 서술자는 순교자의 입장에서 순교자의 눈으로 관찰한 내용들을 기록하고 있기 때문이다.

> 살이 떨어지고 유혈이 낭자하여 얼굴과 옷이 피에 젖으니, 구경하는 자가 모두 놀라고 바로 보지 못하더라.[292]

위의 예문 역시 서술자의 시선이 독자가 아니라 순교자와 같은 쪽을 향해 있음을 보여준다. 이 인용문은 심문 과정의 잔인함을 목격한 내용을 기술한 부분인데, 이때 서술자는 유혈이 낭자한 이 아가다의 얼굴과 옷이 아니라 그것을 구경하는 이들에게 시선을 두고 있다. 즉, "구경하는 자가 모두 놀라고 바로 보지 못 하더라"라고 하여 서술자의 시선이 순교자가 아니라 구경하는 자를 향하고 있음을 알 수 있다. 서술자는 아가타를 구경하고 있는 이들을 바라보는 위치에 있는 것이다.

누구의 눈으로 보는가라는 문제는 서술자가 스스로를 어떠한 시선과 동일시하는가라는 질문과 동일하다. 따라서 서술자가 순교자의 눈으로 본 것을 기록하고 있다면, 서술자가 순교자에게 스스로를 동일시하고 있다고 말할 수 있다. 순교자는 곧 서술자 자신이 그렇게 되고 싶은 닮고 싶은 존재이자 서술자가 그를 통해 세상을 인식하는 동일시의

---

292 위의 책, 〈이 아가타〉, p. 41.

대상이다.

따라서 순교자전의 서술자는 순교자의 시점에서 세상을 보고, 느낄 뿐 순교자의 삶에 대해 판단하거나 평가하지 않는다. 그는 다만 사실을 기록하고 몇몇 순교자들의 행동의 계기를 짐작하는 개인에 불과하다. 그는 순교자의 눈으로 순교자의 내면과 동정 및 치명하고자 하는 원래의 의지를 읽고 기록할 뿐, 평가와 판단, 즉 시복을 결정하는 것을 자신의 몫이라 여기지 않는다. 그리고 이와 같은 순교자전의 서술자의 특성은 열녀전의 서술자와의 비교를 통해 더욱 분명하게 드러난다.

앞서도 언급했듯이 순교자전은 "서술 형식과 구성에 있어서는 재래의 한국 전(傳)의 형식과 구성을 따르"[293]지만 결정적으로 순교자전에는 대부분의 열녀전이 담고 있는 인물에 대한 논평이 빠져 있다.

> 야사씨는 말한다. ...
> 열녀 중에는 목을 매거나 칼로 찔러 죽어서 부모로부터 물려받은 몸을 상하게 하는 자들이 있으나 채씨 부인은 (그렇게 하지 않았으니) 열녀이면서 효녀이다. 그 아버지가 말하기를 집에 큰 일이 있을 때면 늘 유인을 찾아갔는데 일 처리에 조리가 있었으며 이치에 맞지 않음이 없었다고 한다. 그렇다면 채씨 부인은 또한 열녀이면서 재녀인 것인가![294]

> 야사씨는 말한다.
> 규방의 행실은 알려지기 어렵다. 세상에서 칭찬하여 말하는 바는 몸을 해치고 모습을 상하게 하는 깜짝 놀랄 일이 대부분인데 국가에서는

293 하성래(1984), 앞의 글, p. 461.

294 이혜순·김경미, 앞의 책, 〈열부 유인 한씨전〉(이용휴), p. 217.

여기에 정려를 내려 이로 표준을 삼는다.[295]

찬하여 말한다.

내가 일찍이 영남을 들렀는데 그 산천이 깊고 두터웠으며 풍속이 순박했다. 그래서 부녀자들도 모두 조용하고 깨끗하며, 절개가 곧고 신의가 있어서 열행으로 죽은 사람들도 매우 많았다.…[296]

매산거사는 말한다.[297]

이처럼 열녀전의 서술자는 열녀들의 행적 또는 생애를 단순히 기록하고 전달하는 데 그치지 않고, 그것이 당대의 열 관념 혹은 이전 시대의 열녀들과 비교하여 어떠한 의의를 갖는가를 평가하고 판단하는 논평을 덧붙인다. 그리고 이때 서술자의 평가와 판단은 개인적인 짐작이나 추측이 아니라 공적인 규범·이념을 기준으로 이루어진다.

공자께서 "분개하면서 죽기는 쉽고, 흔들림 없이 조용히 죽기는 어렵다"고 했는데 유인이 여기에 거의 가까운 것 같다.[298]

갑자기 죽음을 준비하는 사람과 비교하면 어찌 또 어려운 일이 아니겠는가? 참으로 어려운 일이로다![299]

이씨가 목숨을 버리면서까지 뜻을 이루도록 남편을 격려한 일은 충간

295 위의 책, 〈열부 이유인전〉(이용휴), p. 223.

296 위의 책, 〈박열부전〉(성해응), p. 247.

297 위의 책, 〈이열녀전〉(홍직필), p. 251.

298 위의 책, 〈열부 손유인전〉(조호연), pp. 228~229.

299 위의 책, 〈신열부 이씨전〉(이야순), p. 235.

공이 한 일에 비해 더욱 어려운 일이다. 나아가 목숨을 결단하여 죽어 구천에까지 따라가서 그 뜻을 이루었으니, 그 끝을 알고 끝내 의를 지켜낸 것이 아니랴![300]

그 얼마나 장렬한가! 그 얼마나 장렬한가! 내가 듣고 이를 장하게 여겨서 그 집안 사람을 시켜 만장의 끝에 '열녀는 또한 백성에게서 나오도다'라고 쓰게 했으니 이는 〈증민〉 첫 장의 뜻이다.[301]

이처럼 서술자는 평결부에서 개인적인 관점에서 인물에 대해 평가하고 판단하지 않으며, 때로 "공자" 또는 "증민" 등의 객관적인 근거를 들어 인물의 행적에 대해 논한다. 즉 열녀전의 서술자는 아래의 예문에서 밑줄로 표시한 "향당·사람들·군·고을 사람들·도내의 유생 김귀현 등 88인·여주의 사대부들" 등으로 표현되는 당대의 사대부들과 같은 시점에서 열녀의 행위를 보고 있다.

향당이 그 정열을 가상히 여겼는데, 병오년 간에 상국 여성제가 본도에 안찰사로 왔을 때 그 열행을 아름다이 여겨 부계리에 정문을 세워줄 것을 국왕께 아뢰었다.[302]

군에서 이 일을 예부에 올리자 예부에서 특별히 정려를 내려 줄 것을 아뢰었다고 한다.[303]

300 위의 책, 〈이열녀전〉(홍직필), p. 252.

301 위의 책, 〈열녀 문성 류씨전〉(임헌회), p. 255.

302 위의 책, 〈열녀 허씨전〉(김기홍), p. 202.

303 위의 책, 〈열부 유인 한씨전〉(이용휴), p. 217.

> 3년 뒤 고을 사람들이 그 열행을 갖추어 임금님에 거둥하실 때 하소연하였는데, 그 뒤 2년이 지나서야 비로소 정려가 내려왔다.[304]

> 도내의 유생 김귀현 등 88인이 그 행실을 모두 써서 관에 올리고 임금님께 아뢰어 주기를 청했으나 아직 정려가 내려오지 않았다.[305]

> 이를 들은 여주의 사대부들이 그를 슬퍼하지 않은 자가 없었다.[306]
> (밑줄 필자)

이와 같이 당대 사대부들의 시선과 스스로를 동일시하는 열녀전의 서술자는 순교자전의 서술자와 무엇보다도 대상에 대한 태도가 공감적이기보다는 평가적이라는 면에서 구분된다. 열녀전의 서술자가 당대의 지배적인 유교 이데올로기에 입각하여 인물의 행위를 판단하고 평가하는 데 반해, 순교자전의 서술자는 천주교라는 종교적 이데올로기에 입각해 있으면서도 인물의 행위에 대한 판단, 즉 그가 마땅히 성인의 자리에 올라야 한다는 평가를 내리지 않는다. 다만 그는 순교자의 시련과 고통에 공감하며 인물의 내면을 읽어내고 때로는 그의 마음을 짐작할 뿐이다.

열녀전의 서술자와 순교자전의 서술자는 '시야의 범위'라는 면에서도 구별된다. 넓은 시야는 화자와 청자가 시점과 정보를 공유할 때와 같이 화자가 화자 자신의 몸을 벗어나 때로 '청자와 같은 무대를 보듯이 넓은 시야'에서 바라보는 것으로, 화자의 시점을 청자와 공유하

304 위의 책, 〈박열부전〉(성해응), pp. 246~247.

305 위의 책, 〈열녀 문성 류씨전〉(임헌회), pp. 254~255.

306 위의 책, 〈정열부전〉(신광수), p. 273.

고자 하기 때문에 주관적인 느낌을 주는 것이다.[307] 반면 좁은 시야는 자신의 몸 안에서 밖을 내다보는 화자의 것으로, 눈앞에서 벌어지는 장면을 가까이에서 바라볼 때의 시야의 범위를 가리킨다. 이러한 좁은 시야는 바로 눈앞에서 벌어진 상황을 담고 있어 스스로 객관적이라고 믿기에 주관적인 서술이라고 느껴지지 않는다는 점이 특징적이다.

넓은 시야와 좁은 시야의 이러한 특성을 참조하면, 열녀전의 서술자는 넓은 시야, 순교자전의 서술자는 좁은 시야를 갖는다고 구분해 볼 수 있다. 열녀전의 서술자는 열녀전을 읽는 이들, 대체로 당대의 사대부들과 시점과 정보를 공유하고자 하기에, 자신의 의견 혹은 주장을 독자들에게 설득하려 한다는 면에서 주관적이다. 한편 순교자전의 서술자는 순교자의 시선과 자신의 시선을 동일시하기에, 그리하여 바로 눈앞에서 벌어지는 일들을 보이는 그대로 서술하는 듯하다는 점에서 객관적이다. 우리가 순교자전을 읽을 때 서술자를 순교자와 별개의 존재로 인식하면서도 그의 서술을 순교자가 경험한 내용의 자전적 기록처럼 느끼는 이유는 바로 좁은 시야의 이와 같은 성격과 관련이 있다. 즉, 열녀전과 순교자전이 모두 3인칭으로 기술되어 있음에도 불구하고 순교자전이 1인칭 텍스트처럼 읽히는 것은 그것이 좁은 시야를 취함으로써, 즉 서술자가 순교자와 동일한 시야의 범위를 가짐으로써 순교자의 삶을 순교자 자신이 기록하는 듯한 효과를 낳기 때문이라는 것이다.

요컨대 넓은 시야를 가진 평가적인 시선이 대상에 대해 판단을 내

307 정인아, 「한국어의 시점에 관한 연구」, 『어학연구』 제48권 3호, 서울대학교 언어교육원, 2012, p. 474.

려 읽는 이로 하여금 그러한 판단을 수용하도록 하는 것이 '열녀전'의 서술 방식이었다면, 좁은 시야를 가진 공감적인 시선이 대상에 대해 사실적인 정보를 전달하는 것이 순교자전의 서술 방식이라 할 수 있다. 그리하여 순교자전은 3인칭 서사인데도 좁은 시야를 취함으로써 1인칭 시점으로 된 텍스트를 읽는 듯한 효과를 낳고, 이는 순교자전이 '열녀전'과 구별되는 중요한 지점이 된다.

이처럼 순교자전은 논찬을 담고 있는 '열전' 또는 '열녀전' 등 전통적인 서사체와는 구별되는 새로운 성격의 서술자를 갖는다는 점에서 문학사적으로 의의를 갖는다고 할 수 있다. 순교자전의 서술자는 규범적이고 집단적인 시선 혹은 목소리가 아니라 등장인물과 스스로를 동일시하며 그에 공감하는 시점을 갖는다는 점에서 전근대적인 전과 구별되며, 그럼에도 1인칭이 아닌 3인칭으로 서술된다는 점에서 1인칭의 자기 고백적 서술과 구별된다.

4. 중세와 근대의 매개로서의 천주교

본고에서는 조선 후기 여성 순교자의 전기와 열녀의 전기를 비교하여 여성이 주체화되는 양상을 검토하고, 그것이 그녀들의 삶을 서술하는 방식과 어떠한 관계를 갖는가에 대해 고찰했다. 본고에서 검토한 바에 따르면 지금까지 조선 후기 천주교 여신도들이 이전 시기 또는 동시대 여성들에 비해 "근대적 정신"을 갖고 "주체적인 삶"을 살았다고 보았던 것은 그들 삶의 일부만을 이해했기 때문인 것 같다. 다시 말해서 천주교 여신도들을 "개별화된 개인 주체" 즉 근대적 주체로 보기는 어렵다. 이들은 가문의 이름으로 존재하던 전근대적 주체화 방식에서는 벗어났지만, 자신의 이름으로 주체화되지 않았다. 천주교 여신도들은 가문의 이름 대신, 자신만의 고유한 이름이 아닌 성인의 이름을 갖게 되었기 때문이다. 자율적인 개인이 아니라 이미 존재하는 성인이 됨으로써 주체성을 획득했기에, 이들은 전근대와도 근대와도 다른 주체화 방식을 보인다고 할 수 있다. 요컨대 열녀들이 죽음으로써 가문과 공동체 내에서 자신의 위상을 공고히 했다면, 즉 주체의 지위를 획득했다면 여성 순교자들은 순교를 통해 성인으로, 즉 신에게 종속되어 subjected, 주체화되었다subjected.

주체화 방식의 이와 같은 변화는 그들의 삶을 서술하는 방식에서도 차이를 가져왔다. 열녀전의 서술자가 열녀의 열행을 평가하고 있다면, 순교자전의 서술자는 서술대상이 순교하기까지의 과정을 있는 그대로 보여준다. 순교자전의 서술자는 순교자의 곁에서 그의 생각과 행동을 보고 기록하며 그의 삶이 성인의 삶과 동일하다는 사실을 마치 보고하는 것처럼, 사적인 편지로 가까이에서 본 지인의 근황을 전하는 것처럼 기술한다. 서술자는 순교자의 삶을 판단하지 않고, 다만 사실 그대로 옮길 뿐이다.

이때 본고에서 주목한 것은 열녀전의 서술자가 제 3자 특히 사대부 남성의 시선으로 열녀의 삶을 보고 평가하는 데 반해, 순교자전의 서술자는 순교자 자신이 아니면서도 순교자의 시선으로 순교자의 내면을 읽어낸다는 점이다. 즉 순교자의 시련과 고통에 대한 공감의 기록은 흡사 순교자 자신의 자전적 기록처럼 여겨지기에 독자들은 순교자전을 읽으며 자주 1인칭 서사를 읽고 있다고 느낄 수 있다. 따라서 순교자전은 한 인물의 생애를 3인칭으로 기술하던 시기와 1인칭으로 기술하는 것이 가능해지는 어느 시점 사이에 존재하던 인물 생애의 기록 양식이라고 할 수 있겠다. 요컨대 천주교 여성 순교자들과 그녀들의 삶을 기록한 순교자전은 이처럼 "조선 후기 천주교가 한국 사회의 중세와 근대 사이에 미묘하게 걸쳐 있던 형국",[308] 즉 중세와 근대의 매개로 존재한다는 사실을 주체화의 측면과 글쓰기 방식의 측면에서 보여주고 있다는 점에서 특별한 의미를 갖는다.

308 김윤성(2004), 앞의 글, 174면.

4장

글쓰기와 독서의 개인화 양상:
18세기 한글본 연행록을 대상으로

4장

글쓰기와 독서의 개인화 양상: 18세기 한글본 연행록을 대상으로

1. 한글본 연행록 연구의 필요성

18세기는 학문·문학·예술 등 모든 분야에서 가장 창조적인 시대[309]로 알려져 있다. 이 시기에 문학 분야에서는 "창작이 융성하였고, 문학론에 대한 의론이 다양해졌고, 위항, 서얼 등의 문학 담당층이 확대"[310]되었는데, 최근 들어 많은 연구자들이 이와 같은 특징을 잘 보여줄 수 있는 문학적 성과물로 연행록에 주목하고 있다.

연행록은 한국인이 원·명·청 왕조 때 중국을 다녀와서 써 놓은 일반 기행록을 포함한 사행록(使行錄)을 일컫는다.[311]

309 한국18세기학회 엮음, 『위대한 백년 18세기』, 태학사, 2007, p. 26.

310 김현미, 『18세기 연행록의 전개와 특성』, 혜안, 2007, p. 15.

311 임기중은 연행록 연구에서 원나라 때 중국을 다녀온 기록은 빈왕록, 명나라 때는 조천록, 청나라 때는 연행록이라는 이름을 붙인 것이 많아 명나라 때의 기록은 조천록, 청나

조선 사신은 1271년에서 1893년까지 총 579회 중국을 다녀왔고, 500편 이상의 연행록을 남겼다. 18세기가 갖는 특별한 역사적·문학적 위상 때문에 연행록 연구도 이 가운데 주로 18세기에 쓰인 작품에 집중되었으며, 본고에서도 같은 이유에서 18세기에 기록된 연행록에 주목하고자 한다. 다만 본 연구에서는 한글본 연행록을 연구의 대상으로 삼아 18세기 연행록 연구의 지평을 조금이나마 확장해 보려고 한다.

18세기에 기록된 한글본 연행록의 수는 한문본에 비하면 턱없이 적은 10여 편 정도다.[312] 하지만 한글 연행록이 18세기에 집중적으로 쓰였으며 삼대 연행록[313]이라 일컬어지는 『노가재 연행일기』, 『담헌연기』, 『열하일기』가 모두 한글본으로도 존재하는 점, 그리고 '열하일기류(熱河日記類)'를 "모아 한글로 번역하거나 또는 한글로 써낸 흥미로운 선집"[314]이 존재하는 점 등으로 미루어 18세기 한글 연행록의 등장과

라 때의 기록은 연행록으로 변별하기도 하지만, 명나라 때 중국을 다녀온 기록에도 연행록이라는 이름을 붙인 것이 3종이나 있기 때문에 연행록으로 통일하는 것이 적절하다고 보고 있다. 임기중, 『연행록 연구』, 일지사, 2002, p. 9 참조.

312 18세기 한글본 연행록 자료 목록을 정리하면 다음과 같다.

번호	자료명	작자	연대
1	연행일긔	김창업	1712
2	상봉녹	강호보	1741
3	셔원녹	이상봉	1765
4	기축연행록	미상	1770
5	을병연행록	홍대용	1766
6	승사록	미상	1790년대
7	휴당의 연행록	이계호	1793
8	무오연행록	서유문	1798
9	열하기_국역본 열하일기	박지원	긔미년 (1799/1859) 번역 및 필사 시기가 확정되지 않음

313 김경선은 『연원직지』(1832) 서문에서 지난날의 연행록 중 『노가재연행일기』(1712), 『담헌연기』(1766), 『열하일기』(1780) 세 편을 본받아야 한다고 말하고 있다.

314 김태준, 「열하일기 한글본 출현의 뜻」, 『민족문학사연구』 19, 민족문학사학회, 2001, p. 3.

확산 또한 한글 독자층의 형성과 관련하여 반드시 그 의미를 규명해야 할 현상이라고 생각된다. 이에 본고에서는 18세기 한글 연행록의 장르적 특질을 규명하여, 이를 토대로 한글 연행록의 문학사적 의의를 논해 보고자 한다.

한글 연행록과 관련하여 "새로운 문학적 현상의 해석이 필요"하다는 데에는 대부분의 연구자들이 동의한다. 김태준의 연구는 열하일기류 선집의 존재를 입증하여 "한글 연행록의 선집이 나올 만큼 이에 대한 관심과 흥미가 제고되어 있었"[315]음을 보여주는 것으로 이후 이 분야 연구의 진전에 결정적인 역할을 했다. 고운기는 『상봉록』과 『승사록』 그리고 『열하일기』를 대상으로 한글본 연행록의 독자층을 분석했다.[316] 이러한 논의들은 "한글본 독서시장의 형성이 지식인 사회가 아니라 궁중이나 부녀자 그리고 서민 이하의 계층"[317]에서 이루어졌음을 보여준 것으로 새로운 문화적·문화적 현상으로 한글 연행록의 생산과 독서를 이해해야할 필요성을 입증해 준다.

한글 연행록 개별 작품에 대한 연구도 꾸준히 이루어지고 있는데, 대부분 새로 발굴된 작품에 대한 작자 소개 및 작품 해제를 위주로 작품의 특징을 살핀 것이다. 그런 가운데 조규익의 『국문 사행록의

315 고운기, 「한글본 연행록의 제작 양상」, 『열상고전연구』 20집, 열상고전연구회, p. 22.

316 고운기는 한글본 연행록이 처음부터 한글로 쓰인 것과 한문본을 번역한 것으로 구분되며, 어머니를 위한 읽을거리를 마련하기 위해 한문본을 한글본으로 번역하기도 했으며(『상봉록』), 궁중의 내전에 알리기 위한 보고서 역할을 하기도 했으며(『승사록』), 한문 번역을 위한 텍스트로도 쓰였음을 보여주었다(『상봉록』). 고운기, 위의 글, p. 23.

317 위의 글, p. 22.

미학』[318]은 『노가재 연행일기』, 『을병연행록』, 『무오연행록』 사이에 존재하는 유사성과 차이점을 분석하면서 개개의 작품의 개성을 드러내는 동시에 연행록의 통시적 성격을 규명고자 한 시도였다는 의의가 있다.[319] 한편 조양원은 박지원의 『열하기』와 김직연의 『연힝녹』을 대상으로 한 논문들에서 한글본 연행록의 특성을 밝히고자 했다.[320] 그는 한문본 연행록을 보편적 여행 기록으로, 한글본을 여성 독자층을 위해 변형을 거친 텍스트로 구분하고 김직연의 텍스트에서 그 차이점을 구체적으로 분석하였다. 그의 논의는 한글본 연행록의 특징과 의의를 본격적으로 규명하고자 한 것으로서 큰 의의를 갖는다.

연행록이 워낙 방대한 내용을 담고 있기 때문에, 한두 편의 연행록을 집중적으로 분석하지 않는다면, 연구자들은 일반적으로 한 가지 주제를 중심으로 연행록 전반에 관한 논의를 전개해 왔다. 이때 가장 중요하게 다루어진 소재가 바로 천주당 견문 기록인데 한문 연행록은 물론이고 한글 연행록에도 대부분 천주당 견문 내용이 담겨 있기에 이를 통해 서학 내지는 서양에 대한 당대 조선인의 인식을 읽어내려 한 것이다.

장경남[321]은 조선 후기 연행사들이 천주당 견문을 통해 서양 문물

318 조규익, 「조선조 국문사행록의 흐름」, 『국문 사행록의 미학』, 역락, 2004.

319 조규익은 이 글에서 이들 연행록이 '모방과 답습, 극복'이라는 수용 양태의 통시적인 연결상을 보여준다고 주장했다. 장경남, 「18세기 한글본 연행록에 서술된 천주당 견문기」, 『숭실어문』 22집, 숭실대학교 국어국문학회, 2006, p. 38.

320 조양원, 「동경대 소장 한글본 『熱河記』 연구」, 『민족문화』 44, 한국고전번역원, 2014, 79-120면; 조양원, 「김직연의 연행기록 『燕槎日錄』·『연힝녹』 비교연구」, 『정신문화연구』 제35권 제1호, 한국학중앙연구원, 2012, pp. 243~379.

321 장경남, 「조선 후기 연행록의 천주당 견문기와 서학 인식」, 『우리문학연구』 26, 우리문학

제도 및 문화예술, 종교사상 그리고 과학 등을 체험했으나 종교로서의 서학에 대해서는 부정적 인식을 드러냈다고 보았다. 원재연은 서구 문물에 대한 연행사의 경험이 1860~1870년대 조선 사회 내부의 자생적 문호개방의 흐름을 재개하고 개화파를 형성하는 데 일정한 바탕이 되었음을 17~19세기 북경 내 연행사의 활동 공간을 검토하며 주장했다.[322] 신익철은 천주당 방문 기사를 소개[323]하는 작업과 함께 연행사절의 천주당 방문이 18세기와 19세기에 어떠한 차이점을 갖는가를 검토하였다.[324] 한편 미술사학 분야에서 정은주는 천주당을 중심으로 서양화법의 수용과 전개 양상을 검토하였다. 그는 천주당 서양화를 바라보는 조선 지식인들의 인식이 현존 작품에 나타나는 서양화법 수용의 문화적 배경을 이해하는 데 큰 도움이 되며, 19세기 기존 천주당을 대신한 아라사관에서 당대 조선인들이 사진술을 접하고 이후 조선으로 유입하는 데 큰 영향을 미쳤을 것이라고 주장한다.[325] 이러한 가운데 한글 연행록만을 대상으로 한 논문에서 장경남은 작자에 따라 천주당에 대한 흥미와 사고의 차이가 존재한다고 보고 김창업, 강호부, 이노춘, 이계호 등의 천주당 견문기는 단순한 견문기에 불과한 반면 홍대용의

회, 2009, pp. 77~117.

322 원재연, 「17~19세기 조선사행의 북경 천주당 방문과 서양인식」, 『교회와 역사』 277~288호, 한국교회사연구소, 1998, p. 258.

323 신익철 편저, 『연행사와 북경 천주당』, 보고사, 2013.

324 신익철, 「18~19세기 연행사절의 북경 천주당 방문 양상과 의미」, 『교회사연구』 44집, 한국교회사연구소, 2014, pp. 143~183. 신익철, 「18세기 연행사와 서양 선교사의 만남」, 『한국한문학연구』 51집, 한국한문학연구회, 2013, pp. 445~486.

325 정은주, 「연행사절의 서양화 인식과 사진술 유입」, 『명청사 연구』 30, 명청사학회, 2008, pp. 196~197.

견문기는 서양 과학기술에 대한 궁금증을 드러내며, 서유문의 것은 천주교에 대한 동화적 태도를 보인다고 정리했다.[326] 천주당 견문기 외에 맹강녀 고사가 언급된 연행록만을 따로 분류하여 검토한 연구도 있다. 김철[327]은 한문 연행록만을 대상으로 맹강녀 고사 기록을 조사하여 조선 문인들이 중국의 맹강녀 고사를 어떻게 수용하고 전파했는가를 고찰했다.

이처럼 18세기 조선 연행사의 천주당 방문기에 대한 논의들은 대부분 조선 후기 지식인의 서학에 대한 인식을 읽어내는 데에 초점이 맞춰져 있다. 연구자들은 연행사와 서양 선교사의 만남이 갖는 역사적 의의를 규명하고 서양의 문명과 과학기술을 대하는 연행사들의 태도를 읽어냈다. 이러한 논의들은 주로 천주당 방문의 양상과 역사적 의의를 검토한 것으로 문학적 관점에서 이루어진 것으로 보기는 어렵다. 이에 본고에서는 18세기 한글 연행록이 "비록 연행록의 극히 일부를 차지하고 있으나, 중요 작품이 번역되어 새로운 독자층을 만들어 내고 있"[328]으며 당시에 "연행록에 대한 관심이 집중됨에 따라 공식적인 보고문의 성격을 띠는 한문본 연행록과는 달리 사적인 체험을 흥미롭게 쓴 한글본 연행록이 요구"[329]되었다는 등의 현상이 갖는 문학사적 의미를 검토해 보고자 한다.

---

326 장경남(2006), p. 66.

327 김철, 「연행록 중의 맹강녀 전설 기록 양상 소고」, 『민족문화연구』 63호, 고려대학교 민족문화연구원, 2014.

328 고운기, 앞의 글, pp. 8~9.

329 장경남, 앞의 글, p. 38.

이를 위해 본고에서는 정녀묘와 천주당에 대한 연행사의 기록을 살펴보려 한다. 각각 유학과 서학의 성격이 두드러진 이들 장소에서 연행사들이 무엇을 보고 기록했는가를 검토한다면, 익숙한 대상과 새로운 대상을 대하는 태도의 차이와 변화를 좀 더 분명하게 확인하여 18세기 독서 경험의 특성을 규명할 수 있을 것으로 본다.

2. 관습적 해석에서 독창적 해석으로: 18세기 한글본 연행록의 정녀묘 견문 기록을 중심으로

중세의 작자는 "경전 속의 고대 세계를 재현의 대상으로"[330] 삼는다. "재현의 이상이 이미 선험적으로 주어지거나 고정되어 있"기에 "인간의 행동 양식과 지향이 모두 이 이상적 전범을 닮으려 하"는 것이다.[331] 그러므로 중세의 글과 그림은 작자가 눈으로 직접 본 대상이 아닌 주어진 관념을 표현하고 있다고 말할 수 있다. 많은 연구자들은 18세기를 이러한 재현의 방식에 가장 결정적인 변화가 발견되는 시점이며, 북학파 지식인들이 이와 같은 방식에 가장 두드러진 변화를 보여주는 이들이라고 말한다.[332] 본 장에서는 작자의 시선이 선험적으로 주

330 박수밀, 「18세기, 재현과 진실의 가능성」, 『한국언어문화』 33, 2007, pp. 55~79.

331 고연희, 『조선시대 진환론의 전개, 한국한문학과 미학』, 태학사, 2003, 109면, 박수밀(2007), p. 59에서 재인용.

332 위의 글, p. 58.

어진 세계에서 현실 세계로 이동했음을 보이기 위해 연행록에 실린 정녀묘에 관한 서술을 중점적으로 살펴볼 것이다.

조선시대 여성 교육에서 정절은 그 어떤 가치보다 상위에 있었다. 각종 규훈서는 정절에 관한 항목을 따로 배정하였고 정절을 의식과 실천의 최종 귀착지로 삼았다.[333] 여성의 정절이 강조된 것은 이를 통해 남성 지식인들이 가부장권을 강화하여 사회를 통합하고자 했기 때문이다.[334] 이들은 수많은 규훈서들을 편찬하여 열녀 이데올로기를 내면화하고 국가 위기 시 무너진 사회의 기강을 바로잡으려 했다. 그러므로 조선의 권력을 유지하는 데 핵심적인 역할을 했던 열녀에 관한 기록은 조선 사대부의 세계관을 읽어내기에 매우 효과적인 자료이며, 그런 이유에서 이들의 세계관이 변화하는 양상을 읽어내기에도 적절한 대상이다.

조선에서 부녀자를 교화하기 위해 텍스트로 삼았던 규훈서들은 중국의 열녀전을 조선의 상황에 맞게 편집한 것이었다. 규훈서의 간행은 국가와 남성 사대부들의 주도로 행해졌고 사대부들은 시집간 딸들을 위한 규훈서를 직접 쓰기도 했다. 그러므로 연행사들은 산해관 부근에 위치한 정녀묘의 주인인 허맹강의 일생, 즉 열녀의 삶에 대해 관심을 가지고 있었으며, 그녀에 대한 사전 지식을 가지고 있었으리라고 추측해볼 수 있다.[335] 실제로 맹강녀 이야기는 15세기 말부터 연행록에 수없이 등장하여 "옛날 한반도 문인들이 일찍 중국의 맹강녀 전설에 대

333 이숙인, 『정절의 역사』, 푸른역사, 2014, p. 200.

334 위의 책, p. 352.

335 김철, 앞의 글, p. 183.

해 각별한 관심을 가졌다"는 사실을 말해 준다. 또한 조선에서 간행된 규훈서에도 유사한 이야기가 등장하여 이들이 이미 관련 고사를 알고 있었음을 짐작할 수 있다.[336] 이에 본 장에서는 조선의 문인들이 읽고 편찬했던 열녀전과 그들이 기록한 연행록에 열녀의 이야기가 각각 어떻게 서술되며 그것이 어떠한 차이점을 갖는지 비교해보고자 한다.

한글본 연행록의 정녀묘 견문은 대체로 '맹강의 행적–사당의 외관–글쓴이의 평가(감상)–후대인의 찬시–글쓴이의 평가(감상)'의 순서로 되어 있다. 연행록 마다 이 항목들이 모두 서술되거나 그 가운데 몇 가지는 제외되기도 하는데, 공통적으로 서술자가 맹강의 행적보다는 사당의 외관과 후대인의 찬시에 대한 해설 혹은 비판에 초점을 맞추고 있다는 점이 특징적이다. 연행사들은 망부석의 모양이나 개수, 소상의 모습, 비문의 서체 등을 직접 관찰하고 그것이 맹강에 관해 전해오는 전설이나 자신이 들은 이야기 그리고 역사적 사실에 얼마나 부합하는지를 판단하고 기록한다.

가령『상봉록』에서 글쓴이는 백여 폭 되는 맹강의 사적 그림이 죽은 후에 남편과 아내 모두 신선이 되어 용궁에서 만나는 것을 내용으로 하고 있는 것은 "극히 괴탄ᄒᆞ야" 그녀 삶의 증거가 될 수 없다고 비판하고 있다.

336 연행록의 맹강녀 고사에서, 배경은 진(秦)의 장성부역, 열녀는 허맹강, 남편은 범랑 혹은 범칠랑, 남편을 죽인 이는 몽염으로 기록되어 있다.(김철, 같은 글, 163~165면 참조) 그리고 이 고사와 매우 유사한 이야기들이 영조 때 간행된『여사서』「여범첩록」의 '정열편(貞烈篇)' '병례편(秉禮篇)' 그리고 유향『열녀전』「정순·제기량처」에 실려있다. 이숙인 역주,『여사서』, 도서출판 여이연, 2003, pp. 260~261, pp. 299~300; 유향,『열녀전』, 이숙인 역, 글항아리, 2013, pp. 310~314.

말자복에 뎡네 죽은 후의 부쳬 다 신션이 되야 다시 뇽궁슈젼의 가 만나ᄂᆞᆫ 거동을 그려시니 극히 괴탄ᄒᆞ야 족히 증거치 못ᄒᆞᆯ 거시오 ᄯᅩ 그 가온대 ᄒᆞᆫ 복에 ᄆᆡᆼ강이 황졔 닙ᄂᆞᆫ 황포ᄅᆞᆯ 가져 몽념의게 드린대 몽념이 밧ᄂᆞᆫ 양을 그려시니 셰샹이 서ᄅᆞᆯ 젼ᄒᆞ야 니ᄅᆞ되 ᄆᆡᆼ강이 그 지아비 셩 ᄡᆞᄂᆞᆫ 역ᄉᆞ에 죽으므로ᄡᅥ 몽념을 원망ᄒᆞ야 반ᄃᆞ시 구함ᄒᆞ야 죄예 ᄲᅡ져 죽게 ᄒᆞ야 ᄡᅥ 그 지아비 죽은 원슈ᄅᆞᆯ 갑고져 ᄒᆞ되 계졔 업ᄂᆞᆫ지라. 이예 황졔 옷을 므ᄃᆞ라 ᄡᅥ 드린대 몽념이 그 계규에 ᄲᅡ져 인ᄒᆞ야 죄ᄅᆞᆯ 어더 ᄡᅥ 죽다 ᄒᆞ니 일이 임의 암ᄆᆡᄒᆞ고 ᄯᅩ ᄉᆞ긔예 실니지 아니ᄒᆞ야시니 그 일이 々시며 업던 줄을 가히 아지 못ᄒᆞ거니와 그 부소의 어질므로ᄡᅥ 태ᄌᆞ의 위예 잇거ᄂᆞᆯ 니ᄉᆞ와 됴괴 ᄒᆞᆫ 죠희ᄅᆞᆯ ᄂᆞᆯ녀 ᄡᅥ 죽이기ᄅᆞᆯ 외로온 새삭기와 ᄡᅥ근 쥐 없시ᄐᆞᆺ ᄒᆞ여시니 ᄒᆞᆯ노 몽념의 죽으미 엇지 왕쟈의 옷 밧기ᄅᆞᆯ 기ᄃᆞ리랴. ᄒᆞ믈며 몽념이 엇지 ᄆᆡᆼ강의 원쉬리오. ᄆᆡᆼ강이 만일 몽념을 원슈로 알아 무죄ᄒᆞᆫ 신하ᄅᆞᆯ 무함ᄒᆞ야 악역에 ᄲᅡ져 죽게 ᄒᆞ여시면 ᄯᅩ ᄆᆡᆼ강을 어지다 니ᄅᆞ랴. 부인의 셩이 비록 편벽되고 조븨야오나 ᄆᆡᆼ강은 뎡졀이 져러ᄐᆞ시 탁々ᄒᆞ니 몽념이 제 원슈 아닌 줄을 아지 못ᄒᆞ며 ᄯᅩ 엇지 사ᄅᆞᆷ을 암ᄆᆡ히 인도ᄒᆞ야 죽게 ᄒᆞᆯ 니 이시리오. ᄯᅩ ᄒᆞ믈며 몽념이 잡히일 제 손 아래 삼십만 듕병을 가지고 ᄒᆞᆫ ᄉᆞ쟈의게 목숨을 드리미니 만일 몽념으로 ᄒᆞ야곰 죠곰 발호ᄒᆞᆫ ᄯᅳᆺ이 々시면 ᄉᆞ재 와 잡으려 ᄒᆞᆯ 제 ᄒᆞᆫ번 발을 움ᄌᆞ기면 엇지 다만 죽기ᄅᆞᆯ 면ᄒᆞᆯ 분이리오. 황포ᄅᆞᆯ 즉일에 닙어도 금ᄒᆞᆯ 재 업ᄉᆞᆯ 거시로ᄃᆡ 몽념이 々예 ᄀᆞᆯ오ᄃᆡ 죽기ᄅᆞᆯ 직희여 션셰ᄅᆞᆯ 욕지 아니ᄒᆞ노라 ᄒᆞ고 죽기예 나아가기ᄅᆞᆯ 감심히 너겨시니 엇지 무단히 일 녀ᄌᆞ의 ᄭᅬ예 ᄲᅡ져 황포ᄅᆞᆯ 바라시랴. 그 망탄ᄒᆞ미 족히 ᄒᆞᆫ 우슴에 ᄎᆞ지 아니ᄒᆞ더라.[337] (밑줄 필자)

337 강호보, 「상봉록」, 『연행록선집보유(燕行錄 選集 補遺)하편』, 성균관대학교 동아시아학술원 대동문화연구원, 2008, pp. 10~11.

또한 몽념이 맹강의 꾀에 넘어가 억울하게 죽었다는 그림의 내용이 "망탄ᄒᆞ미 족히 ᄒᆞᆫ 우슴에 ᄎᆞ지 아니ᄒᆞ더라."고 비판한다. 맹강과 몽념은 모두 어진 이들인데 아무리 본성이 편벽되고 좁은 여성이라 할지라도 정절이 그리 드높은 이를 몽념이 알아보지 못했을 리 없으며, 몽념 역시 황제가 되고자 하는 욕망을 가졌을 리 없다는 것이다. 이처럼 작자는 자신이 알고 있는 지식과 상식에 근거하여 정녀묘 사적을 비판하고 있다.

『기축연행록』 또한 다른 한글 연행록에 비해 정녀묘에 대한 기록이 매우 간략함에도 불구하고 이러한 구조에서 벗어나지 않는다. 글쓴이는 정녀사를 보고 맹강의 행적을 간단하게 요약하여 전한 다음, 사당 뒤에 있는 바위를 망부석이라고 부르지만 이를 이해할 수 없다는 견해를 피력한다. 남편과 아내가 죽은 곳이 각각 다른데, 망부석이 두 개가 놓인 것이 앞뒤가 맞지 않는다는 것이다.

> 수십 니를 힝ᄒᆞ야 디나ᄂᆞᆫ 길 두드러진 곳의 졍녀ᄉᆞ 이시니 셰상이 뎐ᄒᆞ야 닐오ᄃᆡ 졍녀의 셩은 허오 명은 ᄆᆡᆼ강이니 그 지아비 범낭이 댱셩 역ᄉᆞ의 죽은디라 졍네 ᄎᆞ자 니ᄅᆞ러 그 지아비 죽으믈 듯고 드ᄃᆡ여 통곡ᄒᆞ고 죽으니 훗사ᄅᆞᆷ이 그 짜희 ᄉᆞ당을 셰워 소샹을 두고 ᄉᆞ당 뒤희 바회 이시니 닐오ᄃᆡ 망부셕이라 <u>당시의 긔록ᄒᆞᆫ 바로 더브러 서ᄅᆞ 촌챡티 아니ᄒᆞ니 혹 망부셕이 둘히 이셔 그러ᄒᆞᆫ가 ᄒᆞ며</u>[338]
>
> (밑줄 필자)

정녀묘에 대한 이야기를 자세히 적지는 않았다 하더라도 이 연행

338 이현희, 「己丑燕行錄 卷之五」, 『서울학연구』 13, 서울시립대학교 서울학연구소, 1999, p. 310.

록 역시 자신이 알고 있는 지식 그리고 자신이 생각하는 현실적인 논리에 비추어 맞지 않는 내용에 대해서는 비판적인 언급을 빼놓지 않고 있다.

『을병연행록』에서는 굉장히 자세하게 정녀묘에 대한 설명을 하고 있다. 홍대용은 기존의 열녀전에서 열녀의 행적을 소개하는 것과 유사한 방식으로 정녀묘에 대해 서술하는데, 여기에서도 특징적인 것은 밤낮으로 울어 몸이 돌이 되었다는 이야기는 말이 황당하여 믿기 어렵다는 비판이다.

> 수십 니ᄅᆞᆯ 힝ᄒᆞ야 남편 져근 길노 드러 수 리ᄅᆞᆯ 년ᄒᆞ야 언덕을 올나 망부셕 졍녀묘(貞女廟)의 니ᄅᆞ니, 망부셕이라 말은 지아비ᄅᆞᆯ ᄇᆞ라보ᄂᆞᆫ 돌이란 말이오, 졍녀묘라 ᄒᆞᄂᆞᆫ 말은 졍녈ᄒᆞᆫ 계집의 묘당이란 말이니, 진시황 ᄣᆡ의 텬하 ᄇᆡᆨ셩을 됴발ᄒᆞ야 만니댱셩(萬里長城)을 ᄡᆞᆯᄉᆡ, 십여 년을 ᄆᆞᆺ디 못ᄒᆞ니 죽엄이 ᄉᆡ하의 ᄡᆞ이고 원망이 ᄉᆞᄒᆡ예 ᄆᆞᆺ치이니, 이 ᄣᆡ의 강시 겨집이 이시니, 그 지아비 ᄯᅩᄒᆞᆫ 됴발ᄒᆞᄂᆞᆫ 듕의 드러 집을 ᄯᅥ난 디 십년이 넘으ᄃᆡ 쇼식이 ᄭᅳ처디니, 강시 그 도라올 긔약이 업ᄉᆞ믈 슬허하야 어린 ᄌᆞ식을 잇글고 수쳔 니 고초ᄅᆞᆯ 도라보디 아니 ᄒᆞ야 이곳의 니ᄅᆞ러 그 지아비ᄅᆞᆯ ᄎᆞ즈니 그 지아비 임의 죽엇ᄂᆞᆫ디라. 강시 셜우믈 이긔디 못ᄒᆞ야 이 돌 우히 올나 듀야(晝夜)로 우러 인ᄒᆞ야 죽다 ᄒᆞ고,
>
> 혹 닐오ᄃᆡ, <u>이곳의셔 듀야로 우더니 홀연이 몸이 화(化)ᄒᆞ야 돌이 되다 ᄒᆞ니, 그 말이 황당ᄒᆞ야 밋기 어려오ᄃᆡ, 대강 졍녈ᄒᆞᆫ 계집의 ᄉᆞ적이 잇ᄂᆞᆫ 곳이라.</u> 일노 인연ᄒᆞ야 그 돌 압ᄒᆡ 묘당을 디어 강시 졍절을 표ᄒᆞᆷ이라……
>
> <u>이거ᄉᆞᆫ 강시의 만고졍절(萬古貞節)과 문텬샹의 두 귀 필적(筆跡)이 텬하 만셰의 안해 된 겨집과 신하된 남ᄌᆞ의 거울이 되암즉 ᄒᆞ더라.</u>

> 내 소샹 압히 나아가 두번 절ᄒᆞ고 물너나니, 왕개 ᄯᅩᄒᆞᆫ 드러와 돈 ᄒᆞᆫ 쟈오를 탁ᄌᆞ 우희 노코 여러번 절ᄒᆞ니, 왕가ᄂᆞᆫ 무식ᄒᆞᆫ 인물이라 뎡녀의 ᄉᆞ젹을 아디 못ᄒᆞ고, 다만 ᄉᆞ망일기를 구ᄒᆞᄂᆞᆫ 거동이니 극히 우습더라.[339] (밑줄 필자)

이처럼 홍대용은 정녀에 대한 전통적인 해석을 따르기는 하지만 망부석에 대해서는 허황된 이야기라고 비판한다. 또한 자신은 정녀에 대해 잘 알고 있어 "소샹 압히 나아가 두번 절"하는 예를 표했으나 동행한 "왕가ᄂᆞᆫ 무식ᄒᆞᆫ 인물이라 뎡녀의 ᄉᆞ젹을 아디 못"한다며 열녀에 관한 지식을 과시한다. 홍대용은 정녀의 이야기를 기록하면서 그에 대한 당대의 평가를 전달하고 강조하는 것이 아니라, 타인은 모르고 자신은 알고 있다는 사실을 기록한다는 것이다. 즉, 그에게 기록으로 남길만한 내용은 정녀에 대한 보편적인 지식이 아니라 정녀에 대한 자신의 개인적인 견문과 감상이다.

『휴당연행록』의 가장 큰 특징은 사당 곳곳에 쓰인 정녀에 관한 찬시의 작자와 필체에 대해 언급하고 있는 점이다.

> 사당 가온대 글 ᄒᆞᆫ 귀을 붓쳐 왈 진황제ᄂᆞᆫ 어대 잇ᄂᆞᆫ고 만니장셩에 원을 무덧도다. ᄒᆞ엿시니ᄂᆞᆫ 만역 임ᄌᆞ에 왕치즁이 쓴 글시오 젼면 현판에 금ᄌᆞ로 방뉴 뇨슈라 ᄒᆞ여시니 이ᄂᆞᆫ 건늉의 친필이오 문밧 기동에 경절쳐풍이라 쓴 글시ᄂᆞᆫ 과친왕에 친필이니 필법드리 다 활동ᄒᆞ여 무비체 바담즉ᄒᆞ고 동셔벽에 건늉의 제ᄉᆞᄌᆞ와 제뉵ᄌᆞ의 글시와 글리 붓터시니 다 범샹치 아니ᄒᆞ고 사당 후면 망부셕은 그리 놉지 아니ᄒᆞ나 북으로 가이 장셩을 바라보고 남으로 죡히 발히를 굽

339 홍대용, 「을병연행록」 권지2, 한국학중앙연구원 장서각본, pp. 126~128.

> 어 뵈니 강녀의 승강ᄒᆞ던 발ᄌᆞ옥이 지금 완연ᄒᆞ고 젼면에 망부셕 ᄉᆞᆷᄌᆞ를 사겨시니 이ᄂᆞᆫ ᄐᆡᆨ원 ᄇᆡᆨ휘의 글이오. 그 겻희 ᄯᅩᄒᆞᆫ 글을 사겨시니 ᄒᆞ여시되 쳐〻 죄션ᄒᆞᆫ 바ᄅᆞᆷ이 우무즈러진 남긔 부로지즈니 오히려 슬푼 소ᄅᆡ을 지어 낭ᄌᆞᄒᆞᄂᆞᆫ도다. 쳔고에 ᄆᆞ음 업시 졀의를 자랑ᄒᆞ고 일신의 다만 쥬그미 이셔 강상을 위ᄒᆞ엿도다. ᄒᆞ엿더라. 졍즁에 삼좌셕비가 이시니 ᄒᆞ나 만역 십이년에 세우고 ᄒᆞ나은 만역 이십ᄉᆞ년에 즁슈ᄒᆞᆫ 거시오. ᄒᆞ나은 강희 팔녀에 즁슈ᄒᆞᆫ 거시니 다 그 ᄉᆞ젹을 긔록ᄒᆞᆫ 거시로대 ᄎᆞᆼ금ᄒᆞ여 ᄌᆞ세이 못보고 묘 셔편에 ᄯᅩ 집을 짓고 관셰음 삼불을 위ᄒᆞ고 ᄯᅩ 져근 ᄲᅮᆯ 슈십을 안쳐시며 좌우 낭각도 여러 간이니 이 젼은 죠고만 집일너니 건늉 심양 거동길의 역님ᄒᆞᆫ 후로 이리 ᄉᆞ려ᄒᆞ게 ᄭᅮᆷ이고 힝궁을 ᄯᅩ 지어시니 알오사긴 창호와 영농ᄒᆞᆫ 치식이 비록 만이 퇴븨ᄒᆞ여시나 오히려 샤가여셔ᄂᆞᆫ 나은지라.[340] (밑줄 필자)

글쓴이는 정녀를 기리는 수많은 글들이 누구의 것이며 그것이 각각 어떠한 가치를 갖는가에 대해 서술한다. 이처럼 다른 한글 연행록에 비해 매우 자세하게 정녀에 대한 비문을 소개하고 해설하는 것을 보면 필자는 현판이나 비석에 새겨진 한시의 필체와 내용을 읽고 해석하는 것을 굉장히 중시하며, 그에 관한 자신의 지식을 상세히 전달하는 것에 큰 의의를 두고 있음을 짐작할 수 있다.[341]

『무오연행록』의 서술자는 맹강이 남편 범랑의 해골을 등에 지고 바다에 빠졌다는 이야기와 서서 돌이 되었다는 이야기를 모두 적은 뒤에 어느 말이 옳은 줄 모르겠다는 의견을 내놓는다.

340 이계호, 『연행록』 券之二, 고려대학교도서관본, pp. 104~106.

341 이는 이 한시들을 읽고 해석할 수 있는 능력이 휴당에게만 있었다는 의미가 아니라, 당대의 연행사들에게 '기록할 만한 가치가 있는 것'이 제각기 달랐다는 사실을 뜻한다.

장ᄃᆡ(將臺)의셔 팔 니ᄂᆞᆫ 힝ᄒᆞ여 강녀묘의 니르니 부ᄉᆡ 맛당이 니르신가 ᄒᆞ여 내 ᄯᅩᄒᆞᆫ 드러가니 부ᄉᆞᄂᆞᆫ 바로 슉소의 향ᄒᆞ엿더라 묘당(廟堂) 디형이 평디의 올연(兀然)히 놉흔 바회 삼기고 묘당을 그 우희 지어시니 먼리 ᄇᆞ라보ᄆᆡ ᄯᅩᄒᆞᆫ 안계(眼界) 활연(豁然)ᄒᆞ더라 묘당 알ᄑᆡ 비예 대강ᄒᆞ여시ᄃᆡ 진(秦)나라 ᄯᅢ의 동관(東關) ᄶᅡ히 위ᄐᆡᄒᆞᆫ지라 칠낭이란 사ᄅᆞᆷ이 뇨동의 ᄊᆞ라 셩을 ᄡᅡ더니 오ᄅᆡ 도라가지 못+ᄒᆞ엿거ᄂᆞᆯ 그 안ᄒᆡ 셩은 허시(許氏)오 일홈은 ᄆᆡᆼ강(孟姜)이니 이곳의 ᄎᆞᄎᆞ 니ᄅᆞ러 지아비 죽은 쥴을 알고 그 ᄒᆡ골을 어더 등의 지고 바다ᄒᆡ ᄲᅡ지다 ᄒᆞ며 ᄯᅩ 니로ᄃᆡ 바다ᄒᆡ 셰 셕인(石人)이 이시ᄃᆡ ᄒᆞ나흔 셔고 ᄒᆞ나흔 누어시니 션 거ᄉᆞᆫ 곳 졍녀(貞女)요 ᄯᅩᄒᆞᆫ 그 무덤이 잇다 ᄒᆞ고 ᄯᅩᄒᆞᆫ 비의 ᄒᆞ여시ᄃᆡ 허ᄆᆡᆼ강의 지아비ᄂᆞᆫ 범낭이라 ᄒᆞ여시니 어ᄂᆞ 말이 올흔 쥴을 모ᄅᆞᆯ너러라 ᄒᆞ여시니 묘 안의 녀ᄌᆞ의 소샹이 곳 ᄆᆡᆼ강이라 탁ᄌᆞ의 거러 안즌 형샹이라 머리의 반포(半布) ᄀᆞᄐᆞᆫ 비단으로 두건을 ᄆᆡᆼ그라 ᄡᅥ시며 몸의 ᄇᆡᆨ능(白綾) 옷ᄉᆞᆯ 닙엇고 ᄒᆞᆫ 손은 무릅흘 집흔 거동이오 얼골이 옥 ᄀᆞᄐᆞᄃᆡ 눈을 드러 먼ᄃᆡᄅᆞᆯ ᄇᆞ라보며 입을 비져셔 울고져 ᄒᆞᄂᆞᆫ 모양이라 사ᄅᆞᆷ으로 ᄒᆞ여금 ᄎᆞᆷ연(慘然)ᄒᆞ게 ᄒᆞ엿더라 알ᄑᆡ 두 동ᄌᆡ 뫼셔시니 좌편 동ᄌᆞᄂᆞᆫ 손의 우산(雨傘)을 가지고 우편 동ᄌᆞᄂᆞᆫ 각ᄃᆡ(角帶)ᄅᆞᆯ 드러시ᄃᆡ 아국(我國) 제도와 흡ᄉᆞᄒᆞ니 이ᄂᆞᆫ 다 졍녀의 ᄌᆞ식인가 시브더라 우산은 먼길을 오ᄂᆞᆫ 거동이오 각ᄃᆡᄂᆞᆫ 범낭의 샹시 ᄯᅴ던 거ᄉᆞᆯ 가지고 오ᄂᆞᆫ 거동을 샹ᄒᆞᆫ 거시러라[342] (밑줄 필자)

이처럼 정녀묘에 대한 연행사의 기록에서 특이한 점은 그것이 사대부들이 남긴 기록임에도 열녀의 절의보다는 전설의 사실성 혹은 사적의 합리성에 초점이 맞춰져 있다는 사실이다. 이들은 눈에 보이는

342 서유문, 『무오연행록』 券之六, 임기중, 『연행록전집』 64, 동국대학교 출판부, 2001, pp. 289~291.

사물들이 자신이 알고 있는 지식이나 상식에 얼마나 부합하는가를 평가한다. 그리하여 연행록에 나타난 '글쓴이의 평가(감상)' 부분의 내용은 열녀전의 논평과 구별되는 것이다. 열녀전의 논평이 객관적이고 공식적이라면, 연행록의 이 부분은 주관적이고 사적인 평가를 담고 있다고 하겠다.[343]

정녀묘를 대하는 18세기 연행사들의 이와 같은 태도를 통해 알 수 있는 사실은 이 시기 한글본 연행록에서 열녀를 대하는 관념적 독서에 반하는 움직임이 일어났다는 점이다. 조선의 지식인들에게는 열녀의 행적을 대하는 정형화된 틀이 존재했다. "주어진 상황 하에서 문학텍스트를 판단하기 위하여 독자들이 사용하는 기준"[344]이라고 할 수 있는 기대지평을 18세기 연행록의 작자와 독자들은 공유하고 있었다. 이 기대지평 안에서 열녀전의 독서는 독자의 감각이 아닌 인식적 능력에 의존하여 이루어졌다. 다시 말해서 열녀전을 읽는 이들은 현실 세계가 아니라 문헌상으로 접할 수 있는 "선행하는 텍스트"를 통해 열녀의 삶을 이해했다.[345] 『삼강행실도』에 실린 조선 여성의 삶은 같은 책에 실린 중국 여성의 삶, 그리고 『여사서』 혹은 『고열녀전』과 같은 당대에 널리

343 또한 18세기 이전의 연행록에 기록된 정녀묘 견문 기록과도 이러한 비교가 가능하다. 16~17세기 연행록의 맹강녀 관련 기록들은 대체로 전하는 이야기를 옮기는 정도라면 18세기는 여기에 "믿기 어렵다" "심히 황당하다" 등의 평가가 더해짐을 알 수 있다(김철, 앞의 글, 163~165면 참조). 이를 "괴력난신"을 말하지 않는 유가의 전통에 맥이 닿아있는 것이라고 볼 수도 있으나, 열녀전의 내용이 모두 사실적이고 이성적이라고만 볼 수 없으며, 유독 18세기 이후의 연행록에서 이러한 비판을 찾아볼 수 있다는 점에서 이를 18세기 연행록의 한 특징이라고 말할 수 있을 것이다.

344 레이먼 셀던·피터 위도우슨·피터 부루커, 『현대문학이론』, 정정호 외 옮김, 경문사, 2014, p. 171.

345 조현우, 『고전서사의 허구성과 유가적 사유』, 보고사, 2007, pp. 48~49 참조.

읽힌 열녀전 속 열녀들의 삶과의 관련 속에서 의미를 부여받는다. 그러므로 열녀전의 독서는 "'권위'를 가진 선행 텍스트"들을 바탕으로 이루어진다고 할 수 있다.

반면에 연행사들이 실제로 정녀묘에서 보고 느낀 것은 이와 같은 관습적 해석, 즉 기대지평을 벗어난 것이었다. 연행사들은 허맹강의 삶을 전고 속 열녀들의 삶이 갖는 의미라는 측면에서 읽고 기록하지 않는다. 이들은 그곳에 있는 망부석의 모습이, 사당 벽에 걸린 그림이, 전해오는 이야기가 얼마나 비현실적인가, 혹은 논리에 닿지 않는가와 같은 문제들에 주의를 기울인다. 또는 그곳에 적혀있는 글귀나 시가 누구의 것인지 알아내고 평가하며 그러한 사실을 알고 있는 자신의 지식을 뽐낸다.

열녀전을 읽고 해석하던 이들의 기대지평 속에, 상호텍스트의 세계 안으로 '현실의 논리'가 개입하기 시작하는 것이다. 이들은 열녀의 삶을 읽고 이해하기 위해 더 이상 선행 텍스트 또는 전고를 알아야 할 필요가 없다. 18세기 한글 연행록의 정녀묘 견문 기록은 선행 텍스트가 아닌 개인의 경험과 지식에 의존하여 열녀의 사적을 읽고 이해하는 것을 보여준다는 점에서 특징적이라고 할 수 있다.

3. 맥락의 부재와 '두려운 낯설음'의 경험: 18세기 한글본 연행록의 천주당 견문 기록을 중심으로

18세기 연행록에는 대부분 북경의 '천주당'을 다녀온 기록이 남아 있다. 천주당은 당시 조선인들이 서양 문물을 접할 수 있는 거의 유일한 장소였기에 천주당 방문 기록은 서양에 대한 조선 연행사들의 인식을 읽어낼 수 있는 자료로 중요하게 다루어졌다. 역사학뿐만 아니라 미술 분야에서도 연행사들의 천주당 방문 기록은 관심의 대상이었고 연행사들이 놀란 서양화의 사실성이 조선 후기 회화의 사실적인 묘사에 큰 영향을 미쳤음을 주장한 연구도 있다.[346] 지금까지 연행사들의 천주당 방문은 조선인들이 서양의 학문과 종교에 대해 상반되는 입장을 취했다는 점, 그리고 서양화의 사실적인 기법이 조선의 시각장을 변화시켰다는 점 등의 의미를 갖는 것으로 평가받았다.

본 장에서는 천주당 견문 기록을 통해 당시 연행록의 작자가 무엇을 기록할 만한 것으로 여겼는가, 그리고 그 기록이 어떠한 독서 방식을 유도하는가를 검토하고자 한다. 정녀묘에 대한 기록이 사물을 재현하는 방식의 변화된 양상을 읽을 수 있게 해주었다면, 천주당 견문기

346 "북경 천주당은 예수회 선교사들의 거처로 천주당을 찾은 조선의 지식인들에게 있어 이들 예수회 선교사들과의 만남은 서구 신문물은 물론 세계로 시야를 넓힐 수 있는 계기가 되었다. 특히 천주당 서양화는 17세기 말 이후 연행사절에게 빼놓을 수 없는 奇觀으로 꼽힐 정도로 큰 관심을 유발하였고, 그들이 천주당을 통해 조선에 들여온 서양화는 조선 후기 회화의 구도나 채색에서 입체적이고 사실적인 묘사에 큰 영향을 미쳤다." 정은주, 앞의 글, p. 158.

는 대상을 읽어내는 새로운 태도를 짐작할 수 있게 해 줄 것이다. 그 결과 18세기 한글 연행록의 독서 행위가 이전의 독서와 어떻게 구분되는가를 알 수 있을 것이다. 이를 위해서 본고에서는 특히 천주당 회화에 대한 사신들의 반응에 주목해 보겠다.

먼저 한글본 연행록 가운데 가장 먼저 천주당 견문 기록을 서술하고 있는 노가재『연행일긔』의 해당 부분을 살펴보겠다.

> 문안에 이르러 동쪽을 향하여 바라보니 쇠로 만든 종이 하나 있는데, 높이가 인가에 우뚝 솟아났다. 이것은 천주대였다. 일찍이 신지순의 말을 들으니 홍우정을 따라가 보았다고 한다. 외면에는 천주대 3자를 편액에 썼고, 문안에 대가 있는데 그 높이는 3~4장이며, 남쪽에 한 홍예문이 있었다. 그 안에 들어가니 북쪽 벽에는 소상 하나가 걸려 있는데, 그 사람은 머리를 풀어헤치고 어깨를 내어놓았으며, 화주를 쥐고 있는데 얼굴은 살아 있는 듯했다. 그 위에 천지진주 4자와 경천 2자를 썼는데, 곧 황제의 필적이었다. 좌우의 벽에는 각기 상 하나씩을 걸었는데, 그 모습은 모두 북벽에 그려진 것과 같았다.[347] (밑줄 필자)

위의 예문을 보면『연행일긔』의 작자는 소상 속에 머리를 풀어헤치고 어깨를 드러낸 인물이 누구인지도 모를 정도로 천주교에 대한 지식이 없었던 것을 알 수 있다. 하지만 노가재의 연행록에서 작자가 그 인물에 대해 어느 정도 알고 있는가는 그리 중요하지 않은 것 같다. 그에게는 자신의 눈앞에 있는 그림이 살아있는 인물 같다는 감탄이 의미

347 김창업, 「연행일기」, 『국역 연행록선집』 Ⅳ, 민족문화추진회, 1986, 376면. 김창업의 「연행일긔」(한글본)에는 해당 부분이 현재 전하지 않는다. 이에 한문본 「노가재연행일기」의 번역문을 인용하였다. 한글본과 한문본이 모두 전하는 부분을 비교해본 결과, 내용면에서 큰 차이가 없기에 한문본을 인용하였음을 밝힌다.

있을 뿐이며, 그가 기록하고자 하는 것도 바로 이와 같은 감상이기 때문이다.

『상봉록』에는 천주당이 언제 어떻게 생겼는지를 설명하는 내용이 비교적 자세하게 기록되어 있다. 하지만 이번에도 작자가 그보다 더 자세하게 서술하고 있는 것은 천주당에 그려진 그림을 보고 자신이 얼마나 당황했는가이다.

> 셩 남문이러라 ᄯᅩ ᄉᆞ오 리를 힝ᄒᆞ야 텬쥬당의 니ᄅᆞ니 텬쥬당이 도셩 남편 셋재문 션무문 안희 잇ᄂᆞᆫ지라 슌치 초년의 셔양국 사ᄅᆞᆷ 탕약망이 드러와 이 집을 지어 귀신을 밧들고 도를 닥ᄂᆞᆫ 고ᄌᆞᆯ ᄆᆞᆫᄃᆞ니 그 후로브터 셔양 ᄒᆞᆨᄉᆞ와 밋 화공과 슐ᄉᆞ 모든 사ᄅᆞᆷ이 서ᄅᆞ 니어 와 은총을 닙어 벼슬ᄒᆞ야 지금 ᄭᅳᆫ치지 아니ᄒᆞ엿다 ᄒᆞ니 셔양국은 곳 구라파국이니 그 셔희 밧긔 잇ᄂᆞᆫ 고로 ᄡᅥ 듕국 사ᄅᆞᆷ이 셔양이라 일ᄏᆞᆺᄂᆞᆫ지라…
>
> 텬쥬당이 거의 수십 간이로ᄃᆡ 들보를 업시 지엇고 간마다 ᄉᆞ벽의 다 무지게 형상을 ᄆᆞᆫᄃᆞ라 그 안흘 깁게 ᄒᆞ고 그 안희 귀신과 부텨를 그리고 그 우희 각々 그 일홈을 ᄡᅥ시되 그 그림이 다 뉴동ᄒᆞ고 발월ᄒᆞ야 졍신이 살아 움ᄌᆞ기ᄂᆞᆫ ᄃᆞᆺᄒᆞ야 엄연히 ᄎᆞᆷ사ᄅᆞᆷ ᄀᆞᆺ고 븍벽 가온대 간의 텬쥬 신샹을 그리고 셔벽 ᄒᆞᆫ 간의 ᄒᆞᆫ 고은 부녀를 그려시되 니러셧고 머리 ᄡᅱ온 거시 ᄂᆞ려져 손으로ᄡᅥ 그 터럭을 쥐여시니 더옥 핍진ᄒᆞ야 그림에 사ᄅᆞᆷ인 줄 ᄭᆡᄃᆞᆺ지 못ᄒᆞ리러라 당 가온대 아롱진 탁ᄌᆞ와 ᄎᆡᄉᆡᆨ 기동이 쳠의ᄂᆞᆫ 화반셕이라 ᄒᆞ얏더니 손으로 글거본 후의야 비로소 그림이 그러케 ᄒᆞ엿ᄂᆞᆫ 줄을 알너라…
>
> ᄉᆞ벽의 산슈와 누ᄃᆡ와 인물과 화초와 금슈를 그려시되 그 々림이 말노ᄡᅥ 형용키 어려온지라 대개 멀니셔 ᄇᆞ라본즉 사라 움ᄌᆞ기고 변환ᄒᆞ야 옴기여 공듕의 잇ᄂᆞᆫ ᄃᆞᆺᄒᆞ야 집이 간々이 ᄯᆞ로 나 버려 세온 ᄃᆞᆺᄒᆞ고 사ᄅᆞᆷ이 ᄯᆞ로 각々 버러 안즌 ᄃᆞᆺᄒᆞ고 초목금슈 온갓 거시 다 그

> 러ᄒᆞ더니 나아가 ᄉᆞᆯ펴본즉 이예 ᄇᆞ친 그림이러라 셰상이 니ᄅᆞ되 셔양국 그림이 신긔로온 품이라 ᄒᆞ미 대개 이러홈으로ᄡᅦ어니와 날노ᄡᅧ 보건대 사ᄅᆞᆷ도 요괴 잇고 금슈도 괴이ᄒᆞᆫ 거시 잇ᄂᆞ니 ᄌᆡ조도 ᄯᅩᄒᆞᆫ 그러ᄒᆞ미 잇ᄂᆞᆫ지라 그 〻림이 진실노 ᄉᆞᆱ에 군말ᄒᆞᄂᆞᆫ 것과 귀신의 변환ᄒᆞᄂᆞᆫ 것 ᄀᆞᄐᆞ야 가히 아지 못ᄒᆞ니 진짓 요괴옛 ᄌᆡ죄라 니ᄅᆞ리니 셔양 인품과 텬쥬 도술을 이예 ᄯᅩᄒᆞᆫ 가히 ᄒᆞᆫ 모흘 두루혀 알니러라
>
> …
>
> 셔양인의 잇ᄂᆞᆫ 방으로 드러가ᄂᆞᆫ 듕문 ᄒᆞᆫ ᄧᅡᆨ에 먹으로 개ᄅᆞᆯ 그려시되 듕문의 반만 나와 ᄌᆞᆺᄂᆞᆫ 형상을 ᄒᆞ여시니 일힝이 다 진짓 개로 아라다가 갓가이 본 후에 그림인 줄을 알고 다 대쇼ᄒᆞ더라[348] (밑줄 필자)

글쓴이는 천주당의 그림이 정신이 살아 움직이는 듯하고, 눈에 보이는 부녀의 모습이 너무나도 핍진하여 그림 속 사람인 줄을 몰랐다고 감탄한다. 사람뿐만 아니라 탁자와 기둥 그리고 초목금수의 그림 또한 손으로 만져본 후에야 그림이라는 것을 알 정도라고 하면서 서양인들이 귀신의 재주를 가졌다고 평한다. 또한 이러한 반응은 글쓴이 자신뿐만 아니라 함께 구경 간 일행들에게서도 볼 수 있다며 일행 모두가 그림 속 개를 실제 개로 속은 일화를 적고 있다.

홍대용 또한 자신이 그림인 줄을 모르고 속았던 일을 옮겨 적으며 그림 속 인물들이 아무리 보아도 산 사람 같다고 감탄한다.

> "이ᄂᆞᆫ 진짓 문이 아니라 담에 그림을 그려 구경ᄒᆞᄂᆞᆫ 사ᄅᆞᆷ을 ᄌᆡ조ᄅᆞᆯ 뵈려홈이라."ᄒᆞ거ᄂᆞᆯ, 내 고이히 넉여 두어 거름을 나가 보니, 과연 담

348 강호보, 「상봉록」, 『연행록선집보유(燕行錄 選集 補遺) 하편』, 성균관대학교 동아시아학술원 대동문화연구원, 2008, pp. 173~176.

에 그림이오, 진짓 문이 아니라. 이만 보아도 셔양국 그림 ᄌᆡ조를 샹샹ᄒᆞᆯ 일이러라.…좌우 바람(바람벽)의 산슈와 화초 인물을 ᄀᆞ득히 그려시ᄃᆡ 다 진짓 형상이오. 공듕에 드러나니 수 보를 물너나면 죵시 그림인 줄을 밋디 못ᄒᆞᆯ디라. 사ᄅᆞᆷ의 ᄉᆡᆼ긔(生氣)와 안뎡(眼睛:눈동자)이 산 사ᄅᆞᆷ의 거동이라, ᄎᆞ마 갓가이 가디 못ᄒᆞᆯ 듯ᄒᆞ고, 놉흔 바회예 폭포 ᄂᆞ리ᄂᆞᆫ 거동은 의연이 소ᄅᆡ를 드ᄅᆞ며 오시 저즐 듯ᄒᆞ고, 셩우히 외로온 ᄂᆡ와 수풀 가온ᄃᆡ 층층ᄒᆞᆫ 누각이 아모리 보아도 벽상의 진짓 경계를 베픈 듯 ᄒᆞ더라.

두편 바람벽에 우층은 화샹이오, 아ᄅᆡ층은 다 온갓 누각과 인물을 그려시ᄃᆡ, ᄎᆡ식과 긔물이 텬연ᄒᆞ고 이샹ᄒᆞᆯ ᄲᅮᆫ 아니라, 인물의 졍신이 두어 간을 물너시면 아모리 보아도 그림으로 알 길히 업더라.

바람[바람벽]의 가득ᄒᆞᆫ 그림은 더욱 니샹ᄒᆞ야 인물과 왼갓 물샹이 두어 보를 물너시면 아모리 보아도 그림인 쥴을 ᄭᆡ치지 못ᄒᆞᆯ너라.…셔편 협문을 나가니 왕가 문 우흘 가라쳐, 보라 ᄒᆞ거ᄂᆞᆯ, 도라보니 문우히 ᄉᆞ름 ᄒᆞ나히 무슴 고히ᄒᆞᆫ 짐ᄉᆡᆼ을 걸터 안ᄌᆞ거ᄂᆞᆯ, 마음의 놀납더니 압희 나아가 ᄌᆞ시 ᄇᆞ라보니 진짓 ᄉᆞ름이 아니고, 또ᄒᆞᆫ 그림을 거러 ᄉᆞ름의 눈을 놀나게 ᄒᆞᆷ일너라.[349] (밑줄 필자)

홍대용은 그림 속 사람의 눈동자가 산 사람의 그것과 같아 차마 가까이 가지 못할 것 같다고 하면서, 사람도 물건도 그림에서 몇 걸음 떨어져서 보면 그림인 줄을 알지 못할 정도로 실재와 유사하다면서 놀라움을 적고 있다.

ᄀᆞᆺ가이 가 보니 다 진 형용이오 그림그린 거시며 또 한편의 운제를 놉게 ᄒᆞ여 누샹으로 올나가대 난간을 ᄒᆞ엿거ᄂᆞᆯ 샹층을 보쟈 ᄒᆞ

349 홍대용, 「을병연행록」, 한국학중앙연구원 장서각본, 281~287면(권지4), pp. 403~404(권지5).

고 향ᄒᆞ여 나아가니 그도 그림이오 또ᄒᆞᆫ 벽의 사ᄌᆡ를 그려 대족ᄌᆞ를 ᄉᆞᆷ여 드리워시되 묏독이를 ᄆᆡᆫ드러 좌우에 셰 곳식 누른 고즌 족ᄌᆞ가 벽의 붓고 눌니이지 아니ᄒᆞᆫ 편은 듧더 벽의 닷치 아니ᄒᆞ여시니 연ᄒᆞ여 속은 ᄉᆞᆺ치라 여러이 안져 의논ᄒᆞ되 져것슨 분명 그림이 아니라 ᄒᆞ고 셔로 나기ᄉᆡᆨ장 정ᄒᆞ고 겻희 가 손으로 만져 보니 그것도 참거시 아니니 화법은 고ᄉᆞᄒᆞ고 ᄎᆡᄉᆡᆨ을 엇지 쳐 원근 심졍이 획획이 분명ᄒᆞ여 디쳑의 보아도 진가를 분간치 못ᄒᆞ게 그렷ᄂᆞᆫ고 신통신통ᄒᆞ더라 갈길이 총총ᄒᆞ고 일셰가 점점 느져가기 쥬인은 다리고 뎡당의 드러가니 이 집은 과연 소문과 ᄀᆞᆺ트여 토목을 드리지 아니ᄒᆞ고 져녀 푸른 돌노 지은 집이니 극히 놉고 너른ᄃᆡ 뎨도가 더옥 거로ᄒᆞ여 비ᄒᆞ건ᄃᆡ 쳬박ᄉᆡ 여ᄉᆞᆺ슬 뉵모의 마초아 노은 것 ᄀᆞᆺ치 지어 안으로 들보가 업고 밧그로 츈여가 업셔 안ᄑᆞᆺ기 ᄉᆞ면이 다 둥그러 기동과 셕ᄀᆞ리 ᄒᆞ나이 업고 네 벽과 반ᄌᆞ의 어룡을 봉황과 셔리여 그리고 흑을 다 도도삭이고 왼ᄀᆞᆺ 완호지물을 무슈이 버려시니 친히 가손으로 만져보기 젼은 지쳑의셔도 그림인 줄 몰나보며[350]

쳣 번 볼 제ᄂᆞᆫ 소상만 너겻더니 갓가이 간 후의 그 그림인 쥴을 ᄭᆡ치니, 년긔 삼십 셰 남즉ᄒᆞᆫ 계집이오, 얼골 빗치 누ᄅᆞ고 눈두덩이 심히 검프ᄅᆞ니 이ᄂᆞᆫ 샹해 눈을 칩써 그러ᄒᆞᆫ가 시부고, 닙은 거슨 ᄉᆞᄆᆡ 너른 긴 옷시로ᄃᆡ 옷 쥬름과 셥히 인 거시요 연ᄒᆞ야 움즉일 ᄃᆞᆺᄒᆞ니 텬하의 이샹ᄒᆞᆫ 화격이오
…인물의 정신이 두어 간을 둘너셔 보면 아모리 보와도 그림으로 알 길이 업시니 기괴황홀ᄒᆞ야 오ᄅᆡ 셔시ᄆᆡ ᄆᆞ음이 셧거워 됴치 아니터라.[351] (밑줄 필자)

350 이계호, 『연행록』 券之五, 고려대학교도서관본, pp. 25~26.

351 서유문, 「무오연행록」, 임기중, 『연행록전집』 62, 동국대학교 출판부, 2001, pp. 359~360.

『휴당연행록』에서는 그림인지 실재인지를 두고 일행들이 서로 내기까지 벌이며, 『무오연행록』도 다른 연행록과 마찬가지로 서양화의 인물들이 움직일 것만 같다고 적고 있다. 이처럼 연행사들은 모두 서양의 회화를 그림인 줄 짐작조차 하지 못할 만큼 실재와 흡사한 것으로 느끼고 있다.

위에서 검토한 바에 따르면 한글본 연행록의 작자들이 공통적으로 기록한 것, 즉 이들이 독자에게 전달하려는 메시지는 천주당의 그림이 아니라 자신의 놀라움과 감탄이다. 연행사들은 천주당의 초상화를 보며 "얼굴은 살아 있는 듯했다."라는 말을 가장 많이 한다. 이들은 자신이 살아있는 사람을 본 것 같았다는 놀라움, 즉 작자 개인의 미적 체험을 전달하는 데에 주력한다.

앞서 정녀묘의 경우 작자와 독자는 모두 정녀에 대한 공통의 기대지평을 가지고 있었다. 물론 실제로 18세기 한글본 연행록에 기록된 정녀에 대한 이야기는 그 공통의 기대지평과는 다른 방식으로 쓰였지만, 당대인들에게 정녀묘를 읽어내던 관습적인 방식이 존재했던 것은 분명하다. 하지만 천주당 벽에 걸려있는 회화를 본 연행사들에게는 그 그림을 읽어낼 어떠한 기대지평도 존재하지 않았다. 이들은 그 그림을 묘사하기 위해 참고할 다른 전고나 선행 텍스트를 전혀 갖추지 못한 상태였다. 때문에 이들은 천주당의 그림들을 보고 자신의 감상만을 기록할 수 있을 뿐이었다.

이전 시기에 연행사들이 보았던 자연과 사물은 중국 역사 속 특정 장소와 인물의 이야기로 환원되었다. 그리고 이러한 작자와 독자의 의사소통이 가능할 수 있었던 공통의 맥락은 경전의 세계였다. 그러나 천주당의 그림을 이해하는 데에 연행사들이 가지고 있던 지식은 어떠한 해석의 맥락도 제공해줄 수 없었다. 천주교 성화는 모두 성서의 내용을 토대로 이야기 세계를 재현한 것들이다. 하지만 연행사들은 그 그림 속 예수나 마리아를 그저 자신들과 같은 현실 속 사람들로 볼 뿐이었다. 그리고 이들은 자신과 같은 인간이 그림 속에서 살아 숨 쉬듯 재현된 것에 놀라고 당황하여 이를 기록으로 남겼다.

이처럼 상상조차 할 수 없었던 대상을 접한 놀라움의 기록은 18세기 연행록에서만 나타나는 특징이다. 실제로 17세기 연행록에서는 천주당 방문 기록을 찾아볼 수 없으며, 19세기에 아라사관을 방문하는 연행사들은 천주당의 성화를 성서 및 교리와 관련지어 이해하는 모습을 보인다. 다시 말해서 18세기는 이전 시기의 보편적 관념 혹은 이후의 새로운 세계관 어느 것으로도 설명할 수 없는 시선이 등장한 시기임을 연행사들의 기록을 통해 알 수 있다. 이 시기에 천주당 벽에 걸린 회화를 본 작자들은 상상해 보지 못한 대상을 눈앞에 둔 놀라움을 기록하고, 이 놀라움의 기록을 읽은 독자들은 상상할 수 없는 대상을 상상해야만 하는 상황에 놓인 것이다.

이때 연행사들의 주된 반응은 물론 놀라움이지만, 이들의 놀라움이 감탄이라기보다는 당황스러움 또는 거북함과 같은 부정적인 반응에 가깝다는 점에 주목할 필요가 있다. 『상봉록』에서는 서양의 화법을 요괴나 귀신의 재주로 인식한다. 『을병연행록』에서는 그림 속 눈동자가 산 사람과 같아서 차마 가까이 가지 못하겠다고 하면서, 서양화가 천하의 이상한 화격이라고 평한다. 이러한 반응은 『무오연행록』에서도 마찬가지다. 아무리 보아도 그림 같지 않아 오래 서서 보면 마음이 좋지 않다고 적고 있다. 요컨대 연행사들이 천주당의 그림들을 보고 느끼는 감상에는 불쾌하고 기괴한 감정이 섞여 있다.

단순한 놀라움이 아니라 불쾌함과 기괴함을 수반한다는 점에서, 연행사들의 감상을 단순히 서양화의 사실 재현 능력에 대한 감탄으로만 볼 수 없을 것 같다. 다시 말해 연행사들의 불쾌한 감정은 서양인이 사실을 재현하는 뛰어난 재주를 가지고 있기 때문이 아니라, 서양화가 이전에 본 그림들과는 전혀 다른 미적 체험을 가능하게 하기 때문으로 보아야 한다. 그리고 이 전혀 다른 미적 체험은 바로 '두려운 낯설음(uncanny)'의 경험이라 이해하는 것이 보다 적절하겠다. '두려운 낯설음'의 감정은 환상과 현실의 경계가 사라진다거나, 이제까지 공상적인 것으로 여겨졌던 것이 눈앞에 나타난다거나, 어떤 한 상징이 상징하고 있던 사물의 모든 의미와 기능을 그대로 갖추고 나타날 때 흔히 쉽게 발생한다.[352] 즉 이 감정은 분명히 구분되어 있다고 여긴 대상 간의 경계가 갑자기 사라졌을 때, 확실히 알고 있다고 여겼던 대상을 전혀 모르겠을 때 느끼는 감정이다.

두려운 낯설음의 가장 일반적인 예는 "어떤 한 존재가 겉으로 보아서는 꼭 살아 있는 것만 같아 혹시 영혼을 갖고 있지 않나 의심이 드는 경우, 혹은 반대로 어떤 사물이 결코 살아 있는 생물이 아님에도 불구하고 우연히 영혼을 잃어버려서 영혼을 갖고 있지 않은 것이 아닌가 하는 의심이 드는 경우"[353]라 할 수 있는데, 연행사들이 서양화를 보고

352 지그문트 프로이트, 「두려운 낯설음」, 『예술, 문학, 정신분석』, 정장진 역, 열린책들, 2003, pp. 438~439.

353 위의 책, p. 412.

가진 감정이 바로 이것이다. 현실 세계도, 그림 세계도 "실제로는 새로운 것도 낯선 것도 아니고 오히려 정신의 움직임에서는 언제나 친숙한 것"[354]이었지만 이 둘 간의 경계가 무너지는 순간 그림도 현실도 '두려운 낯설음'의 대상이 되어버린 것이다.

천주당에 들어선 연행사들은 벽에 걸린 그림들을 보고 당황한다. 그 이유는 초상화 속 인물이 실제 사람 같기 때문이다. 이전까지 이들에게는 그림과 현실 사이에 뚜렷한 경계가 존재했다. 그림에는 그것이 그림이라는 어떤 지표가 있어서 그것을 현실과 구분해 주고 보는 이로 하여금 안정감을 느끼게 해주었던 것이다. 이들에게는 그림을 읽을 수 있고 해석할 수 있는 공통의 코드가 존재했다. 하지만 천주당에서 본 그림들은 지금까지 그림을 읽고 해석하는 데 사용했던 어떤 코드들로도 읽어낼 수 없는 것이었다. 그렇기 때문에 이들은 그 회화들이 그림인 줄을 모르고 번번이 속을 수밖에 없었다. 연행사들은 자신들이 지금까지 확신했던 세계의 경계들에 의심과 회의를 갖지 않을 수 없었기에 서양화를 보고 불쾌함을 느낀 것이다. 따라서 18세기 한글본 연행록의 천주당 회화에 대한 기록은 바로 작자 자신이 경험한 '두려운 낯설음'의 감정에 대한 서술이며, 18세기 한글본 연행록의 독자들은 작자들이 어떠한 사전 정보도 없이 대상을 마주하고 그에 대해 기록했던 것처럼, 오직 개인적인 상상과 경험에 근거하여 그 경험을 미루어 짐작했으리라고 정리할 수 있을 것이다.

354 위의 책, p. 434.

4. 18세기 한글본 연행록의 문학사적 의의

본고에서는 18세기 한글본 연행록 가운데 정녀묘와 천주당 견문 기록을 검토하여 글쓰기와 독서 방식의 변화 양상을 읽어내고자 했다. 18세기 한글본 연행록의 정녀묘 견문기는 조선 사대부들에게 매우 익숙한 대상이며 텍스트인 '열녀'에 관한 기록이기 때문에, 대상을 읽고 해석하는 방식의 변화를 찾아내기에 비교적 용이할 것으로 보았다. 한편 천주당 견문기는 지금까지 역사적이고 종교적인 관점에서 주로 그 의미를 탐구했기에 문학적 관점에서의 접근이 필요하다고 보고 이를 시도했다.

18세기 그리고 그 이전까지 열녀에 관한 기록과 독서는 일반적으로 전고에 등장하는 열녀의 삶에 근거하여 입전 대상인 열녀의 삶을 평가하고 기리는 방식으로 행해졌다. 비단 열녀의 삶뿐만 아니라 어떤 인물이나 사상 혹은 자연물에 대해 서술한 중세의 텍스트는 보편적인 규범을 담고 있는 전고를 재생산한 것이었으며, 그에 대한 평가 역시 전고를 기준으로 대상을 해석하고 비판하는 방식을 벗어나지 않았다. 하지만 본고에서 검토한 바에 따르면 18세기 한글본 연행록에 기록된 열녀의 삶은, 이와는 다르게 글쓴이의 관점에 근거하여 재조명되었음을 알 수 있었다. 연행록의 작자들은 자신의 관점을 토대로 열녀를 둘러싼 담론들을 읽고 평가하였다. 열녀의 정신보다는 열녀를 기리는 시문에 관심을 갖고 그에 대한 자신의 비평을 기술하거나, 열녀에 관해 전해오는 이야기의 논리적 모순을 지적하거나, 열녀의 뜻을 충분히 이해하는 자신과 그렇지 못한 타인을 비교하여 자신의 우월함을 드러내고자 한 것이다. 이처럼 연행사들의 기록에서는 열녀에 대한 전통적인 관념, 즉 전고마저도 개인적 지식 혹은 관점에 따라 비평의 대상이 되었고, 대체로 큰 의미를 지니지 않았음을 알 수 있었다.

물론 이러한 방식의 글쓰기는 독서 방식에도 영향을 미쳤을 것이다. 다시 말해 열녀에 대한 전통적인 해석이 정녀묘 견문기를 작성하는 데에 커다란 영향을 주지 않은 것과 마찬가지로 독자들 역시 이 텍스트를 읽기 위해 전고를 알아야 할 필요가 없었다는 것이다. 이전까지는 한 편의 글을 읽기 위해 이와 관계된 역사적 사실과 권위 있는 해석들을 반드시 알아야 했다면, 연행록을 읽기 위해서는 대상에 대한 글쓴이의 개인적인 관점과 경험을 이해하는 것으로 충분하다. 연행록의 작자가 전고를 활용하기 보다는 개인의 경험과 관점에 의존하여 글을 썼듯이, 연행록의 독자는 이러한 작자들의 글을 읽기 위해 권위 있는 텍스트의 도움을 받을 필요가 없는 것이다. 그러므로 우리는 글을 쓰고 읽는 것이 개인을 드러내고 개인을 읽는 작업으로 변화하는 것을 18세기 한글본 연행록을 통해 관찰할 수 있다.

18세기 한글본 연행록의 천주당 견문기 또한 이러한 맥락에서 검토가 가능하다. 사실 천주당의 회화들은 어떠한 전고도 마련되지 않은 텍스트로 연행사들 앞에 놓여졌다. 예수나 마리아를 그린 그림을 보았을 때 연행사들은 이들이 누구인지조차 알지 못할 정도로 아무런 사전 지식이 없었다. 다만 재현의 생생함에 놀라고 그것이 그림이었다는 사실에 충격을 받아 이를 기록했을 뿐이다. 앞서 정녀묘 견문기에서 연행사들은 기존의 방식을 따르지는 않았지만 적어도 전통적으로 열녀를 어떻게 읽고 해석했는지는 알고 있었다. 하지만 천주당의 회화는 그것을 참고할 어떤 전고조차 없었으므로 연행사들에게 '두려운 낯설음'의 감정을 불러일으켰다. 천주당 회화에 대한 기록은 자신을 압도한 그 충격일 수밖에 없었으며, 대상에 대한 이와 같은 개인적인 미적 체험의 기록, 그것이 바로 18세기 한글본 연행록에 나타난 천주당 견문기라고 할 수 있다.

그리고 이러한 미적 체험의 기록은 앞서 정녀묘 견문기에서처럼 독서의 개인화와 자연스럽게 이어진다. 개인적인 미적 체험의 기록을 읽은 독자들은 이제 작자의 경험을 추체험하게 된다. 독자들은 중세의 공통 문법에 근거하여 대상을 읽고 해석하는 것이 아니라, 개인적인 경험의 기록을 읽고 경험의 주체와 자신을 동일시하여 그 경험을 자신이 해보았음직한 것으로 미루어 짐작하는 데에서 독서의 의미와 흥미를 찾는다.

물론 연행록이 권위 있는 전고의 재생산 또는 재해석을 위한 것이 아니라 사적인 관점과 경험을 기록하고 그것을 읽기 위한 텍스트라는 사실은 한글본 연행록이 점차 확대되는 것과 밀접한 관련이 있을 것이다. 다시 말해서 18세기에 이르러 한문본 연행록의 한글 번역이 활발해지고, 한글로 연행록을 기록하는 현상이 생겨난 것은 이 시기에 연행록이 전달하려는 주된 메시지가 작자 개인의 경험과 감상이라는 사실과 무관하지 않다. 작자 개인의 생각과 느낌을 읽는 데에 어려운 한문 지식은 필요하지 않으며, 따라서 연행록의 독자층은 자연스럽게 한글 사용자들로 확대될 수 있었다는 것이다.

요컨대 18세기 한글본 연행록은 이처럼 텍스트를 쓰고 읽는 작업이 지극히 개인적인 일로 변화하는 과정과 밀접한 관계를 갖는다. 앞서 18세기가 학문과 예술 등 모든 분야에서 변화의 시기라고 했는데, 본고에서는 특히 문학 분야에서의 변화 양상을 한글본 연행록을 통해 구체적으로 살펴보고자 했다. 그리하여 글쓰기 행위가 개인적인 작업으로 변화하고 그에 따라 독서 또한 개인적인 경험이 된다는 사실을 한글본 연행록 중에서도 특히 정녀묘와 천주당 견문기를 통해 알 수 있었다.

한편 본고에서는 천주당 회화를 보고 연행사들이 느낀 충격을 '두려운 낯설음'[355]으로 설명했다. 그리고 이를 통해 연행사들의 미적 체험은 서양인의 재현 능력에 대한 감탄보다는 현실과 현실의 재현, 즉 실재와 그림의 구분이 불분명해진 데 대한 충격에 가깝다고 보았다. 연행사들이 실재의 재현을 보고 느낀 '두려운 낯설음'의 감정은 분명 우리 문학사에서 특별한 경험으로 자리매김될 수 있을 것이다. 이 감정이 재현 방식, 보다 근본적으로는 재현이라는 관념 그 자체의 변화와 관계되기 때문이다. 지금 우리는 진짜 같은 그림들, 진짜 같은 이야기들을 자연스럽게 보고 읽지만, 본고에서 검토한 연행록의 작자들은 이러한 경험이 당시에 얼마나 낯선 것이었나를 말해 준다. 그러므로 18세기 한글본 연행록은 조선 후기 재현 방식의 변화와 그 변화에 대한 당대인들의 반응을 구체적으로 그려내고 있다는 점에서 의의를 갖는다고 할 수 있다.

---

355 "집과 같이 편안하고 따스한 것이 어느 순간 알 수 없는 비밀처럼 감춰져 있다가 느닷없이 되돌아옴으로써 두렵고 불길한 느낌을 받게 되는 것"을 가리키는 프로이트의 개념인 '두려운 낯설음'은 "삶 가운데 죽음, 친숙한 낯설음, 다정한 섬뜩함 등과 같이 하나의 정서로 동질화 되지 않는" 것을 가리킨다. 임옥희, 「문학과 정신분석학의 '기괴한' 관계에 관하여」, 『한국고전여성문학연구』 7, 한국고전여성문학회, 2003, p. 7.

3부

근대적 글쓰기로서의 여성 수필

1장

시각 대상의 변화 및 '진정한 자기'의 형성: 『동명일기』를 중심으로

1장

시각 대상의 변화 및 '진정한 자기'의 형성: 『동명일기』를 중심으로

1. 조선 후기 여성 기행 산문의 증가

본고에서는 조선 후기에 남성과 여성의 문학 작품, 그리고 회화와 같은 분야들에서 자연 또는 사물 즉, 실제 세계를 대하는 태도가 크게 변화했다는 점에 주목하여 논의를 전개하고자 한다. 이전 시기에는 남성들에게도 금기시되던 산행이 17세기 후반, 본격적으로는 18세기부터 유행하여 '산수유람문화'를 형성한 것은 자연에 대한 인식 변화와 깊은 상관성을 갖고 있다. 마찬가지로 조선 후기에 생산된 많은 여성 작품 가운데 기행가사·기행산문·유산록·유기 등이 차지하는 비중이 이전에 비해 훨씬 높아진 것은 이전과는 다른 방식으로 자연을 인식하는 새로운 관점이 대두되었음을 말해 준다. 이에 본 연구에서는 조선 후기 여성 산문에 나타난 자연에 대한 인식의 변화를 중점적으로 검토해 보려 한다. 오래 전부터 시와 산문의 주된 소재였던 자연이 작품 속에 재현되는 양상을 검토하여 주체와 대상이 맺는 관계의 장에서 일어난 변화의 일단을 규명하고자 하는 것이다.

조선 후기 여성들의 한글 산문에 나타난 자연 인식과 자아 인식은 가부장제적 유교 사회에서는 볼 수 없는 새로운 근대적 인식이었다. 그리고 이러한 근대적 인식은 궁극적으로 근대적 주체의 형성, 근대적 자아에 대한 인식과 긴밀한 연관성을 갖고 있다. 흔히 알려져 있듯이 근대적인 개인은 그들의 정체성과 값어치가 사회적인 위계질서 속에서 그 또는 그녀가 차지한 위치에서 나온다기보다는 정서와 개인적인 자질로부터 나오는 것으로 생각된다. 또한 이것은 사랑을 매개로 얻어지는 정체성이며, 사회보다는 가족의 영역에 중심을 둔 정체성이다. 이러한 점을 염두에 둔다면 우리 사회에서 적어도 최초의 근대적 자아 인식의 과정과 주체 형성의 양상을 살필 수 있는 것은 남성 주체들의 텍스트라기보다는 오히려 여성들의 텍스트에서라고 할 수 있다. 자아에 대한 각성, 삶의 의미에 대한 반성적 인식, 사적이고도 내밀한 정서와 고백 등이 여성 산문의 주된 내용을 이루고 있으며, 이러한 것들이야말로 근대적 주체를 가능하게 한 주된 요인일 것이기 때문이다. 이러한 점에 주목하여 본고에서는 자연을 지각하는 방식의 변화로 촉발된 새로운 인식과 사고를 특히 근대적 주체 형성 및 자아 인식이라는 문제와 관련하여 구체적으로 확인해보고자 한다.

이를 위해 오래 전부터 시와 산문의 주된 소재였던 자연이 작품 속에 재현되는 방식을 검토하여, 관찰하는 주체의 시선이 변화하는 양상을 살펴볼 것이다. 이러한 변화는 세상을 바라보는 시선의 성격, '본다는 것의 의미' 자체에 변화가 발생하게 되었음을 의미하는데, 시각장의 변화를 통해 발생하게 된 자연에 대한 이와 같은 태도상의 변화는 자아 인식에 대한 변화와 밀접한 관련을 맺으며 근대적 주체의 형성에 기여했을 것이다. 요컨대 자연 인식에 대한 변화 및 자아 인식의 변화는 분명 감상 주체의 성격 변화, 구체적으로 말하자면 '본다'라는 행위의 의미 변화와 밀접하게 관련되어 있다. 이와 같은 전제하에 본 연구에서는 〈동명일기〉를 대상으로 글쓰기 주체의 시선의 성격 변화를 자연 및 자아를 인식하는 방식의 변화, 그리고 궁극적으로는 글쓰기 방식의 변화와의 관계 속에서 논의하려 한다.

〈동명일기〉는 영조 48년(1772) 함흥 판관 신대손의 부인 의령 남씨(1727~1823)가 쓴[356] 현전하는 최초의 한글 기행문이자 "여류 수필의 백미"라 일컬어지는 작품이다.[357] 그러나 대부분의 논자들은 이 작품이 "순연한 우리 말 글로써 그 개성을 더할 나위 없이 적어 낸",[358] 현존하는 여성 수필 가운데 가장 뛰어난 작품 중 하나라는 점에는 동의하면서도 자세한 분석을 내놓지는 않았다. 〈동명일기〉의 작품성에 대한 논의는 국문학개론이나 수필문학개론 등에서 간략하게 언급한 것이 대부분이며, 그것조차도 묘사에 관한 것이 주를 이룰 뿐이다.[359]

356 작자의 시누이 남편은 혜경궁 홍씨의 친정 숙부 홍인한(1722~1776)이다. 홍인한은 작자의 동명여행 3년후 영조의 대리·청정에 반대한 이유로 참화를 당한다.(「한중록」, 『고전문학대계』 권14, 민중서관, 1976, p. 437 참조, 이우경, 「「東溟日記」의 여행 과정과 표현 이미지 분석」, 『국어국문학』 96, 국어국문학회, 1986. p. 236 재인용)

357 이우경, 「「東溟日記」의 여행 과정과 표현 이미지 분석」, 『국어국문학』 96, 국어국문학회, 1986. p. 233.

358 강한영 교주, 『의유당일기·화성일기』, 신구문화사, 1974, p. 8.

359 현재까지는 이연성의 「의유당 관북유람일기의 연구」, 이우경의 「「東溟日記」의 여행 과정

〈동명일기〉에 대한 연구가 이렇듯 정체된 원인을 정확히 밝히기는 어렵지만, 텍스트에 접근하는 기존의 고정된 방식을 그 중 하나로 들 수 있을 것이다. 지금까지는 이 작품을 수필 문학이라는 틀 안에서 검토하는 데 머물렀기 때문에 다양한 논의들이 생산되기 어려웠다는 것이다.

> 많은 연구성과가 쌓여있지만, 관북유람일기의 경우는 예외적이다. 문학사적으로 중요한 작품임은 분명하나, 새롭게 해명되어야 할 사실은 그리 많지 않았기 때문이다. 한편으로는 기행문이라는 문학의 본령에서 약간 벗어난 장르적 성격과도 관련이 있을 것이다.[360]

류준경의 위와 같은 주장은 〈동명일기〉에 관한 논의가 현재 처해 있는 지점을 정확히 짚고 있다. 별로 새로울 것도 없는데다 수필이라는 주변 장르인 까닭에 이에 대한 활발한 논의가 진행되기 어려웠다는 것이다.

다행히 최근 들어 증가하는 탈경계적 움직임이 이처럼 정체된 연구에 활력을 불어넣어줄 것으로 기대된다. 기존의 경직된 장르 구분 방식을 벗어난 접근들이 우리에게 이 텍스트에 다가서는 유용한 방법을 시사해 줄 것으로 보인다는 것이다. 예를 들면 류준경은 「의유당관북유람일기의 텍스트 성격과 여성문학사적 가치」에서 〈춘일소흥〉과 〈영명사득월루상량문〉을 중심으로 『의유당관북유람일기』의 체재를 검토하였다. 지금까지 『의유당관북유람일기』가 주로 〈동명일기〉를 중심

과 표현 이미지 분석」 등이 거의 유일한 작품론이라고 할 수 있다.

360 류준경, 『한국의 고전을 읽는다』 3, 휴머니스트, 2006, p. 60.

으로 논의되어온 것에 반해 이 논문은 다른 작품들에도 주목한 것이 특징이다. 그리하여 폐쇄성·당파성이라는 사대부가문 여성문학 향유의 특성을 밝힌 것이다. 이는 〈동명일기〉만을 연구해서는 밝히기 어려운 사실이라 하겠다.

또 다른 예로는 이승희의 「조선 후기 기행 양식에 나타난 여성 자아의 존재 양상」을 들 수 있다. 이승희는 이 논문에서 〈동명일기〉를 기행 양식으로 분류하고 있다. 그는 조선 후기에 존재한 기행가사·기행산문·유산록·유기 등 여러 장르의 텍스트들을 기행양식 또는 여행기록이라는 범주로 묶어 "자아를 재발견하는 행위로서의 글쓰기" 또는 "실존적 글쓰기"라는 특징을 찾아냈다.[361] 허구/사실 또는 운문/산문이라는 구분에서 벗어나 동시대 기행작품들을 두루 검토함으로써 당대의 글쓰기와 자아 인식의 관계를 해명하려고 한 것이다. 이러한 예들에서 볼 수 있는 것처럼 장르의 경계를 좀 더 유연하게 사고한다면 우리는 〈동명일기〉에 대해 보다 풍부한 담론을 생산할 수 있을 것이다.

아울러 여성 문학에 대한 꾸준한 관심의 증가 및 인식의 증대 역시 〈동명일기〉를 재조명할 기회를 제공할 것으로 판단된다. 조선 후기 여성들의 한글 작품은 이전에는 전혀 볼 수 없었던 새로운 유형의 글쓰기로서 일기, 기행문, 자서전 등 자신의 삶을 기록한 것들이 대부분이다. 그러므로 이들 작품에 대한 고찰은 조선 후기 여성들이 자신의 정체성을 어떻게 자각하고 표현했는가라는 질문에 적절한 해답을 제시

361 이승희, 「조선 후기 기행 양식에 나타난 여성 자아의 존재 양상」, 『여성문학연구』 16, 한국여성문학학회, 2006, p. 244.

해줄 수 있을 것이다. 여성의 자기 서사에 관한 최근의 논의들은[362] 여성과 글쓰기 그리고 근대성에 대한 관심의 증가를 반영한다. 이러한 맥락에서 〈동명일기〉역시 중요한 텍스트로 자리매김할 것임이 분명하다. 이에 본고에서는 임란 후 새롭게 등장한 여성 기행 양식[363] 그리고 여성의 자기 서사[364]라는 관점에서 〈동명일기〉의 문학사적·문화사적 의의를 검토해 보려 한다.

2. 자연 인식의 변화 : 관념에서 풍경으로

「「東溟日記」의 여행 과정과 표현 이미지 분석」에서 이우경은 기존의 논의들이 구체적인 설명을 결여한 채 '뛰어난 묘사'를 보여준다는 말만을 되풀이하고 있다고 비판하고, 작품에 대해 보다 깊이 있는 "해석학적 고찰"[365]을 시도한다. 그는 작품 속의 자연물들에서 떠나온 고향에 대한 작자의 그리움과 한, 그리고 현실을 벗어나고 싶은 욕망을 읽어

362 박혜숙·최경희·박희병, 박혜숙·최경희·박희병, 「한국여성의 자기서사(1)」, 『여성문학연구』 7, 한국여성문학학회, 2002.

363 이승희는 기행 가사, 기행산문, 유산록, 유기 등 다양한 형식의 여행 기록을 이해하는데 '기행문'이라는 용어가 부적절하다고 지적하고 '기행 양식' 및 '여행 기록'으로 이 작품들을 부를 것을 제안한다. 이승희, 「조선 후기 기행 양식에 나타난 여성 자아의 존재 양상」, 『여성문학연구』 16, p. 246.

364 박혜숙·최경희·박희병, 앞의 글, p. 324.

365 이우경, 「「東溟日記」의 여행 과정과 표현 이미지 분석」, 『국어국문학』 96, 국어국문학회, p. 147.

낸다.[366] 즉, "달은 고향을 떠나온 현실에서 그리움과 한"을, "해는 여성의 삶에 대한 회의에서 지향하는 이상"을 의미한다는 것이다.[367] 이우경의 논의는 "감각적 형태로 구체화"된 표현과 작품 속 자연물에 전이된 작자의 감정을 읽어내려는 시도라는 점에서 작가의 전기 또는 우리말 표현력 어느 한 측면에만 초점을 두었던 이전의 논의들과 구별된다.

그러나 이우경의 논문은 작품에 드러난 자연물의 원형적 심상을 읽어내는 데에 초점을 맞춘 것이기에 거기에서 자연을 대하는 태도와 그것의 표현이 갖는 역사성, 즉 그러한 서술을 가능하게 한 시대적 성격에 관한 논의를 발견하기는 어렵다. 하지만 〈동명일기〉의 특징과 의의는 그것이 이전 또는 이후의 텍스트들과 어떤 유사점 및 차이점을 갖는가, 그리고 그러한 차이점이 어떠한 시대적 특질을 보여주는가를 해명했을 때 더욱 명료하게 드러날 것임이 분명하다. 이에 본고에서는 〈동명일기〉의 역사성, 즉 특정 시기에 생산되었음을 보여주는 징표들을 찾는 문제 및 이전의 기행 양식과 다른 점이 무엇인가라는 문제에 집중하고자 한다. 그리고 이를 위해 〈동명일기〉에 나타난 시선의 성격을 중점적으로 검토해보려 한다. 〈동명일기〉는 낯선 지역의 자연과 풍물을 기록한 기행양식이므로 무엇보다도 시각적인 체험이 작품에 두드러질 것으로 판단되기 때문이다.

요컨대 본 장에서는 〈동명일기〉에서 자연을 대하는 작자의 시선이 이전 시기의 작품들과 어떻게 구별되는가를 집중적으로 살펴보겠다. 오래 전부터 시와 산문의 주된 소재였던 자연이 작품 속에 재현되는 양

366 위의 글, p. 250.

367 위의 글, p. 253.

상을 검토하는 것은 시선의 통시적 변화를 살피기에 적절할 것이다.

아래의 인용은 〈동명일기〉가운데 가장 유명한 해돋이 장면을 묘사한 부분이다.

> 마이 이윽한 후 동편의 성수(星宿)가 드물며 ①월색(月色)이 차차 열어디며 홍색(紅色)이 분명하니, 소리하여 시원함을 부르고 가마 밖에 나서니, 좌우 비복과 기생들이 옹위(擁衛)하여 보기를 졸이더니, 이윽고 날이 밝으며 붉은 기운이 동편 길게 뻗쳤으니, 진홍대단(眞紅大緞) 여러 필(疋)을 물 위에 펼친 듯,…… ②붉은 기운이 퍼져 하늘과 물이 다 조요(照耀)하되 해 아니 나니, 기생들이 손을 두드려 소리하여 애닯아 가로되, 이제는 해 다 돋아 저 속에 들었으니, 저 붉은 기운이 다 푸르러 구름이 되리라. …… 홍색(紅色)이 거룩하여 붉은 기운이 하늘을 뛰놀더니, 이랑이 소리를 높이 하여 나를 불러, 저기 물 밑을 보라 외거늘 급히 눈을 들어 보니, ③물 밑 홍운(紅雲)을 헤앗고 큰 실오리 같은 줄이 붉기 더욱 기이하며, ④기운(氣運)이 진홍(眞紅) 같은 것이 차차 나 손바닥 너비 같은 것이 그믐 밤에 보는 숯불빛 같더라. ⑤차차 나오더니, 그 위로 작은 회오리밤 같은 것이 붉기 호박(琥珀) 구슬 같고, 맑고 통랑(通朗)하기는 호박도곤 더 곱더라. 그 붉은 위로 훌훌 움직여 도는데, ⑥처음 났던 붉은 기운이 백지 반 장 너비만큼 반듯이 비치며, 밤 같던 기운이 해 되어 차차 커 가며, ⑦큰 쟁반만하여 불긋불긋 번듯번듯 뛰놀며, 적색(赤色)이 온 바다에 끼치며, 먼저 붉은 기운이 차차 가시며, 해 흔들며 뛰놀기 더욱 자로 하며, ⑧항 같고 독 같은 것이 좌우로 뛰놀며, 황홀히 번득여 양목(兩目)이 어질하며, 붉은 기운이 명랑하여, 첫 홍색(紅色)을 헤앗고 ⑨천중(天中)에 쟁반 같은 것이 수레바퀴 같아서 물 속으로서 치밀어 받치듯이 올라붙으며, 항독 같은 기운이 스러지고, ⑩처음 붉어 겉을 비추던 것은 모여 소 혀처로 드리워 물속에 풍덩 빠지는 듯싶더라. 일색(日色)이 조요(照耀)하며 ⑪물결

의 붉은 기운이 차차 가시며 일광이 청랑(淸朗)하니, 만고천하(萬古天下)에 그런 장관(壯觀)은 대두할 데 없을 듯하더라.[368] (번호 필자)

이 장면은 〈동명일기〉의 높은 문학성을 입증하는 데 자주 인용되는 부분이다.[369] 지금까지 연구자들은 이 장면에서 우리말의 세련된 구사에 주로 관심을 가졌다. 이제 우리는 여기에 더해 해돋이 장면을 묘사하고 있는 시선과 그 시선 속에 잡힌 해돋이 장면의 특징에 주목하고자 한다. 이 작품 속에 그려진 풍경과 그것을 바라보고 이야기하는 화자의 위치는 우리 문학사 안에서 매우 새로운 것이기 때문이다.

인용 부분에서 서술자는 한 장소에 고정시킨 카메라가 렌즈의 방향을 이동하여 외부의 풍경을 담아내는 것처럼 한 지점에서 일출 장면을 바라보고 있다. 위에 표시한 일련 번호들은 고정된 장소에서 관찰자의 시선이 상하로 움직이는 순서이다. 관찰자는 일정한 지점에 서서 "급히 눈을 들어" 해 뜨는 광경을 보고 "양목이 어질"함을 느낀다. 이때 관찰자의 시선 이동과 시간의 흐름 그리고 해돋이 장면의 변화는 동시에 일어난다. "월색이 차차 열어"지는 데에서 "물결의 붉은 기운이 차차 가시"기까지의 시간은 "큰 실오리 같은 줄"이 "회오리밤" "백지 반장" "큰 쟁반" 만해지는 과정들로 분절되고, 이러한 분절은 서술자이면서 관찰자인 의령 남씨 개인의 체험에 따른다. 이처럼 개인적 체험과 감상에 따라 해돋이 시간과 장면이 분절되었다는 것은 작품 속 일출 장면이 매우 사적인 경험과 감상이며 곧 이 장면이 지극히 개인

368 강한영 교주, 『의유당일기·화성일기』, 신구문화사, pp. 33~36.

369 이우경, 『한국의 일기문학』, 집문당, 1995, pp. 146~147 참조.

적인 풍경이라는 사실을 말해 준다.

〈동명일기〉 전체에서 이 부분이 차지하는 스토리 차원의 시간이 그리 길지 않은 것에 비해 서술 차원의 시간이 매우 긴 것도 특징적이다. 이 작품은 기축년(1969) 8월부터 신묘년(1771) 8월, 임진년(1772) 9월 16일부터 21일까지의 여정과 감상을 기록한 것이다. 작품에 기록된 시간은 두 번째 여행 부분만 봐도 5일 이상이다. 이때 주목할 것은 전체 여정 가운데 해돋이 장면이 차지하는 물리적 시간은 매우 적지만, 작품의 전체 분량에서 해돋이 장면이 차지하는 분량은 상당하다는 점이다. 해뜨기 직전부터 해가 떠오르기까지는 사실 매우 짧은 순간이다. 하지만 작자는 자신의 감흥을 충분히 전달하기 위해 장면을 확대 서술한다. 감흥의 크기라는 내면의 시간을 기준으로 작자는 해돋이 과정을 길고도 자세하게 서술한 것이다.

우리가 〈동명일기〉를 읽으면서 느끼는 생생함·생동감 등은 이러한 특징들과 관계있을 것이다. 작자의 시점에서 풍경이 포착됨으로써 이 글을 읽는 우리는 묘사되는 일출 장면을 관찰자 즉, 서술자가 보고 있는 장면으로 포착하고, 동시에 그가 위치한 장소에서 그의 시점을 따라 사실적으로 해돋이 광경을 추체험할 수 있는 것이다.[370] 또한 객관적인 시간이 아닌 관찰자의 주관적 시간에 따라 특정한 장면을 확대하여 서술함으로써, 우리는 이 작품이 사적인 감상의 기록임을 보다 명확히 알 수 있다.

본고에서는 〈동명일기〉의 일출 장면이 갖는 이와 같은 특징이 이

---

370 이효덕, 『표상공간의 근대』, 박성관 역, 소명출판, 2002, p. 110.

전 시기의 기행 문학과 어떠한 면에서 구별되는가를 보다 명료하게 보이기 위해, 송강 정철의 〈관동별곡〉을 예로 들어 작품에 나타난 시선과 자연의 성격을 검토해 보려 한다. 정철의 〈관동별곡〉은 가사이기 때문에 산문 작품인 〈동명일기〉와의 비교가 무리라고 여겨질 수도 있지만, 〈동명일기〉 이전에는 한글로 된 기행문이 존재하지 않는다는 점과, 양식은 다르지만 한글 기행문학이라는 공통점, 그리고 무엇보다도 일출이라는 동일한 대상을 표현했다는 점에서 〈동명일기〉의 특징을 파악하기에 유리하리라는 생각이다. 이에 〈동명일기〉와 〈관동별곡〉에서 대상을 인식하고 표현하는 방식이 어떻게 변화하는가를 검토해 보고자 한다.

> 日일出츌을 보리라 밤듕만 니러하니, 祥샹雲운이 집픠는 동, 六뉵龍뇽이 바퇴는 동, 바다헤 떠날 제는 萬만國국이 일위더니, 天텬中듕의 티뜨니 毫호髮발을 혜리로다. 아마도 녈구름 근쳐의 머믈셰라. 詩시仙션은 어데 가고 咳해唾타만 나맛나니. 天텬地디間간 壯장한 긔별 자셔히도 할셔이고.

위의 인용문은 정철의 〈관동별곡〉 가운데 일부분이다. 이 장면에서는 해가 바다를 떠나 천중에 치뜨는 과정이 앞의 〈동명일기〉와는 다르게 간단히 제시되어 있다. 앞서 〈동명일기〉가 일출의 과정을 단계적으로 자세하고 생생하게 묘사했다면, 〈관동별곡〉의 일출 묘사는 그와는 거리가 멀다. 내적 감흥에 따른 장면의 확대와 서술 시간의 확장을 발견하기 어렵다는 것이다. 또한 〈동명일기〉의 해돋이가 작자의 시선을 따라 그려진 것이라면 〈관동별곡〉의 해돋이는 정철의 시선에 잡힌 것만으로 단정하기는 어렵다. 하늘 한가운데 떠올라 가는 터럭도 셀 수 있을 만큼 밝은 해가 '녈구름 근쳐의 머믈'까 걱정한 사람은 정철이 처음이 아니었기 때문이다. 위의 해돋이 장면은 이백이 본 것이라 할 수도 있으며, 정철 또는 당대 많은 유학자들이 본 것이라 해도 틀린 말이 아니다. 〈관동별곡〉의 일출은 '松江에 앞서 다른 사람도 이미 보았던 자연'으로, 〈관동별곡〉에 그려진 자연은 '곧 林逋의 자연이고 東坡의 자연이지 처음 찾아낸 순수한 公만의 자연은 아니라는 생각이다.'[371] 요컨대 〈동명일기〉의 해돋이가 개인의 시선이 포착한 구체적인 현실 풍경이라면, 〈관동별곡〉의 해돋이는 공동체의 시선이 읽어낸 관념이다.

〈관동별곡〉의 자연이 '載道精神에 의해 이끌린 自然일 수밖에 없다'[372]면 당연히 이 부분에서 작자가 드러내고자 하는 것은 앞서 〈동명일기〉와는 다를 것이다. 〈동명일기〉의 작자는 해돋이를 보고 느낀 자신의 감흥을 생생하게 기록하기 위해 애쓴다. 그가 전달하려는 것은 현장감 또는 생동감이다. 반면 정철은 '무엇보다도 성은에 감격하고 직무에 대한 기대감에 충일한 환희의 감정으로 고조되어'[373] 있다. 때문에 이러한 그의 눈에 비친 자연은 객관적으로 존재하는 것이 아닌, 유학자들의 관념이 형성한 자연이라고 할 수 있다.[374]

그러므로 두 작품의 결정적인 차이는 외부 세계를 얼마만큼 사실적으로 묘사하고 문학적으로 형상화했는가에 있다고 하기보다는 〈동

---

371 김성기, 「松江의 自然觀」, 『古詩歌研究』 2. 3, 한국고시가문학회, 1995, p. 241.

372 정대림, 「「關東別曲」에 나타난 松江의 自然觀」, 『세종대학 논문집』, 1981, p. 52.

373 위의 글, p. 52.

374 정병욱, 「꽃과 時調」, 『國文學散藁』, 신구문화사, 1959, p. 188.

명일기〉의 '객관물'로서의 해와 〈관동별곡〉의 '관념'으로서의 해가 전혀 다른 성격의 것이라는 데에 있다. 16세기 유학자의 시가 속에 담긴 해돋이 장면은 임금을 향한 충성심과 나라를 걱정하는 마음을 노래한다. 그리고 그러한 마음은 자신의 목소리가 아닌 "해타", 즉 이태백의 시구가 대변해 준다. 따라서 〈관동별곡〉의 자연은 여러 논자들이 언급한 것처럼, "載道의 목적을 위해 주관적으로 관념화"되었다고 보는 것이 적절하겠다.[375]

반면 〈동명일기〉의 묘사는 〈관동별곡〉의 묘사와는 전혀 다른 인식 체계에서 가능했다. 〈동명일기〉의 자연은 동시대 다른 이들의 눈으로 볼 수 있는 보편적인 자연이 아니며, 전대의 혹은 중국의 유학자들이 노래하는 자연과도 다르다. 〈동명일기〉에서 보는 자연은 의령 남씨가 서있는 자리에서 포착된 풍경이다. 요컨대 〈동명일기〉를 통해 관념으로서의 자연에서 사물로서의 자연으로 관찰 대상의 성격이 변화한 것을 알 수 있다.

> 우리 모양이 수십 척(尺) 장목(長木)을 마주 이어 너비 한 간배만 한 그물을 노로 얽어 장목(長木)에 치고, 그물폿은 백토(白土)로 구워 탕기(湯器)만큼 한 것으로 달아 동아줄로 끈을 하여, 해심(海心)에 후리를 넣어 해변(海邊)에서 사공 수십 명이 서서 아우성을 치고 당기어 내니, 물소리 광풍(狂風)이 이는 듯하고 옥 같은 물굽이 노(怒)하여 뛰는 것이 하늘에 닿았으니, 그 소리 산악(山岳)이 움직이는 듯하더라.[376]

375 정대림, 앞의 글, p. 54.

376 강한영 교주, 『의유당일기·화성일기』, p. 22.

위의 예문에서 볼 수 있는 것처럼 〈동명일기〉에 묘사된 자연은 유교적 관념을 함축한 이전 시기의 자연과는 다른 구체적이고 생생한 사물이다. 이러한 변화는 다음과 같은 묘사를 통해 보다 직접적으로 감지할 수 있다.

> 짐짓 서문(西門)으로 나서 남문(南門) 밖을 돌아가며 쌍교마(雙轎馬)마를 천천히 놓아 좌우 저자를 살피니, 거리 여섯 저자 장안낙중(長安洛中)으로 다름이 없고, 의전(衣廛)·백목전(白木廛)·채마전(菜麻廛) 각색전(廛)이 반감희(半減喜)하여 고향 생각과 친척 그리움이 배(倍)하더라. 포전(布廛)·백목전(白木廛)이 더욱 장하여, 필필(疋疋)이 건 것이 몇 천 동을 내어 건 줄 모를러라. 각색 옷이며 비단 금침(衾枕)을 다 내어 걸었으니, 일색(日色)에 바애더라.[377]

이전까지 저잣거리와 같은 일상적인 공간은 묘사의 대상이 될 수 없었다. 하지만 개별적인 시선이 대상을 포착함에 따라 개개인에게 의미있는 풍경, 가령 위의 예문에서 "고향 생각과 친척 그리움"을 "배(倍)"가 시키는 '저자'와 같은 풍경이 묘사의 대상으로 등장하게 된다. 즉, 개개인에게 서로 다른 의미를 갖는 구체적이고 개별적인 대상으로의 '세계들'이 출현했다는 것이다. 〈의유당 일기〉에 포함된 다른 기행문들에서 이전에는 보이지 않던 풍경의 묘사를 자주 발견할 수 있는 것은 시선의 이와 같은 성격 변화에 따른 것이라 할 수 있겠다.

> 누 위에 올라가 서편을 보니, 성천강(城川江)이 크기 한강(漢江)만하고 물결이 심히 맑고 조촐한데, 새로 지은 만세교 물 밖으로 높이 대여섯

---

377 위의 책, p. 27.

> 자나 솟아 놓였으니, 거동(擧動)이 무지개 휜 듯하고, 길이는 이르기를 이편으로서 저편까지 가기 오 리(五里)라하되, 그럴 리는 없어 삼·사 리는 족하여 뵈더라. 강가의 버들이 차례로 많이 서고 여염(閭閻)이 즐비(櫛比)하여 별 결이듯 하였으니, 몇 가굼을 모를러라.[378] (〈樂民樓〉)

> 서현 창호(窓戶)를 여니, 누하에 저자 벌이던 집이 서울 외에 지물가가 같고, 곳곳이 가갓집이 결어 있는데 시정들의 소리 고요하고 모든 집을 칠칠히 결어 가며 지었으니, 높은 누상에서 즐비한 여염을 보니, 천호만가를 손으로 셀 듯하더라.[379] (〈北山樓〉)

"누하에 저자 벌이던 집" "즐비한 여염" 등 세속적인 대상을 묘사하는 부분들을 통해 우리는 〈동명일기〉의 작자에게 일상이 지각의 대상이 되고 있음을 확인할 수 있다. 관념적인 의미가 사라진, 있는 그대로의 자연을 포함하여 구체적으로 대상화된 풍경이 시선에 잡히기 시작한 것이다.[380]

이러한 관점에서 〈동명일기〉는 공동체의 성원들이 공유하던 문화코드, 즉 대상을 바라보는 절대적인 시선이 개별적인 것으로 변화한 징후를 보여주는 텍스트라고 할 수 있겠다. 이러한 변화는 특권을 가진 사물이나 풍경이 아니라 자신의 눈에 비친 어떤 것에도 의미를 부

378 위의 책, pp. 12~13.

379 위의 책, p. 18.

380 "그것은 시각의 문제가 아니다. 지각 양태를 바꾸는 이 전도는 〈바깥〉에도 〈내부〉에도 없고 기호론적인 틀 구도의 전도, 바로 그 속에 있었다." 다시 말해서 우리는 이와 같은 사적인 풍경의 출현이라는 사건을 외부 세계를 사실적으로 그리는 문제가 아니라, 외부 세계 자체를 발견하게 되었다는 관점에서, 즉 시각장의 변화에 따른 것으로 이해해야 한다. 가라타니 고진, 『일본근대문학의 기원』, 박유하 역, 민음사, 1997, p. 38 참조.

여할 수 있게 되었다는 것을 뜻한다. 그리하여 우리는 〈동명일기〉를 통해, 공동체적인 풍경이 개인적인 풍경으로 상대화·세속화되며 자신의 눈에 비친 어떠한 사물에라도 의미를 부여할 수 있는 개인적인 세계의 출현을 예고할 수 있다.[381]

3. 자아 인식의 변화: 의무에서 의미로

앞 장에서는 〈동명일기〉와 〈관동별곡〉을 비교·검토함으로써, 〈동명일기〉가 쓰인 시기에 자연을 인식하고 표현하는 방식에 어떤 변화가 생겼다는 점을 밝혔다. 자연을 관념으로 인식하고 공동체의 언어로 표현하던 〈관동별곡〉과는 다르게, 〈동명일기〉에서는 자연을 객관물로 인식하고 관찰자 개인의 언어로 표현한다. 따라서 작품에서 강조되는 것이 각각 다른데, 전자의 경우에는 유교적인 관념이 후자의 경우에는 생동감과 현장감이 강조된다. 이러한 변화는 분명 자연을 지각하는 시선, 즉 감상 주체의 성격 변화와 밀접한 관련이 있을 것이므로 본 장에서는 이러한 변화를 '본다'라는 행위의 의미 변화 그리고 자아를 인식하는 방식의 변화와의 관계 속에서 논해 보고자 한다.

---

381 "'세속화'라 불리는 사태는 성스러움이나 특권성 등을 가진 사물이 그 지위를 박탈당하는 것이라기보다는, 모든 사람들이 자신의 눈동자에 비치는 것에 대해 성스러움이나 특권성을 자의적으로 자유롭게 부여할 수 있다는 것이며, 본래는 성스러운 것에 이끌리던 절대적인 시선이 표현에 내재화됨으로써 동시에 모든 이질적인 시선, 개별적인 시선을 상대화·자립화시켰다,라는 의미에서 세계가 균질화하는 것을 가리킨다는 점이다." 이효덕, 앞의 책, pp. 87~88.

일월출(日月出)을 변변히 못 보고 이런 장관(壯觀)을 한 줄 위로(慰勞)하더라.[382]

봉하(峰下)에 공인(工人)을 숨겨 앉히고 풍류(風流)를 늘어지게 치이고 기생을 군복(軍服)한 채 춤을 추이니 또한 보암즉하더라.[383]

가히 측량(測量)없고 푸른 물결 치는 소리 광풍(狂風) 이는 듯하고 산악(山岳)이 울리는 듯하니, 천하의 끔찍한 장관(壯觀)이러라.[384]

나는 또한 사군의 덕으로 이런 장관(壯觀)을 하니, 도무지 어느 것이 성주(聖主)의 은혜 아닌 것이 있으리요.[385]

물이 굽이쳐 치치니, 밤에 물 치는 굽이는 옥같이 희더니, 지금 물굽이는 붉기 홍옥(紅玉) 같아서 하늘에 닿았으니, 장관(壯觀)을 이를 것이 없더라.[386]

만고천하(萬古天下)에 그런 장관(壯觀)은 대두(對頭)할 데 없을 듯하더라.[387]

화살 멘 것, 공속하고 선 것, 양마지속을 다하여 앉혔으니, 또한 보암직하더라.[388]

동명귀경대(東溟龜景臺)와 운전(雲田) 바다와 격구정(擊毬亭)을 갖추 보고, 필경(畢竟)에 본궁(本宮)을 보옵고 창업태평(創業太平) 성군(聖君)의 옥택(玉宅)을 사백 년 후에 이 무지(無知)한 여자로서 구경하니, 어찌 자연(自然)하리요.[389]

382 위의 책, p. 22.

383 위의 책, p. 23.

384 위의 책, p. 30.

385 위의 책, p. 32.

386 위의 책, p. 34.

387 위의 책, p. 36.

388 위의 책, p. 37.

389 위의 책, pp. 39~40.

위의 예문들은 〈동명일기〉의 서술자가 자연을 보고 감탄하는 표현들을 모은 것이다. 작자는 볼만한 장관을 보았음에 감탄하고 자주 감사한다. 볼만한 풍경을 보았다는 사실이 그에게는 어떤 의미를 가졌던 것일까. 그가 이러한 풍경을 그토록 보고자 한 까닭은 무엇이며, 보고 난 뒤에 그토록 감격한 이유는 무엇일까.

> 보기를 다하고 가마를 두루혀 돌아올새, 교중(轎中)에서 생각하니 여자의 몸으로 만리창파(萬里滄波)를 보고 바닷고기 잡는 상(相)을 보니, 세상이 헛되지 아님을 자기(自期)하여 십여 리를 오다가 태조대왕(太祖大王) 노시던 격구정(擊毬亭)을 바라보니, 높은 봉(峰) 위에 나는 듯한 정자(亭子)가 있으니, 가마를 도로혀 오르니 단청(丹靑)이 약간 퇴락(頹落)한 육칠 간(六七間) 정자 있으니, 정자 바닥은 박석(礡石)을 깔았더라.[390]

> 그 후 맺혀 다시 보기를 계교(計巧)하되 사군이 엄히 막자로니 감히 생의(生意)치 못하더니, 임진(壬辰) 상척(喪戚)을 당하여 종이를 서울 보내어 이미 달이 넘고, 고향을 떠나 사 년이 되니, 죽은 이는 이의(已矣)거니와 생면(生面)이 그립고, 종이조차 보내어 심우(心憂)를 도우니, 회포(懷抱)가 자못 괴로운지라. 원님께 다시 동명(東溟) 보기를 청하니 허락지 아니하시거늘 내 하되, 인생(人生)이 기하(幾何)오? 사람이 한 번 돌아가매 다시 오는 일이 없고, 심우(心憂)와 지통(至痛)을 쌓아 매양(每樣) 울울(鬱鬱)하니, 한 번 놀아 심울(心鬱)을 푸는 것이 만금(萬金)에 당여 바꾸지 못하리니, 덕분(德分)에 가지라 하 비니, 원님이 역시 일출(日出)을 못 보신 고로 허락, 동행하자 하시니, 구월 십칠일로

390 위의 책, pp. 22~23.

가기를 정하니,[391]

미세(微細)한 규중여자(閨中女子)로 거년(去年)에 비록 낭패(狼狽)하였으나 거년(去年) 호사(豪奢)를 금년차일(今年此日)에 다시 하니, 어느 것이 사군(使君)의 은혜(恩惠) 아니리요.[392]

위의 예문들에서 우리는 작가가 "세상이 헛되지" 않음을 느끼기 위해 여행을 간청하고 있음을 알 수 있다. 그가 원하는 것, "심울을 풀" 수 있는 방법은 오직 "동명 보기"뿐이다. 그리고 이를 보는 것은 "여자의 몸"으로 하기 힘든 일, 여성의 삶으로부터의 일탈을 의미한다.

마음에 중란(中亂)하되 기생들이 못내 칭찬하여 거룩함을 일컬으니, 내 마음이 들썩여 원님께 청(請)한대, 사군(使君)이 하시되 "여자의 출입(出入)이 어찌 경(輕)히 하리요."하여 뇌거불허(牢拒不許)하니 하릴없어 그쳤더니, 신묘년(辛卯年)에 마음이 다시 들썩여 하 간절히 청하니 허락하고,[393]

심신이 황홀하여 몸이 절로 대청에 올라 머리를 만져 보니 구름머리 꾀온 것이 고아 있고, 허리를 만지니 치마를 둘렀으니, 황연(晃然)히 이 몸이 여잠을 깨달아, 방중에 들어오니 침선(針線) 방적(紡績) 하던 것이 좌우에 놓였으니 박장(拍掌)하여 웃다.[394]

작가는 "여자의 출입"이 가벼워서는 안 된다는 "사군"의 말도 듣

391 위의 책, pp. 24~25.

392 위의 책, pp. 26~27.

393 위의 책, p. 20.

394 위의 책, pp. 16~17.

지 않는다. 어지럽고, "들썩"이는 마음을 어쩌지 못하고 거듭 여행을 청할 뿐이다. 그리하여 마침내 길을 나선 그녀는 낯선 공간에서 자신이 여성임을 잠시 잊는다. "방중에 들어오"기 전까지 "마음에 규중 소녀자믈 아주 잊히고, 허리에 다섯 인(印)이 달리고 몸이 문무(文武)를 겸전(兼全)한 장상(將相)"[395]인 것이다. 그러므로 보암직한 풍경을 보는 일, 즉 여행은 작자에게 여성이라는 삶의 의무에서 벗어나 살아있다는 생동감과 충일감을 만끽하게 해주는 것이다. 작가는 여행을 통해 여성으로서 지켜야할 규범과 질서로부터 벗어나, 보고 느끼는 것에서 진정한 생의 의미를 찾게 된다.

사실 조선 중기까지는 여성뿐만 아니라 남성들의 산행도 금기시되었다. 그러던 것이 17세기 후반 본격적으로는 18세기부터 명산 유람이 유행했고, 이를 글과 그림으로 표현한 '산수유람문화'가 성행하게 된 것이다.[396] 이는 〈동명일기〉가 쓰인 시기에 자연을 경험하고 표현하는 방식에 커다란 변화가 있었음을 의미한다. 때문에 우리는 〈동명일기〉와 같은 기행 문학에서 나타난 변화의 기호 또는 징후를 비단 문학뿐만이 아니라 당대의 여러 양식에서도 발견할 수 있으리라는 가설을 세워볼 수 있다. 이는 동시대 시각장에서 일어난 변화의 일단을 규명하는 작업으로 이어질 수 있을 것으로 판단된다.

---

395 위의 책, p. 16.

396 고연희, 『조선시대 산수화』, 돌베개, 2007, pp. 171~173 참조.

정선, 〈만폭동도〉

이경윤, 〈관월도〉

왼쪽의 그림은 정선의 〈만폭동도〉이다. 이 그림에서 눈에 띄는 것은 만폭동 중앙의 너럭바위 위에 서있는 갓 쓴 선비들이다. 산수화 속에 인물이 등장하는 경우는 이전에도 있었지만, 이처럼 유람하는 사람들이 그림 속에 표시되는 것은 이전에는 볼 수 없었던 현상이다. 유람자가 그림 속에 형상화 되는 것은 진경산수화의 중요한 특징 가운데 하나라고 볼 수 있다는 것이다.

본고에서 이러한 특징에 주목하려는 이유는 그것이 누가 보았는가에 대한 인식이 그림 속에 분명하게 담겨 있다는 사실을 의미하기 때문이다. 유람자의 위치에서 본 산수의 풍경이 그대로 지면에 형상화되지는 않으나, 그림 속에 등장하는 유람자들은 그림 속에 그려진 풍경이 그들 자신이 직접 보고 느낀 풍광이라는 사실을 강조하고 있다.

당시의 진경산수화는 고정된 단일 시점에서 보이는 것을 그대로 재현하는 것에 초점을 맞추었다기보다는, 개인적인 경험과 감흥을 사실적으로 표현하는 데에 치중했다. 정선의 〈만폭동도〉뿐만이 아니라 김창협, 김창흡, 이병연 등의 그림과 시가 〈만폭동도〉에 그려진 너럭바위 위에 서 있는 유람자의 위치를 중심으로 형상화된 것 역시 당시에 생산된 유람의 기록이 모두 여행을 다녀온 개인의 체험과 감흥을 전달하는데 목적이 있었음을 뒷받침한다.[397] 요컨대 관찰자 또는 화가가 화면 속에 등장하는 것은 "누가" 보았는가의 문제를 중요하게 인식하기 시작했음을 말해준다.

그에 반해 오른쪽 그림에서는 관찰자 또는 유람자 개인이 누구인가의 문제는 중요하게 드러나지 않는다. 16세기 즉 〈관동별곡〉과 비슷한 시기에 이경윤이 그린 〈관월도〉에도 한 인물이 등장한다. 그러나 이 그림 속 인물은 현실 속의 인물이라기보다는 고대 중국의 고사나 이백의 시속에 등장하는 신선에 가깝다.[398] 김현주는 이러한 인물들을 "도사형 인물"이라 명명하고, 그들이 사는 시공간이 현실세계와 상당히 이질적임을 주장[399]하는데, 우리는 정철의 〈관동별곡〉에서도 이와 같은 인물을 발견할 수 있으며, 이러한 인물들, 그리고 이들이 보는 풍경이 모두 비현실적이라는 공통점을 갖는다는 사실을 깨닫게 된다. 그들이 보는 자연은 현실의 개인이 직접 관찰한 공간이 아니라 공동체의 관념 속에 존재하는 이상향이다. 요컨대 관념 속의 모델로 존재하는 도사형 인물은 조선 후기 산수화에 등장하는 인물과는 근본적으로 성격이 다르다.

397 고연희, 『조선 후기 산수기행예술 연구』, 일지사, 2001, pp. 246~247.

398 고연희, 『조선시대 산수화』, p. 118.

399 김현주, 『고전문학과 전통회화의 상동구조』, 보고사, 2007, p. 64.

지금까지 검토한 바에 따르면 진경산수화의 의의는 현실을 핍진하게 재현한 데에 있다기보다는 개인의 감흥을 생생하게 표현한 데에 있는 것으로 보인다. 조선 후기 진경산수화를 조선 중기까지의 산수화와 동일한 것으로 보기는 힘든 까닭은 진경산수화가 공동체의 시선이 그려낸 관념적인 산수화가 아니라 한 개인의 시점에서 재구성된 것이기 때문이다. 따라서 〈동명일기〉와 조선 후기 진경산수화는 개인적인 경험과 감상에 주목하기 시작했다는 면에서 공통점을 갖는다고 할 수 있다. 나아가 이러한 공통점은 조선 후기 시각장의 특징으로서, 근대적 의미의 개체 인식을 보여준다고 하겠다.

정선의 진경산수화와 의령 남씨의 〈동명일기〉에 형상화된 자연은 모두 개인적인 체험의 공간이라는 공통점을 가지며, 그리하여 세계는 개개인의 지각에 따라 다수의 범주로 존재한다. 산수화 속에 존재하는 유람자는 자신이 그곳에 다녀왔음을, 자신이 직접 본 풍경을 그림으로 남기고 싶어 한다. 정선에게 산수화를 부탁했던 많은 선비들은 그에게 자신이 직접 보고 느낀 감흥을 화폭에 담아달라고 요청했다. 마찬가지로 〈동명일기〉의 작자에게도 중요한 것은 자신이 직접 그곳에 다녀왔으며, 그 당시 보고 느낀 감상이 삶의 의의와 생의 의미를 부여한다는 사실이다. 회화와 산문에서 발견되는 이러한 공통점을 본고의 관심사인 시각의 문제와 관련해 살펴보면 조선 후기에 이르러 '본다'라는 것의 의미가 변화했음을 알 수 있다.

〈동명일기〉의 서술자는 생의 의미, 이에 대한 회의 등을 사고하고 있다. 위에서 예로 든 것처럼 작가는 덧없는 인생의 의미를 여행을 떠나 장관을 보는 것에서 찾으려고 한다. 보는 것이 곧 살아있는 것이라는 이러한 사고의 중심에는 시각, 즉 보는 것의 문제가 놓여 있는데 개체의 소멸은 곧 볼 수 없음을 의미하기 때문이다. 그런데 보는 것과 삶의 의미를 동일시하는 이러한 사고방식은 동시대 남성 작가들의 기행문학에서는 발견하기 어렵다.

> 집은 공(公)옥(屋)이든 사(私)옥(屋)이든 대개 남향이 흔하다. 그 제도는 아무리 하호(下戶)의 초가라도 다 오량(五梁)이다. 들보의 길이는 20여 척이며, 작아도 14~15척 이하는 없으며 큰 집은 7량이나 9량도 있다.[400]

> 초가의 지붕 위는 평평하게 흙으로 발랐는데, 새지 않으며 그 위에 풀이 나 있다. 간혹 그 위를 석회로 바른 집도 있었다. 초가를 덮은 띠는 모두 엮질 않고 다만 다발로 묶어서 쌓아 뒀는데 밑 부분이 아래로 되어 있고 두께는 한 자쯤이었다. 용마루는 잇닿은 부분이 흙으로 발라져 있었다.[401]

남성 작가들의 기행문에서도 개개인의 체험이 중시되며, 대상의 묘사는 관찰을 통해 사실적으로 이루어진다. 그러나 남성들의 기행문학은 〈동명일기〉와는 다르게 삶의 의미를 보고 느끼는 것보다는 보고 얻는 것에서, 다시 말해서 새로운 대상을 보고 지식을 축적하는 데에서 찾는다. 그러므로 〈동명일기〉는 의미 있는 여성의 삶이란 무엇인가라는 질문이 가능해졌음을 말해 주는 동시에 이러한 질문에 대해 무언가 볼만한 모든 것을 보고, 기억 혹은 기록으로 담아두는 것이 의미 있

---

400 김창업, 「연행일기」, 『국역 연행록선집』Ⅳ, 민족문화추진회, 1976, p. 30.

401 위의 책, p. 31.

는 행위라는 해답을 제시하는 텍스트라고 할 수 있다. 〈동명일기〉는 18세기 여성의 이와 같은 자아 인식을 담고 있으며, 이것은 가부장제적 유교 사회에서는 볼 수 없는 새로운 근대적 인식이었다.

4. 남성 기행문학과 여성 기행문학: 견문의 축적과 감상의 기록

〈동명일기〉는 지금까지 한글 사용이나 묘사 등의 측면에서 주로 언급되었다. 본고에서는 이와 같은 표현상의 특징들을 기행 양식과 여성의 자기 서사라는 관점에서 다시 검토하여 그 가치를 재고하고자 했다.

2장에서는 〈동명일기〉에서 자연을 묘사하는 시선이 이전 시기의 작품과 어떻게 구별되는가를 검토했다. 〈동명일기〉에 묘사된 자연과 사물은 개인의 시선에 포착된 풍경으로서, 이전 시기의 작품에서 볼 수 있던 공동체적 관념의 표상과는 다르다. 〈동명일기〉에 그려진 자연은 공동체의 성원이라면 누구라도 떠올릴 수 있는 공통의 관념으로서의 자연이 아니라 구체적 사물이며, 이전에는 주목받지 못했던 일상적인 사소한 풍경들도 이 작품에서는 묘사의 대상이 될 수 있다.

3장에서는 지각 대상의 이러한 성격 변화가 동시대 시각장의 특성과 무관하지 않다고 보고, 당대의 산수화를 검토하면서 감상 주체의 문제를 살펴보았다. '본다'는 행위의 의미와 보는 주체의 관계를 통해 자아를 인식하는 방식의 변화를 논해보고자 한 것이다. 〈동명일기〉의 서술자는 '무의미/의미', '일상적 공간/일탈적 공간', '여성의 삶/여성임을 잊어버린 삶' 등의 대립에 '장관을 못 봄/장관을 봄'의 대립항을 대응시킨다. 즉 본다는 것이 곧 살아있음을 의미한다고 여기며, 여행을 통해 여성으로서 지켜야 할 의무로부터 벗어나 보고 느끼는 것에서 진정한 삶의 의미를 찾는다.

이처럼 여성 수필이 가진 지극히 근대적인 인식의 특질은 동시대 남성 작가의 기행 문학과의 비교를 통해 보다 분명히 드러났다. 동시대 남성 작가의 기행 문학에서는 지식의 축적이 강조되는 데 비해 여성 작가의 작품에서는 생동감 혹은 생명력이 보다 중요하게 인식된다. 다시 말해 개체의 시선과 경험이 중시된다는 공통점을 가지면서도, 한쪽에서는 견문을 넓히는 것에 또 다른 한쪽에서는 보고 느끼는 것에 중점을 둔다는 것이다.

이처럼 본고에서는 〈동명일기〉를 대상으로 시각장의 변화에 따른 시각 대상의 변화 및 시각 주체의 자기 인식의 변화를 살펴보는 작업을 통해 이 작품에는 가부장제적 유교 사회에서 쉽게 찾아볼 수 없는 새로운 근대적 인식이 담겨 있음을 확인했다. 요컨대 〈동명일기〉는 18세기에 유의미한 변화를 보인 자연 인식과 18세기 여성의 새로운 근대적 자아 인식을 담고 있다는 점에서 중요한 텍스트로 간주될 수 있다는 것이다.

2장

참회와 자발적 고백을 통한 자기합리화: 『규한록』을 중심으로

2장

참회와 자발적 고백을 통한 자기합리화: 『규한록』을 중심으로

1. 19세기 양반 여성의 자기서사

〈규한록〉은 고산 윤선도의 8대(八代) 종손부(宗孫婦)인 이씨 부인(1804年 3月 15日~1863年 7月 8日)이 자신의 시어머니에게 보낸 편지글이다. 이 편지글은 대개 수필 또는 기록문학·수기문학·자조문학으로 분류되는데, 그 까닭은 텍스트에 등장하는 인물의 생애와 이씨 부인의 생애가 동일한 것으로 파악되기 때문이다. 게다가 시어머니에게 보내는 서간 형식으로 되어 있기에 더더욱 무리 없이 허구적이며 창조적인 산문과는 별개의 것으로 다루어졌다. 따라서 〈규한록〉은 조선시대 여성으로서 직접 자기가 체험한 생활을 토로한 작품이며, 작자 자신이 직접 쓴 한글 작품이라는 의의를 갖는다.[402]

402 이우경, 「규한록의 수필적 성격에 대한 연구」, 이화여대 석사학위논문, 1981, p. 2.

이씨 부인은 세종대에서 연산군대에 걸쳐 권신이던 광원군(廣原君) 이극돈(李克墩, 1435~1503)의 후손으로 광원군 이래 세거(世居)해 오던 전남 보성군 대곡에서 태어났으며, 순조 20년 나이 17세 되던 해에 해남 윤씨 문중으로 출가했다. 그러나 해남 윤씨의 종통을 이을 한 살 아래이던 남편 윤광호가 결혼한 당년 봄에 불행히도 요사(夭死)하여, 남편의 용모도 잘 모른 채 말 그대로 청상과부가 되었다.[403] 〈규한록〉은 이처럼 "예식만 치르었을 뿐, 사실상 양가가 다 엄했던 구 예법 아래서 남남처럼 있다가 (남편과) 사별한"[404] 이씨 부인이 해남 윤씨 종가의 살림을 맡은 43년 가운데 잠시 시댁을 떠나 친가로 가 있었던 때(이씨 부인이 31세였던 1834년)에, 그때까지 겪었던 일과 앞일을 시어머님께 원정(願情)조로 기록한 것이다.

조선 후기 양반 여성에 의해 쓰인 대표적인 자기 서사[405] 가운데 하나로 일컬어지는 〈규한록〉에 대한 기존의 논의는 그것이 허구가 아닌 사실을 기록한 텍스트라는 점[406]과 여성 작가가 여성 자신의 삶을

403 박요순, 「「한중록」에 견줄 李朝女流文學의 白眉-〈閨恨錄〉解制」, 『문학사상』 6, 1973.3, p. 414.

404 위의 글, p. 414.

405 "19세기의 〈ᄌᆞ긔록〉과 〈규한록〉은 현재까지 알려진 조선 후기 양반 여성의 자기서사로서는 가장 대표적인 텍스트라 할 수 있다." 박혜숙, 「여성적 정체성과 자기서사-『ᄌᆞ기록』과 「규한록」의 경우-」, 『고전문학연구』 20권, 한국고전문학회, p. 242.

406 기록문학이란 창조적 문학과는 대립되는 개념으로, 사실성에 입각하여 일회적이면서도 특수했던 인간 자신의 체험을 소재로 하면서 다시 그 사실의 내용을 신빙성 있게 객관적으로 전달하려는 작가적 의도에서 창작된 문학의 작품군을 뜻한다. 이같은 작품군에 대한 통일된 용어는 없지만 대개 비슷한 작품들을 묶어 고대수필·수기문학 혹은 自照문학 등으로 부르고 있다. 〈규한록〉 역시 사실성에 입각하여 쓰인 작품이라는 점에서 기록문학의 범주에 속하는 텍스트로 분류된다. 조종업, 「한국여류수필에 대하여」, 『어문연구』 8, 어문연구학회, 정음사, p. 59, 1972; 김일근, 「인목대비의 술회문을 공개하면서」, 『문

서술한 것이라는 데에 초점이 맞추어져 진행되어 왔다. 대표적인 것으로 박요순의 논의를 들 수 있는데, 그는 이 작품이 문예작품이라는 외에 조선시대 사대부가의 생활 이면을 그대로 생생하게 파헤쳐 보여준다는 면에서 이중의 가치를 내포하고 있다고 한다. 또한 시모에게 보내는 서간문식 고백체로 되어있기 때문에 서간문류로도 착각될 가능성이 있으나, 조선시대 내간문이 가지는 엄격한 고정형식을 따르고 있지 않다는 점에서 오히려 소설 형식에 가까운 텍스트라고 하며 내간으로 분류하는 것이 옳지 않음을 주장한다. 한편 그는 작품의 등장인물을 조선시대의 전형적 여인상과 개척적이고 진취적인 이질적 여인상으로 크게 대별하여 전자에 해당하는 인물로 이씨 부인의 시어머니를, 후자의 인물로 이씨 부인을 들고 있다. 요컨대 이 작품은 사대부가의 단면을 생생하게 보여주며, 여인의 한을 단순한 넋두리가 아닌 이지적 비판으로 제시하고, 기존에는 찾아볼 수 없었던 조선 여류 산문문학의 개성적 표현을 볼 수 있게 해준다는 것이다.[407]

이우경 역시 작품의 수필적 성격과 작가의 감정 표출에 초점을 두고 논의를 진행시켰다. 정신분석학을 방법론으로 한 이 논문은 이씨 부인이 조선 사회를 지배하고 있는 유교적 윤리 의식에 철저히 모범적인 실천행동을 보인 여인이었던 한편으로, 개체로서의 개별성·평등성에 눈을 떠 인간이 인간답게 살아야 할 가치를 표명하는 가역성을 지향하는 판단의식을 가지고 있는 여인이었다[408]고 주장한다. 표면구조

학사상』 2, 1972.11, p. 458 참조.

407 박요순, 「신발견 규한록 연구」, 『국어국문학』 49·50, 1970, p. 154 참조.

408 이우경, 「규한록의 수필적 성격에 대한 연구」, 이화여대 석사학위논문, 1981, p. 39 참조.

의 종부의식과 심층구조의 모성성을 찾아내어 인간적인 성취 지위에 대한 희구를 읽어내고, 그 주제는 종부의식과 모성성이 의식과 무의식의 세계 속에서 상충하여 나타난 한(恨)이라고 본 것이다.

〈규한록〉에 대한 이상의 논의들은 이유경의 다음과 같은 주장 속에 잘 요약되어 있다. ① 작품속의 주인공은 바로 '나'이다. ② 작품 속에 나타난 모든 것은 작자가 체험했거나 들은 사실을 작자의 나름대로 옮긴 것이다. ③ 작자 자신의 마음을 통해서 우러나오는 고백이며 이는 자연적인 유로(流露)이다. ④ 작자의 회의와 반성을 통해서 감정의 淨化가 이룩된 知性의 글이다. ⑤ 구성의 자연성은 형식의 개방을 뜻한다. ⑥ 구성은 단편적이며 결코 완결을 요하지 않는다. ⑦ 표현은 작자를 아는 거울이다.[409]

특히 최근에는 〈규한록〉의 문체 혹은 서술 방식에 초점을 맞춘 논의들이 전개되어 주목할 만하다. 조혜란은 이 작품에 특징적으로 나타나는 반복 서술과 절제 서술에 초점을 맞추어, 반복 서술은 의식의 억압을 뚫고 올라오는 말들을 자신도 제어하기 어려울 때 나타난 현상이며, 절제 서술은 당대의 가치에 적극적으로 찬동하는 말을 의도적으로 거부하고 잠재움으로써 체재 안에서 저항의 몸짓을 해보이는 것이라고 설명한다. 나아가 그는 이러한 반복과 절제의 양상이 결국 억압받은 자들이 자신들의 목소리를 전달하는 문학적 장치라는 의의를 갖는다고 주장한다.[410]

409 위의 글, pp. 120~134 참조.

410 조혜란, 「고전 여성 산문 「규한록」의 서술 방식」, 『우리문학의 여성성·남성성』(고전문학편), 이화어문학회, 월인, 2001, pp. 237~254 참조.

이와 유사한 문제의식을 가진 박혜숙[411]은 19세기 조선사회에서 양반여성의 자기정체성은 어떠한 것이었으며, 양반여성의 자기서사에는 어떤 특징과 의미가 있는지를 〈규한록〉과 〈ᄌᆞ긔록〉의 문체 및 어법의 비교 분석을 통해 규명하였다. 그에 따르면 이씨 부인의 내면에는 타인의 관점과 자신의 관점, 규범적 관점과 실존적 관점, 규범적 자아와 현실적 자아 사이의 중첩과 혼란이 존재한다. 그리하여 이씨 부인은 분열되고 히스테릭한 여성의 내면을 표현하고, 규한록은 단일한 의미로 고정되기 어려우며 지배 이데올로기의 의미 체계에 의문을 제기하는 텍스트가 되었다는 것이다.

이상의 논의들은 모두 〈규한록〉이 가지고 있는 표현상의 독특함에 주목하였다는 데에서 공통점을 찾을 수 있다. 〈규한록〉에 대한 비교적 이른 시기의 연구에서는 표현상의 이 같은 독특함이 텍스트가 가진 문학성을 입증하는 근거이자, 조선 시대 사대부 여인의 생활상을 생생하게 보여주는 실례로 사용되었다. 한편 조혜란, 박혜숙의 경우에서 드러나듯이 최근에 들어서는 이와 같은 비논리성과 감정의 분출이 여성적 글쓰기 혹은 여성 정체성을 규명하는 기제로 이해되기도 한다. 요컨대 〈규한록〉에 대한 기존 논의는 대체로 조선시대 사대부 여성이 갖추어야 할 덕목에 부합하는 표현과 그것에서 크게 벗어나는 표현이 공존하고 있는 현상을 설명하고 이를 여성적 글쓰기의 특징으로 읽어내는 데에 집중해있다고 할 수 있겠다.

앞서도 언급했듯이 지금까지는 텍스트에 드러난 이러한 분열 양상

411 박혜숙, 「여성적 정체성과 자기서사－『ᄌᆞ기록』과 「규한록」의 경우－」, 『고전문학연구』 20권, 한국고전문학회, pp. 239~269 참조.

을 "표면구조의 종부의식과 심층구조의 모성성"의 충돌, "규범적 자아와 현실적 자아의 중첩" 등으로 설명했는데, 필자의 판단으로는 이것만으로는 서술자의 이중적인 목소리를 가능하게 만드는 심층적인 구조 혹은 보이지 않는 당대의 문화적인 약호들에 대한 충분한 설명이 될 수 없을 듯하다.

이에 본고에서는 텍스트를 좀 더 면밀히 살펴보고, 이러한 기존 주장의 타당성을 검토하여, 텍스트가 새롭게 해석될 가능성을 찾아보고자 한다. 다시 말해서 텍스트의 표면에서 드러나는 이러한 분열이 서술자 혹은 당대 사회의 어떠한 구조적 모순에서 비롯되었는가를 밝혀내는 것이 본고의 목적이다. 이는 조선시대 사대부 여성의 정체성이 당대 사회의 구조적 모순을 드러내는 한 지점임을 증명하고자 하는 작업이라고도 볼 수 있겠다.

〈규한록〉은 크게 4부로 구성되어 있다. 그리고 각각은 동일한 스토리의 확대, 반복, 삭제의 양식으로 짜여 있다고 말할 수 있다. 텍스트의 화자는 유사한 이야기를 4부에 걸쳐서 되풀이하면서, 자신의 억울함을 강조한다. 그런데 이때 본고에서는 〈규한록〉에 두드러진 서사적 특질인 확대, 반복, 삭제 등의 기제에 주목하고자 한다. 이러한 형식상의 특징이 주체의 억울한 입장에 대한 호소 이면에 드러나지 않은 무언가가 존재할 수 있음을 의미한다고 볼 수 있기 때문이다.[412] 본고는 이러한 전제 하에 이후 보다 정밀한 분석을 통하여 〈규한록〉이 갖

412 프로이트에 따르면 무의식은 작품이 되는 과정에서 사회적으로, 도덕적으로 수용 가능한 의식적 의미로 변형되는데, 이러한 변형을 가능하게 하는 것이 바로 문학의 형식적인 측면이다. 그러므로 문학의 '형식'에 대한 탐구는 곧 텍스트의 무의식에 대한 탐구라 할 수 있다. 박찬부, 『현대 정신분석 비평』, 민음사, 1996, pp. 80~83 참조.

는 표현상의 특징이 의미하는 바를 규명함으로써 19세기 사대부 여성의 자전적 글쓰기가 갖는 성격을 재규명하고자 한다. 이는 텍스트의 서술 방식과 텍스트의 구조 내지는 무의식의 상관관계를 밝혀 당대 사회의 한 단면을 읽어내고자 하는 시도라는 점에서 기존의 역사 연구 혹은 문학 연구와는 차별화된 결론을 생산해낼 수 있는 방법이라고 할 수 있을 것이다.

2. 동일한 서사소의 규칙적 배열과 서술 태도의 이중성

하나의 텍스트는 여러 시퀀스들을 포함하고 있으며, 또한 시퀀스들은 그 기능에 따라 하위 분류될 수 있는 여러 단위들을 포함하고 있다. 다양한 시퀀스들로 구성된 하나의 텍스트에서 사건들은 연결되거나 삽입되고 연합하여 한 편의 미시 시퀀스를 형성한다.[413] 이와 유사한 방식으로 미시 시퀀스가 결합하여 거시 시퀀스를 형성한다.[414] 그리고 거시 시퀀스 역시 유사한 방식의 결합을 통하여 하나의 텍스트의 통사적 국면을 완성한다.

이러한 서사 단위의 결합 유형은 논리적·시간적 순서에 따른 유

413 스티븐 코핸·린다 샤이어스, 『이야기하기의 이론: 소설과 영화의 문화기호학』, 임병권·이호 공역, 한나래, 1997, 81면; 쉴로미스 리몬 케넌, 『소설의 시학』, 최상규 역, 문학과 지성사, 1985, pp. 42~43 참조.

414 쉴로미스 리몬 케넌, 위의 책, pp. 41~43 참조.

형과 공간적 순서에 따른 유형으로 구분되는데,[415] 필자가 검토한 바에 따르면 〈규한록〉은 공간적 순서에 따른 결합 유형을 취하고 있다. 일반적인 공간적 순서에 따른 결합 유형의 특징을 규정하자면, 그것은 텍스트의 단위 요소들이 어떤 모습으로서든지 다소간 규칙적으로 배열됨으로써 나타나는 것이다.[416] 그러므로 동일한 사건들이 계속해서 반복되는 양상을 띤 〈규한록〉은 공간적 순서에 따라 네 개의 거시 시퀀스로 구성되어 있다고 할 수 있다. 특징적인 것은 이 텍스트가 일정한 사건의 반복으로 구성되는, 거시적 단위를 구분하는 표지를 갖는다는 점이다. 본고에서는 하나의 텍스트를 마무리 짓는 듯한 표현과 수신자에게 전하는 당부로 이루어진 이와 같은 표지에 따라 규한록을 네 개의 거시 시퀀스로 구분하고, 이를 다시 미시 시퀀스로 정리하여 논의를 진행시키려 한다.

각각의 거시 시퀀스는 앞서 언급한대로 대개 비슷한 내용의 반복으로 이루어진다. 첫 번째 거시 시퀀스의 처음 부분부터 살펴보면, 텍스트의 첫 부분은 종가가 어려워진 것이 자신이 양자를 들인 것과 살림을 제대로 하지 못한 때문일지도 모른다는 괴로움을 토로하는 것으로 시작된다.[417] 괴로움을 토로하는 것으로 말문을 연 '자부'는 이어 마

---

415 츠베탕 토도로프, 『구조시학』, 곽광수 역, 문학과 지성사, 1977, pp. 83~95 참조.

416 단위 사건 혹은 시퀀스들의 결합 관계는 결합 원리나 배열의 순서에 의해 나뉘어지게 되는데, 그것들은 인과관계, 내포적 관계 등의 논리적 관계이거나, 계기적 관계, 동시적 관계 등의 시간적 관계이거나, 또는 반복적 관계, 대립적 관계 등의 공간적 관계를 이루게 되는 것이다. 위의 책, p. 101 참조.

417 부귀와 종사 위한 후사 정하여 허다한 종가 물질을 허탄하게 써서 그러하온지, 수습을 못하여 그러하온지 빚내어 가며 살고, 손주 없어 무홍하던 중 나으신 표적까지 자연히 없게 하오니 해롭지 아니 하오며 그리하든 저리하든 큰댁 형세와 자부가 세상을 원억히

음속에 맺힌 일을 말하라는 '아자바님'의 말씀에 따랐지만 오히려 화를 내시더라는 일을 이야기한다.[418] 그러나 아주버님에 대한 원망의 심정을 토로하는 이때에도 그는 다시 모든 잘못을 자신에게 돌리며, "살아나온 줄 몇 번이나"[419] 후회한다고 술회하고, 자신을 "열 번이나 죽어야 옳고, 마땅한 자부"[420]라고 지칭한다. 또한 자신의 삶이 "개똥의 버러지"보다 못하다고 여기는 그는 종들의 무례함에서 더더욱 스스로의 처지를 비관한다.[421]

한편 하인들에 대한 비난은 자신의 처지를 억울하게 여기게 하는 계기가 되는데, 앞에서 모든 것을 자신의 탓으로 돌리던 그는 이제 자신에 대한 변명을 하기에 이른다.[422] 그리고 이러한 변명은 문제의 원

머물러 있어 밥도 얻어먹지 못하여 주리고, 소임을 못감당하면 '개똥의 버러지로나 알까 보냐' 싶으옵고 무정세월이 흐를수록 나이들어 그러하온지 어느 무슨 일이 아니 생각되어 무심하오리까? 이씨 부인, 〈규한록〉, 『문학사상』 6, 1973.3, p. 392.

418 자부는 뼈에 박혀 완명을 지닌고로 아뢰었사옵더니, 종에게 배자하듯 …… 아자바님께 빗대어 한 말이라 하시며, 서삼촌인들 그리할까보냐? 하시니 자부는 …… 덕택을 갚기는 생의도 못한 채 대증을 내오시니 실로 황공무지하옵나이다. 대체로 생각하옵시면 자부의 허물이 과실이오니 불가취신치 못한 여편네가 촉가하옵시리이까. 위의 글, pp. 392~393.

419 위의 글, p. 393.

420 위의 글, p. 393.

421 하천비복인들 자부 말을 들을 리 있아오며, 고막에 같은 썰어 죽일 년은 형언도 마옵고, 남은 것들도 자부 심성정을 변하게 굴던 일 다 생각지 못하겠사오니, 저들이 자부 없는 것 오죽 시원시원 여기겠나이까, 위의 글, p. 393.

422 자부 위한 양자이오니까? 수숙간은 이왕 재리로 피차 적상하옵신 터이옵거니와, 자부는 임자 없이 죽어 좋을 인생이 의탁하여 투생함을 가긍히 여기시어 그러하온지, 십년을 지나도 흔단치 못하여 귀로 아니 들어 그러하온지 고약하단 말은 그중에도 못 들었사옵더니, 만사에 염이 없이 무흥 철부지의 세간과 팔자에 없는 자식을 급히 얻기 위해 형세구관함으로 물색이 가이가이 없었나이다. 위의 글, p. 394.

인이 '마땅히 죽어야 옳은 목석같은 자부'[423]가 아니라, '재리'에 있다는 생각으로 이어진다.[424]

양자를 얻은 일이 자신을 위한 일이 아니었으며, 종부로서의 소임을 다하지 못한 것 역시 재물이 부족하기 때문이라고 항변하는 부분에서는, 이전처럼 모든 책임을 자신에게 돌리던 태도는 찾아보기 힘들다. 오히려 이 부분에서는 윤씨 종가의 종부로서의 자신의 지위와 역할에 대한 서술자의 분명한 의식을 엿볼 수 있다. 서술자는 종부로서의 자신의 삶이 '의리에 가사에 마음을 두'는 것임을 인식하고 있기 때문에, '숨값을 못'하는 것에 때로는 억울함을 때로는 죄스러움을 느낀다. 다시 말해 그가 자신의 삶에 대한 반성 혹은 죄책감과 함께 종부로서의 삶을 충실히 살아가고자 하는 욕망 혹은 자신의 삶에 일정한 가

423 위의 글, p. 394.

424 "성가시게 못 죽음을 새로이 이제 후회되오니, 육체 백년 안인 세상을 비록 몸이 마친다 하여도 미망인인들 시일이 갈수록 천도에 부모 생각하온들 그다지 후회 막급하오며, 자부 같은 인생 형세 넉넉하온들 남편 자식 먹이며, 입히려 이리 맺혔겠사옵나이까마는, 숙질간의 일 미련하온 소견은 도시 다 財利때문이라 생각되오니 어찌 아니 무섭사옵나이까?" (위의 글, p. 394.)
"세상을 잡아 낳아서 이리도 좋은 세상을 두고 주인 없는 손으로 눈치 살피며, '오리가 황새 흉'을 낼 것이오니까? 중임을 감당하여 있어도 쓰지 못할 부림이 가뜩이나 넉넉지 못하고, 종들 엄히 금치 못하여 주신 터에 제 愚人마저 잔소리 못하게 휘여 부리지 못하는 죽은 목시의 시신이 윤생원댁 대종부인 체 담당해야 한다는 속은 있어 애쓰던 일 자부일망정 가련 애차 꿈 속 같고 기구기구 하오니 얼마나 상하족속 웃으시는고 싶으오이다." (위의 글, p. 395.)
"제사는 이따금 있고 빈객에 적은 곡식을 아무쪼록 자라여 쓸려고 하던 일 생각하오면, 원통 원업 원업 철천 백골이 진하여도 석지 아니한 유한은 열가지를 다 어떻게 하여 살 마음을 두올지" (위의 글, p. 396.)
"재물이나 넉넉하면 수습하고 종들 말이나 공손하면 팔자 한탄 천박히 비색 띠어 울음 눈물로 무시로 어머님의 적상심신 유한을 드높이며 비색으로 어머님 심회 돕삽더이까?" (위의 글, p. 396.)

치를 부여하는 태도를 가지고 있다고 생각할 수 있다.

이상의 내용은 다음과 같은 시퀀스로 요약할 수 있다.

> ① 양자 정한 일을 시숙에게 아뢰었으나 대증을 내시니 실로 죄스럽고, 황공무지하다.
> ② 양자를 들인 일은 자부를 위한 것이 아니었다.
> ③ 종들이 자부의 말을 듣지 않는다.
> ④ 적은 곡식으로 제사 지내기가 힘들다.

대체로 이와 같이 텍스트의 첫 번째 거시 시퀀스 부분이 정리되지만, 사실 동일한 문제에 대해 서술자가 끊임없이 태도를 바꾸고 있기 때문에 위의 미시 시퀀스들이 계속해서 반복되고 있다고 하여도 틀린 말은 아니다. "자학과 저항"[425]을 오가는 서술이 텍스트 전반을 특징짓고 있는 것이다. 유사한 내용이 텍스트에 반복적으로 나타나는 텍스트의 이러한 특징 때문에 네 개의 거시적 시퀀스로 텍스트를 구분한 것이 절대적인 기준이라고 할 수는 없다. 다만 이와 같은 구분이 필요한 까닭은 텍스트의 서술상의 특징을 검토하는 데에 있어서 유용할 것으로 기대되기 때문이다. 다시 말해서 텍스트에 두드러지게 드러나는 반복의 양상들을 검토하는데 이러한 구분이 매우 편리한 기준을 제공한다는 것이다.

> 열해를 넘어 주인 없는 몸이 의리에 가사에 마음을 두옵기도 하늘 같은 덕택이오이다. 자부가 성정 고약하여 임자 없는 시댁이라 경히 여겨

425 박혜숙, 「여성적 정체성과 자기서사—『ᄌᆞ기록』과 「규한록」의 경우—」, 『고전문학연구』 20권, 한국고전문학회, p. 261.

과연 이리 원정을 아뢰옵는 바 아니오니 어머님께서도 증 내옵시어 불에 넣지 마옵시고 두 번이나 감하옵소서.[426] (밑줄 필자)

본고에서는 위의 인용에서처럼 시어머니께 이 글을 버리지 말아달라고 간청하는 대목을 거시적 시퀀스를 구분하는 기준으로 삼았다. 이와 같은 당부를 기준으로 하여 하나의 이야기가 완결되는 듯한 인상을 받을 수 있고, 이후로 다시 이전과 동일한 내용이 되풀이되기 때문이다.

두 번째 거시 시퀀스는 자신이 죽지 않은 것이 도리어 우환이 되었다는 한탄으로 시작한다. 그런데 두 번째 내용 단락에서 특징적인 것은, 임오년 당시 자부를 살리기 위해 애쓰던 시숙들의 노력에 대한 회상이 매우 많은 분량을 차지한다는 점이다. 물론 이 부분 역시 아래와 같은 감상이 주를 이루기 때문에 사건 위주로 서술되었다고 보기는 어렵다.

박명지원으로 숨을 끊지 못하고 시삼촌 말씀을 간폐에 새겨 듣사옵고, 마지못하여 살았다가 도리어 이 우환이 되오니 세상사 답답히 믿지 못할 줄을 삼십에야 알았사옵니다.[427]

그러나 인물들의 대사를 직접 인용하고 당시의 상황을 비교적 자세히 서술하고 있는 부분들은 장면위주로 사건을 확장시킨 부분이라고 할 수 있으므로 인용해보기로 한다.

'윤씨 십이 대 종가 명문사당 산소 우마장이 원통하니, 삼십 간 와가

426 이씨 부인, 앞의 글, p. 396.

427 위의 글, p. 397.

쑥대밭이 아니 되기 자네 없으면 어따 의지하여 부지하실 터이며, 명 짧은 조카 성장하였다면 귀한 집 딸 생으로 공연히 죽게 될 리가 없으니 죽으면 원귀되리라' 말씀 몇 번 하시며 자부 먹으면 잡수시겠노라 옆을 떠나지 않으시고…….[428]

세상이 백년 안인데, 경한 여편네 만 것을 저다지 하옵시니 자부 우인 저지르지 아니하였고, 또 '명만 지녀주면 설움밖에 다른 근심은 없게 하여 주쉬려노라' 하옵시기로 금석으로 믿고 투생하였사옵나이다.[429]

위의 인용문을 통해 알 수 있듯이 서술자는 자신이 살아있는 이유가 오직 시숙들이 자신의 자살을 만류했기 때문이라고 거듭 밝힌다. 시숙들의 간곡한 설득이 있었기에 자부는 죽음을 택하지 않았다는 것이다. 자신이 살아있는 것에 대해 거듭 후회하는 한편으로, 불행한 처지의 모든 원인을 자신이 아닌 시숙들에게 돌리고 있기 때문에, 이 부분에서도 자책감과 원망이라는 이중적인 감정이 공존하고 있음이 잘 드러난다.

남편이 죽은 당시에 대한 회상이 끝나고, 이어지는 부분들에서 서술자는 현재의 여러 상황을 기술하는데, 이때 가장 먼저 언급된 것은 양자 문제이다.

아자바님께서, '이때까지 선대에 악악한 일 없고, 우리 형님 어지신 심덕 팔남매 혈속 없음을 원통원통하니 의젓한 양손 얻어 자네 손으로 키우라' 하옵더니 어머님 알으시듯 철빈에 가하오니 조심조심과 두루

428 위의 글, p. 397.

429 위의 글, p. 398.

눈치 살피기는 더 못할 일이오며, 애만 이리저리 무익하게 쓸 뿐이옵지 몸으로 손으로 무엇을 조금치라도 하나이까?

지금은 본 성정이 더 고약하옵고 어머님 아자바님 뜻을 받잡지 못하여 미안을 바친 후, 노속이 자부 말을 승순하올 일 만무하오며 주인이 계셔도 자부 신상 어렵다 이르올 터에 어디에 푸접 의지하옵겠나이까! 모우 잔말씀일 뿐이옵니다.[430]

앞서 살펴본 첫 번째 거시적 시퀀스에서는 양자를 들이는 문제에 대한 자책감이 주로 서술되었던 반면에, 위의 인용 부분을 보면 이 부분에서는 시숙이 먼저 양자를 들이라고 권했다는 내용이 강조되고 있다. 지금 양자 문제로 집안이 시끄러운데 사실 양자를 들이라고 권한 것은 시숙들이었다는 것이다. 이처럼 살아남아 있는 자신의 처지를 서술하는 부분에서, 죽지 않았다는 자책감과 함께 시숙들에 대한 원망은 사안을 달리할 뿐 계속해서 반복된다. 이와 같이 동일한 문제에 대해 서로 다른 태도를 보이는 것은 텍스트의 특정 부분에서뿐만이 아니라 글 전체를 통해서 발견되는 특징이다.

양자 문제에 이어서는 주로 종가의 형세가 제사를 지내기에 넉넉지 못하다는 하소연이 이어진다. 그리고 종들과의 마찰 역시 언급되는데, 종들의 태도에 대한 하소연이 주로 서술되었던 이전과는 달리 매번 빚을 지는 형편이니 종들이 충노 아닌 이상 형세에 따를 수밖에 없다는 등 그들의 처지가 한편으로는 이해된다는 반응이 주를 이룬다. 그리하여 이 부분에서는 형세에 따를 수밖에 없는 종들의 입장을 이해

430 위의 글, p. 399.

하는 한편으로, "생사에 임자 없는 신체여서" 자신을 "일언이 폐지하고 상하비복이 버러지만치나 여기"지 않는다는 분노를 표출하는 것이 동시에 나타나고 있다.

종가의 가난 때문에 자부가 겪은 어려움에 대한 서술에 이어지는 것은, 친가에서 지내고 있는 자신의 입장에 대한 변명 및 양자 웅철 또한 자신의 친가로 보내달라는 요구이다. 다시 말해 자신이 친가에 있는 것 역시 종가의 재물이 부족하기에 조금이나마 어려움을 덜기 위함이라는 변명을 한 후에, 양자 웅철 역시 성장할 때까지 자부 집에 두게 해달라는 부탁을 한다.[431] 즉 서술자는 자신의 처지를 설명하며 이해와 용서를 구하는 한편으로, 자신이 그러한 행동을 취할 수밖에 없는 이유가 종가의 가난에 있음을 끊임없이 상기시키고 있다.

이상의 내용은 다음과 같은 미시 시퀀스로 정리할 수 있다.

① 임오년에 시삼촌께서 간곡히 설득하셨기에 자부가 죽지 않았다.
② 시삼촌께서 양자를 들이라고 하셨다.
③ 일 년에 근 삼십 번 있는 제사 제대로 잡숫게도 못한다.
④ 종들이 재물을 가져가 피해가 크다.
⑤ 웅철을 자부 친가에 두면 좋겠다.

그리고 두 번째 거시 시퀀스 역시 아래와 같이 자신의 입장을 헤아려 달라는 부탁으로 마무리된다.

증을 내오시면, 자부 시댁에 가서 더욱 몸 둘 곳이 없어 두 번이나 죽

431 "웅철이 성장하도록 자부 집에 두옵시는 것이 여러 가지로 긴하지 아니하오리까. 자부 가오면 또 빚이 질 것이니 일생에 무슨 근천이리까." 위의 글, p. 401.

는 바이오니, 세세히 감하시어 생가하옵시고 통촉하옵소서[432]

이어지는 세 번째 거시 시퀀스는 세상에 머물 뜻이 없는 자신의 생각을 피력하는 내용으로 시작된다.[433] 또한 자신이 이렇게 구차한 목숨을 연명해 나가는 이유는 아주버님들의 간곡한 만류에서 비롯된 것임을 다시 한 번 강조하는 것 역시 잊지 않는다.[434]

이어지는 내용은 앞선 거시 시퀀스들에서 모두 제시되었던 것들이다. 즉, 가세가 기울어 제사 지내기조차 어려운 처지임을 하소연하는 것과 종들에 대한 서술자의 태도 등이 반복해서 서술된다.[435] 이 경우

432 위의 글, p. 402.

433 "남편 면목도 알지 못하옵고 유언인들 들었사오리까. 세상에 낳다가 열 가지에 한 가지도 인류의 총중에 들지 못하올 인생이오며 성인하온지 달 수로 화한 마음이 없다가 이 모양 이 신세가 되오니 고고히 원운에 대한 생각이 사무치올 뿐 천지를 뚫을 듯 아무리 생각하온들 세상에 머물 뜻이 있사오리까!" 위의 글, p. 402.

434 "'내 무슨 매인 일로 무상한 세상에 의구히 머물리' 싶어, 완명이나 결단코 자진하고자 하여 친가나 구가 모두 마음 밖에 있사옵더니, 생각 염 없는 토목을 아자바님 언약 어지신 혜택으로 적공을 드려, 자부 토목의 심장을 억만 가지 비원소회로 풀어 망창하신 시어머님 십이 대 종가 두 시삼촌까지 자부에게 흥망이 달렸다 애원이옵시기로, 겨우 일은 아니 저지르고 천성은 초독치 못하여, '그렇지 아니하신 터에 오죽오죽 아쉬우면 미거 유충 이십 전의 아이를 점잔하신 시삼촌께서 저리 하시니 내 세상이 백년이랴' 하옵고, 죽어 옳은 인생을 저리하옵시기로, 자부 명을 지닌 이후는 당돌히 나서서 처량하온 종물을 임자 없이 지키어, 아자바님께서 밖에서 수습하여 들여 주시는 것을 안에서 받들어 의수이 소임 당하올까 하여, '생전 아자바님 혜택 아니 잊어 버려야 인의지심이라' 마음 먹사없고, 친가 조부모 동생도, '네 몸이 아주 숨이 없으면 잊을 것이로되, 타문에 주인없이 버려두기는, 네 시삼촌께서 네 목숨을 끊지 아니하게 살리신 후 네 평생을 관여하여 끝이 여물 것이니 어린 심정 변하여 그 시삼촌을 저버려서는 인간이 아니라' 훈계그러 하옵신 줄 누가 아오리까!" 위의 글, pp. 402~403.

435 "어머님께서 잊어 계시나이까? 무자년 유월 스무 여드렛날 제곡 없어 아자바니 백포 행차하옵신 뒤 넷째댁이 추이하려다 못하오니, '절에서 팔던지, 빚이던지 기다리라'하여 어머님 가슴 피우시더니, 입제일에야 가져와서 온수에 담그어 제사 잡수셨나이다. 그 칠, 팔월에 어머님 환후 공구 위황위황 하신데 미음 곡식 없어 하실 때, 아자바님께서 지

에도 동일한 대상이나 사건을 대하는 서술자의 태도가 이중적으로 나타나는데, 그 가운데 종들에 대해 서술한 부분을 인용해보겠다.[436]

> 그러할 적 종들 단 배 오죽 곯렸사옵겠나이까! 배 곯리오니 그러한지 그런 곡식 도적하려 눈에 불을 켜기로 심히 지키며, 자부는 놀고 저희 시키려 하오니 배부르게 먹이면서 괴롭게 시켰다면, 저희도 사람인데 저리 하오며 의복까지 감추니 오죽하면 그렇게까지 하오리까! 어머님 보옵시건데 누가 오면 그렇게 아니하는 이 있겠사옵나이까? 팔자는 무가내하옵거니와, 그러한 적악 모두 자부 목숨 지닌 죄이오며, 한 번은 적악하려니와, 두 번 적악을 어찌 하오리까![437] (밑줄 필자)

이처럼 종들의 악행에 대해 "썰어죽일"이라는 거친 표현도 서슴지 않던 서술자는 오죽하면 그렇게까지 하겠냐며 도둑질까지도 이해할 수 있다는 식의 반응을 보이는 등 텍스트 곳곳에서 이중적인 태도를 드러낸다.

금 같으시면, 어머님 어찌 회춘하셨겠사옵니까." 위의 글, p. 404.

436 "경오년에 깨치고 원억 일신을 생각 가히 겨를없이 길쌈 못하고, 바느질도 못하여 남의 손을 빌을지라도 애써 하옵더니 아자바님 밖에서 거두어들이고 종들 삼분 병작한 곡식 도둑질이 심하여 그도 잃고 무엇을 가지고 제곡 객량 농량하리 싶으오이다. 자부는 판판 놀며 종들 이 시키다가 심심한 기질에 감도이하기 반심 먹는다는 말도 듣사옵고, 자부 없애고저 심정 변하게도, 많지 아니한 그릇을 식기로 뚜에로 술이나 반상기, 접시 몇몇 두 가지씩 집어 내다가 종내는 서방님 수저와 임오년에 도적도 두고 간 저까지 도적하오니, 다른 것은 쓰기에 성가신 것도 있으나, 수저는 반상기 접시보다도 전에 놓아 잡수신 것이라 더욱 통분하옵더이다. 그런 것을 지키지 못하고 시시로 잃는 것은 상담에 '집안이 볼 것이 없다' 하오며, 엄령도 없고 금지하여 줄 이도 없어 도둑이 심하옵기 이 형용을 지녔사옵나이다. 혈육지신으로 견딜 일이옵나이까? 쓸 데는 많고, 고약지 않은 사람이니 본심을 가질 수 있겠나이까?" (밑줄 필자) 위의 글, p. 404.

437 위의 글, p. 405.

이상의 내용을 정리해보면 다음과 같다.

① 청상과부인 자부는 세상에 머물 뜻이 없다.
② 제사지낼 제곡이 없어 빚을 진 일도 있다.
③ 종들의 도둑질이 심하지만, 그들도 사람이니 이해는 간다.

이렇게 정리되는 세 번째 거시 시퀀스 역시 다음과 같이 이 글을 버리지 말라는 부탁으로 끝난다.

> 또 감히 사설로 장황 번잡하오나, 자부 팔을 쓰지 못하고 다 부었어도 슬픈 줄을 모르오니 어찌 그러하온고, 어린 듯 취한 듯 생각 못하겠사오며, 어머님 골몰하신데 자부는 한가 편하며, 미리 세세한 말을 다 아뢰온 듯하오나, 십분의 일밖에 안되오니, 증나실지라도 불에 넣지 마옵시고 두 번이나 감하옵시고 보내옵소서. 자부가 짐에 넣었다가 가지고 가오리다.[438]

마지막 네 번째 시퀀스에서는 자신에 대한 자책감보다는 시숙들에 대한 원망이 더욱 두드러진다. 물론 이 경우에도 그 정도에 있어서 더하다는 것일 뿐 서술자는 여전히 자책감과 원망을 오가는 분열된 양상을 보인다. 자신이 자식을 낳아보지 않아 세상일은 잘 모르지만, 자신에게 한 시숙들의 모진 말씀과 꾸중을 잊지 않겠다는 부분들에서는 앞서 거듭 나타났던 서술자의 시숙들에 대한 공손한 태도를 찾아보기 힘들다.[439] 그러나 서술자는 이내 시숙들의 입장을 십분 이해한다면서 모

---

438 위의 글, p. 407.

439 "'자식을 낳아 길러 보아야 부모 공을 안다' 하옵고, '온갖 것을 지내 보아야 남의 속을 안다' 하옵는데 자부 같은 인생은 세상을 모르오되, 그 잔상잔상 폭폭하온 말씀은 목석의

든 것을 자신의 탓으로 돌린다.[440]

이어지는 내용들에서도 서술자는 여전히 자책과 원망의 태도를 오가며 분열된 양상을 보인다.

> 극한에는 더욱 실섭하옵시니, 그처럼 앉아 조석 근심을 하옵고, 그 침실의 온냉ㅇ르 못 맞추오고, 제사에 더욱 시순으로 동리 눈치에다, 종들 악으로 제 일하오며, 양반 걱정으로 시키면 어떠한 때는 제사 때에 그도 나무 없어 못하여 기산이 굴던 일 아름이 계시면 어찌 흠향하신 옵겠나이까! 자부 같은 인생, 십생 구사를 하오니 어찌 당하오리까, 대죄분은 '똥물에 담글 것이 종부로 들어왔다' 하오셔도, 자부 서러워할 것이 없사옵나이다.[441]

위의 인용은 앞서 시숙들의 꾸중에 서운해하고 원망하던 태도와는 달리 자부에 대한 어떠한 꾸중도 달게 받겠다는 내용이다. 이어지는

마음으로도 잊히지 못할 것이오이다." (위의 글, p. 409.)

"'너는 매사를 명백하게 하라.' 하신 말씀, 자부 역력히 듣자와 잊지 아니하였사옵나이다. 재물이 무엇인데 없고도 어려움이 있고, 있고도 어려움 있는고, 고이하와 자부 가서 이 터에, 시스러운 수숙간에 상성 두 번이나 크게 하옵실적에, 자부 신세에 더욱 마음이 어떠하오리까! 웅철이 지각들어서 종사를 당키 전에는, 아자바님께서 원근간 시비 조금치도 저어 마옵시고 새댁 것과 같이 잡디어 수습하옵시어 빚이나 아니 지고 양식이나 넉넉하와 범절을 잘 거두어 주옵시고, 아자바님 잡사온 것 제하옵시고, 시댁의 형세나아져 논 사옵시면, 자부 아첨이 없사오나, 원근간에서 시비 하시며 '같은 자손 누구는 못 먹으리'하고 원곡수 아니 주시는 일은 무무한 여편네 소견 가이없더이다." (위의 글, p. 411.)

440 "이리 기록하온 것을 아자바님께서 자세히 감하옵시고 또 연백포에서 듣자오시면 어찌하오시며, 방자 당돌히 여기실 일이오면, 어찌하오시며 우리 누대 명문종가를 위하여 그러할는지 혹은 죽어 옳은 제 신세를 생각 그러하던지 아무쪼록 종가 형세를 보존하고자 저리하였으니, 기구하게도 많은 자손으로 선대 위종하는 마음이 광이 청상과부만 못하랴 싶으오이다." 위의 글, p. 409.

441 위의 글, p. 410.

부분은 종들에 대한 서술인데, 여기서도 서술자는 여전히 이중적인 태도를 취하고 있다.

> 국가나 사가나 다르오리까? 그저 종들 양반 천품 알아 반심을 먹고 큰 댁을 바도오니 큰 근심이오며, 양금이 모녀 종 아니라면 예금이 속양은 백금에 시킨 것이오니까![442]

> 고막예에 더한 년이오나 자부가 아니 데려갈 줄을 알아 저도 여기 있으려 그러한 일이오나, 앵치 아니하오며 자부가 성정 괴독하올손 감격감격하온 일도 잊히지를 못하옵고, 혈점 박힌 일이나, 무렴한 일다 잊지 못하오나, 자부 미정 어린 정성 백년의 모손하여, 다른 영기 정신은 없사오나, 자부일망정 이리 거역하옴 실로 각골이 원억한 심지를 알리로소이다. 자부 정신 막막하여 어머님 아니시면, 기일을 기억못하여 제사 못 지낼 인생이오니, 세상에 살아서 남의 밥을 먹다 이런 우세가 또 있사옵나이까? 불가 취신치 못할 인생이로소이다.[443]

앞에서는 종가의 재물이 부족하고, 종들 역시 사람이니 그들의 행위도 이해할 많다는 입장을 취하는 듯했으나, 위의 인용문들에서는 다시 종들의 태도를 비난하고, 다시 모든 원인을 자신의 부족함에서 찾는 등 서술자는 시종일관 자신의 입장을 바꿔가며 서술을 이어나가고 있다. 이상의 내용을 정리해 보면 다음과 같다.

① 제사를 지내는 일이 걱정이다.

② 살려주신 일 황공하고 감격하나 쓸데없다.

---

442 위의 글, p. 411.

443 위의 글, p. 412.

③ 옹철이 문제로 하신 시숙의 꾸중을 잊지 않고 있다.

④ 종들이 반심을 먹고 큰댁을 바두는 것이 큰 근심이다.

이렇게 전체 텍스트가 마무리된다. 그리고 네 번째 거시 시퀀스도 앞서와 마찬가지로 시어머니에 대한 부탁으로 끝난다. 위의 인용에서 알 수 있듯이 마지막 거시 시퀀스라고 하더라도 텍스트의 결말임을 드러내는 특별한 표지를 지니지는 않고 있다. 따라서 각각의 거시 시퀀스가 동일한 구조로 이루어져 있으며, 전체 텍스트에서 비교적 유사한 비중을 차지하고 있다고 할 수 있다.

조용히 감하시고 부풀리지 마옵시기 바라나이다.[444]

이상으로 텍스트의 내용을 계기적인 순서에 따라 검토해 보았는데, 이를 통해 알 수 있는 사실은 앞서 공간적인 순서에 따른 결합이라고 밝혔듯이, 〈규한록〉은 시간의 경과나 사건의 인과 관계보다는 동일한 내용의 반복을 텍스트의 주된 구성방식으로 한다는 점이다. 미시적 단위로부터 거시적 단위에 이르기까지 '반복'은 텍스트를 구성하는 주된 원리로 작용한다.

이때에 특이한 점은 하나의 사건이나 상황에 대해 서술자가 이중적인 태도, 즉 분열된 양상을 보인다는 사실이다. 다시 말해서 서술자는 자책과 원망을 계속해서 반복하고 있다. 또한 거시적 시퀀스를 마무리 짓는 부분들을 통해 알 수 있듯이 서술자는 똑같은 내용을 이전에도 말한 적이 있으며, 지금도 말하고 있고, 앞으로도 말하겠다는 다

444 위의 글, p. 412.

짐을 하고 있다. 글쓰기를 멈추지 않겠다는 것이다. 그렇다면 우리는 서술자의 이와 같은 분열 양상과 텍스트의 반복이라는 현상, 그리고 글쓴이로 하여금 서술행위를 멈추지 않게 하는 기제에 대해 검토해 보아야 할 것이다.

3. 공존할 수 없는 모순과 여성 서술자의 매개적 기능

앞 장에서 살펴본 바에 따르면, 이 텍스트에 나타난 구체적인 사건은 대개 다음의 네 가지 정도로 정리될 수 있다.

a. 남편이 죽은 뒤 살기를 결심함
b. 양자를 들이는 과정에서 시숙과 갈등을 겪음
c. 종들과 갈등을 겪음
d. 종가의 형편이 어려워 제사를 모시기 힘듦

이 네가지 사건을 기준으로 2장에서 정리한 시퀀스들을 배열해 보면 다음과 같다.

a	b	c	d
	양자정한 일을 알리니 시숙이 화를 냄. 양자를 들인 일은 자부를 위한 것이 아니었다.		
		종들이 자부의 말을 듣지 않는다.	
			적은 곡식으로 제사 지내기 힘들다.
임오년 시삼촌 설득으로 죽지 않았다			
	양자들이는 일은 시삼촌께서 시킨 것이다		
			일년에 삼십번 있는 제사 제대로 지내지 못한다.
		종들이 재물을 가져가 피해 크다	
	웅철을 자부 친가에 두면 좋겠다		
청상과부인 자부는 세상에 머물 뜻이 없다			
			제곡을 빚진 일도 있다
		종들의 도둑질이 심하지만 이해도 간다	
			제사지낼 곡물이 없다

아자바님께서 살린 일
쓸 데 있는지 모르겠다

웅철이 문제로 하신
시숙의 꾸중을
잊지 않고 있다

종들이 반심을
먹어 큰일이다

레비스트로스의 구조주의적 신화 분석의 방법을 참고로 하여 정리한 위의 도식에서, 왼쪽에서 오른 쪽으로 가는 횡적 순서는 이 텍스트의 이야기가 전개되는 사건의 진행을 뜻한다. 한편, 위에서 아래로 각각 내려오는 기둥은 이 시퀀스들이 동일한 사건 혹은 상황을 유지하며 반복하고 있음을 의미한다. 즉, 수평적인 이동은 '통시적 사건' 또는 '계기체적 연쇄'를 수직적 기둥은 '동시적 구조' 즉 '병렬체적 집합'을 가리킨다.[445]

병렬체 a에 해당하는 집합은 임오년, 남편과 사별했을 당시에 남편을 따라서 죽지 못한 것에 대한 후회 혹은 이를 말린 시숙부들에 대한 원망을 내용으로 한다. 다시 말해서 서술자는 남편과 사별한 임오년에 자신이 죽지 않은 일을 끊임없이 환기한다. 자신에게 닥친 모든 문제의 원인을, 그때 죽었어야 할 목숨이 살아있다는 데에 두는 것이다. 이렇듯 자신이 죽지 않은 것이 모든 문제의 원인인 듯 자책감을 피력하는 동시에, 자신은 죽고자 했으나 뜻대로 할 수 없었다는 원망을

445 김형효, 『구조주의의 사유체계와 사상』, 인간사랑, 1989, 202면 참조.

드러내는 것은, 그 태도에 있어서는 상반되지만 죽음의 문제에 천착하고 있다는 면에서 공통된다고 하겠다. 즉 병렬체 a는 사멸의 문제를 다루고 있다고 할 수 있다.

레비스트로스의 신화 분석이 보여주듯이 각각의 기둥의 의미는 다른 기둥과의 상관 관계와 대립 관계에서 생겨난다고 보면, 병렬체 b의 의미를 발견할 수 있다. 위의 도식에 따르면 b는 양자를 들이는 과정에서 겪는 갈등과 주로 관계된다. 이때 양자를 들이는 과정에서 겪는 갈등에 주목하여 병렬체 b가 무엇을 의미하는가를 살펴본다면, 시숙부에 대한 원망과 자신에 대해 시숙부들이 가지고 있는 오해에 대한 하소연 등과 관련하여 다양한 해석을 할 수 있다. 즉 시숙들에 대한 양가 감정이 다양한 방식으로 표출되고 있음을 재확인할 수 있다는 것이다. 그러나 여기에서 한걸음 더 나아가 a와의 관계 속에서 병렬체 b의 의미를 파악하면 텍스트의 표층에서 나타나는 분열적인 서술 양상 이외에, 서술자가 처해있는 보다 근본적인 구조적 모순을 발견할 수 있다. 죽음 혹은 사멸의 문제와의 관계에서 볼 때, 양자 입양은 자식을 얻음으로써 자신의 생명을 연장하려는 번식의 욕망에 해당하는 문제로 이해된다는 것이다. 요컨대 병렬체 a는 '사멸(죽음)'의 문제에 해당하는 반면에, 병렬체 b에 해당하는 집합은 '번식(삶)'의 문제에 해당한다.

한편 병렬체 c에 해당하는 집합은 모두 종들의 행위와 관련된 것이다. 서술자는 종들이 종부라는 자신의 위치와 종가라는 가문의 지위를 무시하는 행동을 하기 때문에 이들을 끊임없이 비난한다. 서술자는 때로 이들의 행동이 모두 재물이 부족한 데서 비롯된 것이라는 이해를 드러내는데, 이는 앞서 양자 입양이나 죽음과 관련한 부분에서 살펴보았듯이 표층상의 분열로 이해될 수 있을 것이다. 다시 말해서 종들의 행위에 대해 서술자는 때로는 분노하고 때로는 이해하는 양가적인 태도를 나타낸다. 종들과 서술자의 갈등이라고 이야기할 수 있는 이 부분은 단순히 지배층과 피지배층 간의 대립이라는 측면에서만 논의될 수는 없을 듯하다. 종들이 상전의 권위에 도전하는 것처럼, 양반인 서술자는 유교 윤리 또한 재물이 뒷받침되지 않는다면 존재하기 힘든 것으로 보고 있다는 점에서 체제 순응적인 태도를 갖는다고 말하기 어렵다. 즉 종들의 태도와 재물에 대한 서술자의 인식은 기존의 유교적 질서에 반한다는 공통점을 갖는다. 그러므로 병렬체 c는 기존 질서의 해체를 의미한다고 이해할 수 있다.

병렬체 c가 위계질서의 '파괴(해체)'와 관련된다면, 병렬체 d에 해당하는 집합은 그것의 '유지(존속)'와 관계된다. 텍스트에는 종들의 무례함과 재물의 중요성에 대한 인식이 강조되는, 한편으로 제례라는 상징적 행위에 대한 언급이 수차례 반복되고 있다. 서술자는 제사를 모시는 것을 자신이 담당한 가장 중요한 일이며, 그것을 제대로 할 수 없는 것을 가장 큰 문제로 인식하고 있다. 그러므로 텍스트에는 위계 질서의 파괴를 의미하는 부분들과 마찬가지로 그것의 유지를 의미하는 요소들이 거듭 반복된다고 하겠다. 다시 말해 제의를 강조하는 부분들에서는 유교적 명분을 유지하는 것이 주된 관심사라는 것이다.

이렇게 볼 때, 〈규한록〉의 표층에서 반복되는 네 가지 사건의 변주는 사멸과 번식, 그리고 파괴와 유지 사이의 모순에서 비롯된 것이라 할 수 있다. 다시 말해 이 텍스트의 심층에는 이 두 가지의 모순이 자리 잡고 있다는 것이다. 즉, 텍스트는 사멸에의 충동과 번식에의 욕망이라는 극복할 수 없는 모순과, 위계 질서의 파괴와 그것의 유지라는 공존할 수 없는 모순을 드러낸다고 할 수 있다.

그렇다면 이러한 모순 속에서 규한록의 서술자는 어떠한 기능을 담당하고 있을까? 앞에서 찾아낸 텍스트 무의식의 한 축은 사멸(죽음)/번식(삶)의 모순 관계였다. 이와 같은 모순 관계 속에서 서술자인 사대부 여성이 담당하는 기능은 한마디로 죽음과 삶을 매개하는 것이라 할 수 있을 것이다. 종부로서 그녀가 담당하는 가장 중요한 역할은 가문의 제사를 지내는 것이다. 남편이 죽은 뒤에 그를 따라 죽지 않은 이유, 시숙부를 비롯한 주변인들이 그녀의 죽음을 만류한 가장 큰 이유는 제사를 모셔야 하는 데에 있었다. 그녀가 살아야 하는 이유는 죽은 자들과의 관계 속에 존재하기 때문에 그녀의 삶은 곧 죽음과 필연적으로 얽혀있다. 살아 있지만, 죽은 자들과의 관계 속에서만 삶의 의미를 획득할 수 있는 존재이기에 그녀는 삶과 죽음 가운데 어느 한쪽에 완전히 속해있는 존재라 보기 힘들다는 것이다.

또한 그녀는 살아있으나 번식을 담당하지 못하는 존재이다. 가문의 삶을 이어나가기 위해 후사를 보아야 하는 것이 마땅함에도 불구하고 그녀는 남편이 일찍 죽었기 때문에 가문의 대를 이을 후사를 낳을 수 없다. 그러나 삶을 연장하는 것이 자연의 법칙이라면 그녀는 이를 어기고 있지만 다른 한편으로는 양자를 들임으로써, 이를 따르고 있다 하겠다. 죽음과 삶의 문제가 자연의 섭리와 관계된다면, 그녀는 양자 입양이라는 문화적인 방식으로 자연에 순응하는 존재가 된 것이다. 이런 점에서 〈규한록〉의 서술자 이씨 부인은 모순을 드러내 보이면서, 양항을 매개하는 존재로 기능한다.

무의식의 다른 한 축인 위계의 유지/파괴의 모순항에서도 이런 매개적인 기능을 찾아낼 수 있다. 병렬체의 네 번째 집합은 가문의 질서를 유지하는 제사와 관계된다. 제사를 지내기 위해 이런저런 어려움을 토로하고, 그로 인해 발생하는 문제들이 주된 내용인 것이다. 즉 양반 사회의 규범, 질서, 문화의 문제라는 것이다. 반면에 병렬체의 세 번째 집합은 하인들, 즉 양반의 종들과 관련된다. 종들의 무질서, 종들의 무례한 태도, 규칙을 어기는 행위, 도둑질 등 양반 사회의 질서에 도전하는 집단에 관한 이야기이다. 그러므로 이 두 개의 집단은 질서/비질서의 대립으로 정리할 수 있다.

이씨 부인은 제사 모시는 일을 자신에게 주어진 가장 중요한 임무로 여기면서 종들의 무례한 태도를 비난한다. 양반 사회의 질서 유지를 중시한다는 점에서 우리는 그녀가 양반 집단에 속한다고 할 수 있지만, 한편으로 이 글에서 그녀는 양반 집단을 위해서 존재한다는 점에서 종들 집단에 속한다고도 볼 수 있다. 직접 제를 올리는 남성들처럼 양반'으로서' 존재하기보다는 제를 올리기 위한 음식을 마련하는, 양반을 '위해서' 존재한다는 것이다. 이처럼 양반과 종들 사이에 존재하는 그녀는 자신의 어려운 처지를 한글로 기록한다. 한글로 자신의 억울함을 토로하는 행위는 양반에도 종들에도 완전히 속하지 않는 그녀의 입장을 상징적으로 드러낸다고 하겠다. 양반 사회와 종들 집단 간의 가장 큰 차이, 즉 이 둘을 구별해 주는 가장 큰 기준 가운데 하나를 생각해 보면, 우리는 무엇보다도 그들이 글을 아는가, 문자를 읽고 쓸 줄 아는가를 들 수 있을 것이다. 즉, 양반 사회와 종들의 집단 간의 가장 큰 차이는 양반 사회는 글을 사용하는 사회이며, 종들의 집단은 글과는 전혀 무관한 집단이라는 사실이다.

바로 이와 같은 점에서 서술자인 사대부 여성의 기능이 매우 특징적이라고 할 수 있다. 사대부 여성은 글로써 자신의 심경을 표현할 줄 아는 존재이다. 그러나 그녀가 사용하는 글은 양반 사회에서 통용되는 한자가 아니다. 다시 말해서 그녀의 문자는 양반 사회의 글이 아니라는 것이다. 그녀는 문자를 사용하지만 양반들이 사용하는 문자를 쓰는 것은 아니다. 그러므로 그녀는 양반 사회에 완전히 속한 존재라고 할 수 없다. 한편으로 그녀가 한자를 사용하지 않으므로 그녀가 종들의 집단에 속한다고 생각할 수도 있다. 그러나 그녀는 한자는 아니지만 글을 사용한다는 면에서 종들의 집단에도 완전히 속하지 않는다. 그녀는 양반 사회와 종들의 집단 사이에, 질서와 비질서, 지배와 피지배 사이에 끼인 존재인 것이다. 따라서 규한록의 텍스트적 분열 혹은 규한록의 작가가 한글 산문을 서술하였다는 사실은 여성의 이러한 매개적 존재 방식의 서술적 표현을 드러내는 것이라고 할 수 있다.

4. 맺음말

본고에서 연구 대상으로 삼은 〈규한록〉은 조선 후기에 사대부 여성이 쓴 편지글로서 무엇보다도 여성 산문 작품이라는 사실 때문에 주목을 받아왔다. 실제로 조선시대 이전에는 여성 작가의 것이라고 밝혀진 산문 작품을 거의 찾아보기 힘들고, 조선시대의 산문문학 가운데 〈규한록〉과 같은 한글 수필류 혹은 서간류 거의 대부분이 여성 작가에 의해 쓰였다[446]는 점에서 여성 산문으로서 〈규한록〉이 갖는 의의를 찾을 수 있었던 것이다.

본고에서 검토한 바에 따르면 〈규한록〉은 크게 네 개의 거시 시퀀스로 이루어져 있는데, 이 네 개의 거시 시퀀스 및 이를 구성하는 미시 시퀀스들은 공간적 구성의 양상을 보인다. 다시 말해 텍스트에는 동일한 내용이 계속해서 반복되고 있다. 이때에 특징적인 것은 동일한 사건에 대한 서술자의 반응이 끊임없이 분열되는 이중적인 양상을 보인다는 사실이다. 본고에서는 이와 같은 텍스트 표면의 분열 양상을 해명하기 위해서는 서사의 계기적 분석과 아울러 그를 토대로 한 병렬적 구조 분석이 병행되어야 한다고 보고 레비-스트로스의 구조주의적 신화분석의 방법을 빌려 〈규한록〉의 텍스트 구조를 분석했다. 그 결과 본고는 〈규한록〉이 삶과 죽음의 대립 관계, 그리고 위계의 파괴와 유지라는 모순을 담고 있다는 사실을 밝혔으며, 그 안에서 여성 서술자가 이중적 모순의 상호적 대립을 매개하는 존재로 기능하고 있음을 알아냈다.

본고에서 밝혀낸 이러한 대립 양상은 여러 문화에 보편적인 현상이라고 할 수 있기에, 본고에서는 여기에서 한 걸음 더 나아가 〈규한록〉이 갖는 특수성을 규명하고자 했다. 삶/죽음의 대립은 여러 문화에 보편적인 모순항으로 존재하는데, 〈규한록〉의 경우에는 이러한 모순 관계를 여성이 매개할 뿐만 아니라 양자 입양이라는 방식을 통한다는 면에서 특징적이다.

---

446 정하영, 「고전 여성 산문작가의 전기적 고찰」, 『한국 고전 여성작가 연구』, 태학사, 1999, p. 154.

지배/피지배 혹은 위계/위계의 파괴라는 모순을 이해하는 양상에 대해서도 마찬가지이다. 〈규한록〉은 여러 문화에 보편적이라 할 수 있는 이같은 대립이 '문자'와 관련하여 어떠한 양상으로 이해될 수 있는가를 보여준다. 이전에는 존재하지 않거나 거의 사용되지 않았던 '한글'이라는 표기 체제가 보편화되는 양상과 기존 질서의 균열이 맞물린 지점을 우리는 〈규한록〉을 통해 발견할 수 있다. 다시 말해서 위계의 유지와 파괴의 양상이 문자와 관련하여 어떻게 드러나는가를 〈규한록〉을 통해 구체적으로 검토해볼 수 있다는 것이다.

물론 이러한 매개적 존재로서의 여성 서술자의 기능이 모든 여성 산문 작품의 일반적 특징이라고 단언하기는 어렵지만, 하나의 가설로서 검토해 볼 만한 과제일 수는 있을 것이다. 또한 19세기라고 하는 시기의 과도적 특성과 맞물려, 한글을 사용하는 여성이라고 하는 사대부 여성의 존재감이 현저해진 것도 이를 뒷받침할 만한 주목할 만한 현상이라 할 것이다.

3장

여성이라는 운명에 대한 자각과 글쓰기: 『자기록』을 중심으로

3장

여성이라는 운명에 대한 자각과 글쓰기: 『자기록』을 중심으로

1. 삶의 기억과 기록

가람 이병기는 1947년 「한중록」의 교주본을 내면서 우리 글월은 내간체, 가사체, 역어체가 있으며 그 가운데 내간체는 "오로지 우리말 글을 맡어 오든 부녀들의 글, 이른바 규방문학 가운데 가장 진취된 것이다."라고 평가하고 그 가운데 「한중록」이 우수하다고 말했다. 또한 한 해 뒤 「의유당 일기」의 교주본을 내면서 "이 책은 의유당의 작품을 모은 것으로 「의유당관북유람일긔」라기도 하나 기행·전기·번역을 합친 진귀한 한 문집이었다. 의유당은 …… 하찮은 한문 그것까지도 우리말글로 하여 더욱 멋이 나게 하였다."라고 덧붙였다. 이병기는 국문학을 정의하고 정리하면서 한글 문학의 가치에 주목하고 이전에는 누구도 눈여겨보지 않던 조선 여성들의 한글 산문을 발굴하여 널리 알리

기 위해 애썼던 것이다.[447]

이처럼 여성 한글 산문이 이병기에 의해 가치를 인정받은 이후로 60여 년의 시간이 흘렀다. 조선의 여성들이 쓴 산문이 과거, 한글 문체라는 측면에서 중요하게 여겨졌다면 이제는 그것이 갖는 정치적 의미에 많은 이들이 관심을 기울인다. 60년 전 이병기가 주목했던 지점이 여성들의 기록이 한글 문체를 가장 잘 구현하고 있다는 부분이었다면, 지금의 연구자들은 이 작품들이 그려내는 새로운 인간상과 사회상에 의의를 부여한다는 것이다. 또한 최근의 여성 산문 연구는 사실/허구 혹은 역사/문학의 대립을 서사라는 범주에 포괄함으로써 현실의 구성 또는 의미화의 방식을 탐구하는 데에 초점을 두고 있다. 다시 말해서 서사 분석을 통해 글쓴이가 속한 집단 내지는 시대의 인식체계를 읽어내고자 한다.[448] 이와 같이 전통적으로 허구적인 텍스트에만 초점을 맞추던 데서 벗어나 고전 산문을 '서사'라는 관점에서 검토하는 일은 고전 여성 산문, 나아가 고전 문학이라는 현상을 조망하는 새로운 지평을 개척할 수 있다는 점에서 반드시 필요하다.

447 흥미로운 사실은 이들 혜경궁 홍씨와 의령 남씨 그리고 「자기록」을 쓴 풍양 조씨가 같은 집안 사람들이라는 점이다. 역주자는 풍양 조씨의 작가적 능력이 그녀 집안 여성의 어문 생활과 일정한 관련이 있었을 것으로 짐작하고 있다. 위의 책, p. 268.

448 로버트 단턴, 『고양이 대학살』, 조한욱 역, 문학과 지성사, 1996, 116면, 146면 참조.

2. 죽지 못한 이유의 반복적 기술

조선의 여성들 가운데는 자신이 죽거든 살아서 쓴 모든 글들을 태워달라고 아들에게 유언한 이가 있는가 하면, “생각건대 지난 일 지나간 경관은 바로 눈 깜짝하는 한순간의 꿈일 뿐이니, 만약 문장을 써서 그것을 전하지 않는다면, 누가 오늘의 금원이 있었음을 알겠는가.”[449] 라며 글로써 자신의 흔적을 남기고자 한 이도 있다. 자신의 기록에 대한 태도는 다를지라도 이들은 모두 글을 썼다. 기록을 남기겠다는 뚜렷한 목적이 있었는가와는 별개로 이들은 공통적으로 쓰지 않을 수 없었던 무언가를 가지고 있었던 것이다.

우리도 그녀들처럼 때로 누가 시키지 않아도 글을 쓴다. 답답한 마음, 정리되지 않은 생각, 보고 싶고 하고 싶은 것들을 혼잣말 하듯 빈 문서나 SNS에 털어놓는다. 마음을 온전히 글로 옮길 수는 없지만 쓰지 않고 못 배기는 무언가가 글을 쓰게 만들기에, 그렇게 쓴 글 속에는 우리를 괴롭히는 모순된 생각들이 고스란히 펼쳐져 있다.

풍양 조씨의 「자기록」도 마찬가지다. “눈앞의 일같이 잊지 말고 또 뒷사람들에게 옛 일을 알게 하고자” 썼다지만 이 글 역시 그녀로 하여금 붓을 들지 않을 수 없게 만든 내면의 갈등과 고민을 선명하게 담고 있다. 21년의 삶 동안 그녀가 겪은 일들만 일별해도 우리는 그녀가 무언가 쓰지 않고는 살 수 없었으리라는 것을 짐작하고도 남는다.

풍양 조씨(1772~1815)는 18세기 후반 서울에 살았던 무반 집안의

449 김금원, 「호동서낙기」, 이혜순·정하영 역편, 『한국고전여성문학의 세계(산문편)』, 이화여자대학교출판부, 2003, pp. 415~416.

딸로 아버지 조감(1744~1804)과 어머니 하씨 사이에서 태어났다.[450] 그녀는 어려서 둘째 언니와 두 명의 남동생 그리고 11살 때에는 어머니를 잃고, 일 년이 채 못 되어 막내 여동생과도 이별한다. 15살 때 동갑인 남편 김기화와 결혼했지만 그 역시 20살에 세상을 떠난다.

「자기록」[451]은 동갑인 남편 김기화(1772~1791)가 죽은 다음해, 그러니까 풍양 조씨가 21세 때 쓴 자서전 형식의 글이다. 200자 원고지 500장 분량의 한글 필사본에는 어머니와 남편을 비롯하여 그녀의 곁을 떠난 이들에 대한 이야기가 빼곡하게 담겨 있다. 박옥주가 발견한 국립도서관 소장 필사본은 원본이 아니라 풍양 조씨의 언니가 베낀 것인데 "서문, 풍양 조씨 자신의 어린 시절과 남편의 죽음을 맞기까지의 본문, 발문 형식의 뒷글 그리고 남편이 죽은 뒤 친지들이 쓴 제문과 조씨 언니의 필사기, 이렇게 네 부분으로 구성되어 있다."[452]

「자기록」은 고전문학 연구자들에게는 "부모와 부부, 장인과 사위, 시집간 딸과 친정과의 관계 등 가족관계를 자세히 기록하고 있어 18세기 당시 양반가의 생활상을 엿보게 하는"[453] 흥미 있고 유의미한 자료로 평가받고 있다. 또한 "기존의 열녀전과 달리 남편의 죽음을 맞은 아내가 남편을 따라 죽어야 할지 살아야 할지 갈등, 고민하는 상황"이 담겨 있기 때문에 "열녀전이 삭제, 혹은 소거한 여성의 목소리"를 담은

---

450 풍양 조씨, 『자기록—여자, 글로 말하다』, 김경미 옮김, 나의 시간, 2014, pp. 260~265.

451 이 글은 10여 년 전 박옥주가 국립중앙도서관 고서실에서 발견하여 세상에 알려졌다. 박옥주, 「풍양조씨의 ᄌᆞ긔록 연구」, 『한국고전여성문학연구』 3, 2001.

452 풍양 조씨, 앞의 책, pp. 261~262.

453 위의 책, p. 261.

"죽어 열녀가 되지 않고 살아남은 자, 그 자신의 표현대로 목숨을 훔친[偸生] 여성의 '증언'"[454]이라는 점에서 중요하게 다뤄진다.

하지만 오늘날 「자기록」이 고전문학 연구자들뿐 아니라 일반인에게도 가치 있는 작품인 까닭은 역주자가 서문에 밝히듯 "가까운 이의 죽음에 대한 지극한 슬픔을 표현하는 애도문학으로서 충분한 격을 갖추고 있"기 때문이다. 이 작품에 나타난 "애통함과 비절함은 죽음에의 예禮, 나아가 인간에 대한 예의를 다시 생각하게 한다."[455]는 점에서 우리에게도 의미가 있다.

3. 죄의식의 내면화로서의 자기 서사

〈자기록〉의 작자 조씨가 가장 답답하게 여기는 것은 어찌하여 "선한 사람이 복을 받고 나쁜 사람이 화를 입는 이치가 바뀌"었는가라는 점이다. 그녀는 남달리 고달픈 삶을 산 자신의 아버지 그리고 일찍 세상을 떠난 어머니를 떠올리며 "아아, 어찌 하늘이 능히 살핀다 할 수 있으며 어질다 하여 복을 더 받는가 하겠는가?"라고 자문한다.

> 아아, 하늘의 법은 지극히 공정하고 사사로움이 없으며 선한 사람이 복을 받고 나쁜 사람이 화를 입는 것은 예로부터 변하지 않는 이치이다. 그러나 오늘날은 하늘이 몰라주고 사람의 도리도 변하여 선한 사

454 위의 책, p. 261.

455 위의 책, p. 7.

람이 복을 받고 나쁜 사람이 화를 입는 이치가 바뀌어 어진 사람이 수(壽)를 누리지 못하고 덕 있는 사람이 복을 받지 못하니 이 어찌 하늘의 뜻이라 하겠는가? 더 생각해보면 우리 아버지는 밝은 덕과 인자로운 베풂이 참으로 세상 사람들보다 나은데도 아들이 귀하고 살아가는 데 고달픔이 남들보다 심했다. 또 돌아가신 어머니는 너그럽고 밝은 덕을 지니고도 장수와 복을 누리지 못하고 마침내 아들 하나도 두지 못하고 뒤가 끊겼다. 아아, 어찌 하늘이 능히 살핀다 할 수 있으며 어질다 하여 복을 더 받는다 하겠는가?[456]

그녀는 "선한 사람이 복을 받고 나쁜 사람이 화를 입는 이치"가 통하지 않는 "오늘날"을 생각할 때마다 하늘의 뜻을 이해할 수 없다며 탄식한다. "사람에게 가까운 이로는 어머니 같은 분이 없고 사람에게 소중한 이로는 남편 같은 이 없으며, 사람이 바라는 바로 자식 같은 이 없는데 이미 이 세 가지가 다 끊어"져 "한두 가지 살아갈 즐거움"조차 없는 "천지간 궁한 팔자"[457]로 사는 그녀는 글을 쓰는 내내 왜 자신과 자신의 주변인들에게 이렇듯 도무지 이해할 수 없는 일들이 생기는지 묻는다.

이러한 의문은 조씨뿐만 아니라 아내와 자식을 잃은 혹은 잃을지 모를 그녀의 친정아버지와 시아버지 또한 가지고 있었을 것이다. 이들의 갈등이 구체적으로 서술되지는 않지만 조씨는 자신의 의문에 대한 대답으로 이 두 아버지의 상반된 태도를 제시한다. 즉, 「자기록」에는 자기만의 방식으로 운명에 대처하는 두 명의 아버지가 등장한다.

456 위의 책, p. 11.

457 위의 책, pp. 12~13.

먼저 조씨의 친정 아버지를 보면, 그녀의 아버지는 "밝은 덕과 인자로운 베풂이 참으로 세상 사람들보다 나은데도 아들이 귀하고 살아가는 데 고달픔이 남들보다 심했다."고 한다. 그녀의 어머니도 "너그럽고 밝은 덕을 지니고도 장수와 복을 누리지 못하고 마침내 아들 하나도 두지 못하고" 세상을 떠났다. 누구보다 훌륭한 인품을 지닌 이들이었기에 하늘이 복을 내려 마땅할 텐데, 아버지에게는 너무나 큰 고통과 슬픔이 끊이질 않았다. 그녀는 도대체 이들에게 왜 이러한 시련이 닥쳤는지 알 수 없어 괴로워하며, 어머니가 돌아가실 때에도 그리고 사위가 세상을 떠날 때에도 희망을 버리지 않고 할 수 있는 모든 노력을 다했던 아버지를 회상한다.

> 어머니가 편찮으실 때부터 지극한 정성을 다했으나 간호가 힘들다고 느끼지 못하고 온갖 약초와 갖은 약방으로 시험하며 비록 허망한 무당 점이라도 병환에 차도를 얻는다고 하면 마땅히 금하지 않고 다 따르셨다. 필경 변이 나기 오륙일 전에 점을 보니 점쟁이가 말하기를 "이미 바랄 바가 적으나 요행을 바라거든 옥추경이란 것이 목숨을 늘리는 경이니 백여 금을 들여 읽으시려면 읽고 부질없으면 마소서." 하니 아버지가 말씀하시기를 "행여 효험을 보면 천행이고 비록 힘을 입지 못해도 한을 없게 하라."하며 백금을 들여 경을 하였으나 이미 대운과 하늘의 뜻을 어찌하리오. 비록 힘을 얻지 못할지언정 아버지는 약을 쓰고 돌보는데 극진하지 않음이 없었다.[458]

> 열흘 즈음에 이르러 의원 정생을 불렀으나 평민이 아니라 그냥 오지 않아서 겨우 말을 타고 12일에 가보니 병세를 적(積)으로 잡아 소(消)

458 위의 책, pp. 34~35.

적(積)이(利)기(氣)환(丸)이란 약명을 냈다. 오는 길에 쌍동에 잠깐 들렀다 돌아와 약을 쓰고자 했으나 먼저는 완전히 양기가 부족해서 찬 것으로 잡고 다스려 불 같은 온제(溫劑)를 쓰고 새 약은 어름 같은 냉제(冷劑)라 소홀히 쓰지 못하여 다시 정의원을 청하고 비로소 김익신이란 의원을 청하여 자세히 물은 뒤 환(丸)으로 된 것을 물에 개어 자셨다.[459]

아버지는 어머니를 살리기 위해서 "온갖 약초와 갖은 약방"을 쓰고 "허망한 무당 점"까지 쳤으며, 사위를 위해서도 수많은 약과 의원 동원하기를 주저하지 않았다. 하지만 결과는 달라지지 않았다.

아버지는 끊임없이 운명을 바꾸고자 노력했다. 최선을 다해 상황을 바꾸려고 한 것이다. 그러나 〈자기록〉에 자세하게 서술된 아버지의 다양한 시도들은 오히려 그것이 화를 부른 것은 아닌가라는 인상마저 준다. 의원에 따라 시시각각 달라지는 병명 그리고 그에 따라 변하는 처방들, 허약한 환자에게 부담이 될지 모를 보양식까지 「자기록」의 상당 부분에 해당하는 그와 같은 내용들은 운명을 피하려는 몸부림이 사실은 그 운명을 향해가는 움직임일지도 모른다는 생각을 하게 한다.

이러한 아버지와는 다르게 시아버지, 시할아버지는 운명을 절대적인 것으로 여기고 지극히 수동적인 태도로 운명을 대한다.

의원들은 이미 지극히 중하게 여긴 듯 싶은데 시아버지, 시할아버지 두 어른은 의원이 저희 이름을 내려는 공격으로 아셨을 뿐이다. 무릇 가까운 사이는 도리어 어둡기 쉽고 더욱 굳게 믿기를 장성같이 하시고 비록 하늘의 이치가 순탄치 못하나 선조(先祖)의 공덕과 두 어른의 겸

459 위의 책, p. 68.

손하고 검소한 성심이 있는데 이제 와 자손을 어찌 하늘이 차마 앗아 가겠는가 하셨으리라. 그러므로 깊은 불길한 염려는 꿈에도 하지 않은 까닭에 의약을 구태여 애써 구하지 않고 스스로 차차 낫기를 기다리셨다.[460]

시어른들은 자신들이 살아온 삶에 비추어볼 때 절대 자신들에게 불행한 일이 생길 리 없다고 확신한다. "선조의 공덕과 두 어른의 겸손하고 검소한 성심이 있는데 이제 와 자손을 어찌 하늘이 차마 앗아가겠는가"라며 "불길한 염려는 꿈에도 하지 않은" 것이다.

끊임없이 하늘의 뜻을 의심하는 조씨와는 다르게 그리고 운명을 어떻게든 바꿔보려는 친정아버지와 다르게 시아버지는 운명을 믿고 순응하는 것이 자신이 할 수 있는 최선이라 여기는 것이다. 하지만 운명에 순응한 결과 역시 비극적이기는 마찬가지이다. 인간의 의지와 노력으로 불행한 운명을 바꾸거나 피할 수 있다고 여긴 친정아버지도, 자신의 운명을 길한 것으로 믿고 이에 순응하고 의지하는 시아버지도 원하는 혹은 기대하는 결과를 얻지 못했다.

4. 여성이라는 운명과 글쓰기

남편의 죽음은 운명이었을까 아니면 사고였을까. 친정아버지도 시아버지도 이 질문을 더 복잡하게 했을 뿐이다. 조씨는 "남편의 죽음

460 위의 책, p. 69.

이 천명(天命)이라 한다면 임종까지 스스로 회복을 기약하지 않았을 것이요, 명이 아니라 한다면 독질을 어찌 얻었으리오."[461]라고 묻는다. 운명이란 미리 알 수도 없으며, 안다고 하더라도 피할 수 없는 것이라면, 그렇다면 어떻게 살아야 하는가.

「자기록」의 말미에 적힌 내용을 보면 그녀는 자신이 남편을 따라 세상을 떠나지도 못할 만큼 불행한 운명을 타고 났음을 깨닫고, 지금까지의 절망과 회의 그리고 하늘을 향한 숱한 질문들을 다 뒤로 하고 운명에 체념·순응하기로 한 것 같다.

> 허나 위에 시어른이 계시고 몸에 맡겨진 일이 무거우니 스스로 몸을 마음대로 하지 못해서 예전처럼 시일을 보내나 하늘에 사무치는 설움과 땅끝까지 이르는 한은 어찌 견디리오. 눈을 뜨면 밝은 세상과 어지러운 소리 스스로 괴로워 밤낮으로 잠겨 있어 살아 있는 것도 아니고 죽은 것도 아닌 시신이 되었으나 한낱 위로할 것이 없으니 유유한 이 세상을 어찌하리오. 나의 남은 해를 생각하니 푸른 머리와 붉은 얼굴이 시들 날이 멀어 남은 세월이 일천 터럭을 묶은 것 같으니 어찌 견디어 살리오. 그러나 사세(事勢)는 이미 끝났으니 하여금 하릴없으나 잠깐 머물다 가는 세상에 사람의 수명은 백세가 되지 않으니 나의 세상이 또 얼마리오. 내 이미 목숨을 훔친 뒤에는 집안을 보전하여 후사를 세우고 제사를 받드는 것이 임무이니 원컨대 길이 기대할 만하고 어질고 효성스러운 양자를 얻어 제사를 맡기고 박명한 여생을 의지하고자 하노라.[462]

---

461 위의 책, p. 112.

462 위의 책, p. 124.

「자기록」을 마무리하며 그녀는 이렇게 말하고 있지만, 인용한 것처럼 과연 그녀는 자신의 불행한 삶을 아무런 의문 없이 수용하기로 결정하고, "살아 있는 것도 아니고 죽은 것도 아닌 시신"으로 남은 생을 살았을까. 그렇다면 「자기록」을 남긴 것은 어떻게 해석해야 하나. 자신에 대한 기록을 남긴 행위는 그녀가 "시신"으로만 살지는 않았음을, 여전히 살아있는 존재로서 누군가에게 무언가 할 말이, 따지고픈 이야기가 남아 있음을 보여주는 것 아닐까. 그녀의 글쓰기 행위 자체가 그녀 자신이 살아 있음을 증명하는 수행적인 의미를 갖는 것은 아니냐는 것이다.

주어진 운명을 수동적으로 받아들이기에 그녀의 자의식은 너무도 뚜렷하다. 그녀는 어머니의 죽음과 남편의 죽음이라는 비극적 운명에 대해서뿐만 아니라 여성이라는 자신의 운명에 대해서도 어린 나이부터 확실히 자각하고 있었다.

> 평소에 아버지는 남녀 귀천을 막론하고 이목(耳目)의 생김새를 살펴 고르셨는데 우리를 앞에 두고 관상의 빈부(貧富)와 궁달(窮達)을 이르기를 우리 형제가 다 남아(男兒)의 상을 타고 나서 용렬하지 않지만 딸이라 쓸모가 없음을 탄식하고 개탄하셨다.[463]

> "아, 슬프다! 만일 우리 형제가 아들이었으면 상여를 따라가서 묻기까지 자식의 도리를 다했을 것이나 이미 쓸모없는 딸로 집 가운데서 영결하니 외로운 영구가 한낱 상주도 없이 다만 아버지만 상여를 따르고

463 위의 책, pp. 42~43.

한낱 형제나 조카도 없으니 상복을 입고 좇는 사람이 없었다."[464]

"그러나 여자가 남자를 따르는 것은 고금(古今)의 폐하지 못할 일이니 어찌 능히 떠나지 않을 수 있겠는가."[465]

"...그대는 나를 무심하게 대접하니 어찌 애달프지 않으리오." 내가 답하기를 "그대가 비록 곡진하나 아내가 남편을 받들어 중히 여김 같으리까. 세상에 무심한 것이 사내이라 아내가 살아서는 사랑함이 대체로 한가지나 불행히 상처한 뒤에는 새것을 좋아하고 옛것을 버려, 옛 사람 잊어버리기를 티끌같이 하니 그대가 비록 지금은 곡진하나 혹 그런 일을 당하면 어찌 홀로 그렇지 않겠으며 능히 의리를 지켜 믿음을 지키리까?"[466]

"제가 시집와서 어른만 모실 뿐 몹시 고단했는데 이제 저가 다만 제 여종 한 사람과 남의 집에서 고적함을 당하니 제가 당한 것을 가히 갚는 것이라고 놀릴 만합니다."[467]

"남아의 상"을 타고났으나 딸이라 쓸모 없음을 안타까워 한 일, 상주 없이 어머니를 보내드려야 했던 일, 만약 자신이 세상을 먼저 떠나면 금세 새 사람을 얻을 것 아니냐며 남편을 타박하던 일 등 위에 언급한 것 외에도 그녀는 "잦은 임신과 출산으로 인한 어머니의 죽음, 아버지의 새 장가, 처가에 거리를 두게 하는 시어른들의 태도를 기록하면

464 위의 책, p. 36.

465 위의 책, p. 41.

466 위의 책, p. 50.

467 위의 책, p. 66.

서 가부장적인 가족제도에 대한 문제의식을 은연중 드러낸다."[468]

여성으로 태어나 할 수 없는 많은 일들과, 여성이기 때문에 처하게 되는 여러 불합리한 상황들을 놓치지 않고 적고 있는 그녀를 삶의 의욕을 상실하고 모든 것을 포기 혹은 체념한 이라 보기는 어렵다. 그녀는 누구인지 모를 수신자에게 끊임없이 자신의 납득할 수 없는 처지를 토로한다.

〈규한록〉 작자의 이와 같은 갈등, 끊임없는 의문이 바로 이 작품이 갖는 근대 문학으로서의 특징일 것이다. 조선 후기 여성 산문이 조선 전기의 남성 중심적·한문 중심적 문학 공간의 지형도를 변화시키는데 핵심적인 역할을 했다면, 그것은 곧 공동체의 관념이 우선시되던 중세 문학에서 자아의 경험이 중시되는 근대문학으로의 이행으로 그 모습을 드러냈을 것이다. 그리고 이때의 근대문학이란, 새로운 인간성에 대한 해답을 제시하기보다는 이 작품에서처럼 인간 혹은 자아에 대해 계속해서 질문을 던지는 인물, 자기 자신의 마음속에 있는 갈등을 끄집어내려 한없이 노력하는 인물의 경험을 담고 있는 것이라 할 수 있겠다.

468 위의 책, p. 278.

• 이 책의 본문은 아래의 논문들을 수정 · 보완한 것입니다.

1부

1장. "[여범]의 독해 방식 연구." 여성문학연구 28 (2012): 299–330.

2장. "[선세언적]과 [자손보전]에 실린 17–19 세기 여성 한글 간찰의 특질 고찰." 정신문화연구 34.4 (2011): 171–193.

3장. "조선 후기 열녀의 순절의 의미화 방식 연구." 국제어문 53 (2011): 9–35.

2부

1장. "조선 후기 천주교 여신도들의 죽음의 의미화 방식 연구." 한국고전여성문학연구 23 (2011): 131–156.

2장. "〈계축일기〉에 나타난 선악관 고찰." 韓國古典研究 16 (2007): 161–195.

3장. "조선후기 천주교 여신도의 주체화 방식과 생애 기술 방식에 대한 고찰." 한국고전여성문학연구 29 (2014): 33–62.

4장. "18세기 한글본 연행록 연구–정녀묘와 천주당 견문기록을 중심으로." 열상고전연구 49 (2016): 11–42.

3부

1장. "〈동명일기〉 연구." 국제어문 44 (2008): 143–167.

2장. "〈閨恨錄〉의 구조적 특성과 여성 서술자의 기능 고찰." 韓國古典研究 12 (2005): 101-131.

3장. "전통의 향기 혹은 전통의 배신." 여/성이론 31 (2014): 253–263.

참고 문헌

1부_1장

기본 자료

선희궁 이 씨, 『여범』(대제각 영인판, 1977; 소재영 역주, 형설출판사, 1981)
송철의·이현희·장윤희·황문환, 『역주 오륜행실도』, 서울대학교출판부, 2006.
빙허각 이 씨, 정양완 역주, 『규합총서』, 보진재, 2008.
김신연, 『조선시대의 규범서』, 민속원, 2000.
유향, 이숙인 역, 『열녀전』, 예문서원, 1996.
이숙인 역주, 「여범첩록」, 『여사서』, 여이연, 2003.

단행본

권보드래, 『한국근대소설의 기원』, 소명출판, 2000.
유협, 성기옥 역, 『문심조룡』, 지식을 만드는 지식, 2010.
조현우, 『고전서사의 허구성과 유가적 사유』, 보고사, 2007.
최혜진, 「여성 영웅의 서사적 전개-여범」, 『규훈문학 연구』, 역락, 2004.
노효붕, 조미원·박계화·손수영 역, 『역사에서 허구로』, 길, 2001.
Barthes, Roland, 김웅권 역, 『S/Z』, 동문선, 2006.
Foucault, Michel, 오생근 역, 『감시와 처벌』, 나남출판, 1994.
Morris, Pam, 강희원 역, 『문학과 페미니즘』, 문예출판사, 1997.

논문

강영숙, 「한국열녀전연구」, 영남대 박사학위논문, 2010.

강영숙, 「조선조 열녀전의 구성방식과 문학사적 의의」, 『정신문화연구』 30권2호, 한국학중앙연구원, 2007.

곽정식, 「열전양식의 구성적 특질에 관한 연구」, 『문화전통논집』 제3집, 경성대학교 향토문화연구소, 1995.

김경미, 「『열녀전』의 보급과 전개」, 『한국문화연구』 13, 이화여자대학교 한국문화원, 2007.

김병문, 「발화기원 소거로서의 언문일치체의 의미에 관하여」, 『사회언어학』 제16권 2호, 한국사회언어학회, 2008.

김언순, 「조선시대 여훈서에 나타난 여성의 정체성 연구」, 한국학중앙연구원 박사학위논문, 2006.

김언순, 「조선후기 사대부 女訓書에 나타난 여성상 형성에 대한 연구」, 『한국교육사학』 제28권 1호, 2006.

백진우, 「한문 야담문학 속 논평의 양상과 기능에 대하여」, 『고전과 해석』 6집, 고전문학한문학 연구학회, 2009.

안주호, 「인용동사의 문법적 고찰」, 『우리말글』 37, 우리말글학회, 2006.

윤분희, 「규훈서 『여범』 연구」, 『여성문학연구』 11, 한국여성문학학회, 2004.

이호권, 「조선시대 한글 문헌 간행의 시기별 경향과 특징」, 『한국어학』 41, 한국어학회, 2008.

조현우, 「행실도 열녀편 도상변화의 문화적 의미」, 『한국문학 이론과 비평』 50, 한국문학이론과 비평학회, 2011.

최혜진, 「『여범』의 여성주의적 독해-작가와 서술의식을 중심으로-」, 『아시아여성연구』 43집 1호, 숙대 아시아여성연구소, 2004.

1부_2장

기본 자료

한국학중앙연구원 편, 『조선 후기 한글 간찰(언간)의 역주 연구3』, 태학사, 2005.

단행본

김일근, 『언간의 연구』, 건국대학교출판부, 1986.

Gutting, Gary, 홍은영·박상우 역, 『미셸 푸꼬의 과학적 이성의 고고학』, 백의, 1999.

White, Hayden, 전은경 역, 『현대서술이론의 흐름』, 솔, 1997.

Zizek, Slavoj, 박정수 역, 『HOW TO READ 라캉』, 웅진 지식하우스, 2007.

논문

경일남, 「고전소설의 삽입서간 연구」, 『어문연구』 28집, 어문연구회, 1996.

김남경, 「언간독과 증보언간독 비교연구」, 『민족문화논총』 24집, 영남대민족문화연구소, 2001.

김무식, 「조선조 여성의 문자생활과 한글 편지」, 『인문학논총』 14권2호, 경성대학교 인문과학연구소, 2009.

김봉좌, 「조선시대 방각본언간첩 연구」, 한국학대학원 석사학위논문, 2003.

김일근, 「고전소설과 언간」, 『고전소설연구』, 일지사, 1993.

김향금, 「언간의 문체론적 연구」, 서울대 석사학위논문, 1994.

김효경, 「18세기 간찰교본 簡式類編 연구」, 『장서각』 9집, 한국학중앙연구원, 2003.

심재기, 「내간체 문장에 대한 고찰」, 『동양학』 5집, 단국대학교 동양학연구소, 1975.

이광호, 「언문 간찰의 형식과 표기법」, 『정신문화연구』 19권 3호, 한국학중앙연구원, 1996.

전병용, 「한글 간찰의 상투적 표현 고찰」, 『동양고전연구』 37집, 동양고전학회, 2009.

최윤희, 「16세기 한글 편지에 나타난 여성의 자의식」, 『여성문학연구』 8집, 한국여성문하학회, 2002.

허원기, 「한글 간찰 연구사」, 『국제어문』 32집, 국제어문학회, 2004.

허재영, 「한글 간찰(언간)에 대한 기초 연구」, 『사회언어학』 13권 2호, 한국사회언어학회, 2006.

홍은진, 「방각본 언간에 대하여」, 『문헌과 해석』 1집, 태학사, 1997.

홍은진, 「근대 언간 규범서 '징보언간독'에 대하여」, 『숙명어문논집』 2집, 숙명어문학회, 1999.

홍은진, 「축하·인사·상고 간의 언간 규식」, 『문헌과 해석』 6집, 문헌과 해석사, 1999.
홍은진, 「남성 간의 왕복 언간규식 2」, 『문헌과 해석』 7집, 문헌과 해석사, 1999.
홍학희, 「17-18세기 한글 편지에 나타난 송준길 가문 여성의 삶」, 『한국고전여성문학연구』 20집, 한국고전여성문학회, 2010.
황문환, 「조선시대 언간 자료의 현황과 특성」, 『국어사 연구』 10호, 국어사연구, 2010.

1부_3장

기본 자료

「열부 이씨 유서」(1719), 이수봉, 「규방문학에서 본 이조여인상」, 『여성문제연구』 1집, 대구효성가톨릭대학교 사회과학연구소, 1971.
「남원 윤씨 유서」(1801), 진동혁, 「공인 남원윤씨(1768~1801)의 「명도자탄사」 연구」, 『논문집』 19집, 단국대학교, 1985.
「서녕 유씨 유서」(1831), 임치균, 「서녕유씨부인 유서 연구」, 『고문서연구』 15-1, 한국고문서학회, 1999.
「김씨 유서」(1904), 이수봉, 「규방문학에서 본 이조여인상」, 『여성문제연구』 1집, 대구효성가톨릭대학교 사회과학연구소, 1971.

단행본

김경미, 「기억으로 자기의 역사를 새긴 보통 여성, 풍양 조씨」, 『조선의 여성들, 부자유한 시대에 너무나 비범했던』, 돌베개, 2004.
김일근, 『언간의 연구』, 건국대학교 출판부, 1986.
이혜순·김경미, 『한국의 열녀전』, 월인, 2002.
최진아, 「견고한 원전과 그 계보들 - 동아시아 여성 쓰기의 역사」, 정재서 엮음, 『동아시아 여성의 기원 - 열녀전에 대한 여성학적 탐구』, 이화여자대학교 출판부, 2002.
Eagleton, Terry, 『문학이론입문』, 김명환 외 역, 창작과 비평사, 1986.
Fink, Bruce, 『라캉의 주체』, 이성민 역, 도서출판b, 2010.

Zizek, Slavoj, 『How To Read 라캉』, 박정수 역, 웅진 지식하우스, 2007.
Zizek, Slavoj, 『당신의 징후를 즐겨라』, 주은우 역, 한나래, 1997.

논문

강재철, 「김부인유서에 대하여」, 『한국학보』 12-2, 일지사, 1986.
권 호, 「비지, 애사 및 유서류 연구 : 특히 한글 유서류를 중심으로」, 건국대 박사논문, 1993.
이상보, 「명도자탄사 소고」, 『명지어문학』 8집, 명지어문학회, 1976.
이수봉, 「규방문학에서 본 이조여인상」, 『여성문제연구』 1집, 대구효성가톨릭대학교 사회과학연구소, 1971.
임치균, 「서녕유씨부인 유서 연구」, 『고문서연구』 15-1, 한국고문서학회, 1999.
진동혁, 「공인 남원윤씨(1768~1801)의 「명도자탄사」 연구」, 『논문집』 19집, 단국대학교, 1985 .

2부_1장

단행본

강준만, 한국근대사산책 1권, 인물과 사상사, 2007.
김옥희, 순교자 이순이 루갈다의 삶과 그 영성, 한국학술정보, 2007.
김진소, 이순이 루갈다 남매: 옥중편지, 양희찬·변주승 역, 디자인 흐름, 2010.
박찬부, 기호, 주체, 욕망, 창비, 2007.

논문

김정경, 「『선세언적』과 『자손보전』에 실린 17-19세기 여성 한글 간찰의 특질 고찰」, 『정신문화연구』 125호, 한국학중앙연구원, 2011.
김정숙, 조선후기 천주교 여성신도의 사회적 특성, 교회사 연구 19집, 2002.
박혜정, 천주교 수용기의 女性入教와 童貞女의 활동, 조선대학교 교육대학원 석사학위논문, 2003.
이광호, 언문간찰의 형식과 표기법, 정신문화연구 19권 3호, 1996.
이양호, 「종말론적 시간관」, 『사회비평』 21권, 나남출판사, 1988.
이희옥, 전라도 천주교전래와 이순이 루갈다의 순교, 전주대학교 교육대학원 석사학위논문, 2010.
정두희, 이순이 루갈다의 순교와 남긴 편지들, 세계의 신학 35집, 1997.
정인숙, 순교자 이누갈다의 생애와 사상연구, 서강대하교 석사학위논문, 1983.

2부_2장

기본 자료

『계축일기』, 조재현 옮김, 서해문집, 2003.
『계축일기』, 강한영 교주, 신고전사, 단기 4292(1959).

단행본

김용숙, 『조선조여류문학의 연구』, 숙명여대출판부, 1979.
김용숙, 『이조여류문학 및 궁중풍속의 연구』, 숙명여대출판부, 1970.
민영대, 『계축일기연구』, 한남대학교 출판부, 1990.
이능화, 『조선무속고』, 이재곤 역, 동문선, 1991.
이우경, 『한국의 일기문학』, 집문당, 1995.
Culler, Jonathan, 『문학이론』, 이우경 역, 동문선, 1993.

논문

김인순 외, 「궁중문학에 나타난 여성의식」, 『돈암어문학』 2호, 돈암어문학회, 1989.
김일근, 「癸丑日記 新攷」, 『국어국문학』 55~57합집호, 국어국문학회, 1972.
김정석, 「癸丑日記 人物性格 고(攷)」, 『우리어문연구』, 1999.
민영대, 「계축일기」, 『고전소설연구(황패강교수 정년퇴임기념논총)』, 일지사, 1993.

박대복, 「조선조 서사문학에 수용된 저주와 천관념(Ⅰ)」, 『어문연구』 108권, 어문연구학회, 2000.
소재영, 「궁정문학의 비극성」, 『민족문화연구』 3집, 민족문학연구소, 1969.
이병원, 「계축일기의 문체론적 연구」, 『국어국문학』 96집, 국어국문학회, 1986.
이영호, 「서술자의 측면에서 본 〈계축일기〉의 표현전략연구」, 『고전문학과 교육』 11집, 한국고전문학교육학회, 2006.
이상택, 「조선조 대하소설의 작자층에 대한 연구」, 『고전문학연구』 3집, 한국고전문학회, 1986.
이순구, 「계축일기에 나타난 궁중생활상」, 『사학연구』 55, 56합집호, 한국사학회, 1998.
정병설, 「계축일기의 작가문제와 역사소설적 성격」, 『고전문학연구』 15집, 한국고전문학회, 1999.
정은임, 「朝鮮朝 宮中文學의 장르 再照明」, 『동양학』 32집, 단국대학교 동양학연구소, 2002.
정은임, 「조선조 궁중문학의 특질」, 『문명연지』 4권 3호, 한국문명학회, 2003
최종성, 「조선시대 유교와 무속의 관계 연구」, 『샤머니즘 연구』 4집, 한국샤머니즘학회, 2002.

2부_3장

기본 자료

현석문, 『기해일기』, 성황석두루가서원, 1986.
이혜순 · 김경미, 『한국의 열녀전』, 월인, 2002.

논저

강명관, 『열녀의 탄생』, 돌베개, 2009.
김경미 외, 『조선의 여성들, 부자유한 시대에 너무나 비범했던』, 돌베개, 2004.
김옥희, 『한국천주교여성사』Ⅰ, Ⅱ, 도서출판 한국인문과학원, 1983.

김윤성, 「초기 한국 가톨릭의 성인 전기-서지 및 구조적 특성을 중심으로」, 『교회사연구』 15, 2000.

김윤성, 「몸의 영성과 몸의 정치 : 조선후기 천주교에서 주체와 권력」, 한신문화연구소, 『종교문화연구』 6집, 2004.

김윤성, 「조선후기 천주교 여성들의 금욕적 실천」, 『여성학논집』 24집1호, 2007.

김정경, 「조선 후기 천주교 여신도들의 죽음의 의미화 방식 연구-이루갈다의 옥중서간을 중심으로」, 『한국고전여성문학연구』 23집, 한국고전여성문학회, 2011.

김정경, 「조선 후기 열녀의 순절의 의미화 방식 연구」, 『국제어문』 53집, 2011.

김정숙, 「조선후기 천주교 여성 신도의 사회적 특성」, 『교회사연구』 제19집, 2002.12.

방상근, 「병인박해기 천주교 여성 신자들의 존재 형태와 역할」, 『교회사연구』 19, 2002.

방상근, 「18세기 말 조선 천주교회의 발전과 세례명」, 『한국교회사 연구소』, 2010.

방상근, 「기해일기에 대한 기초적 연구」, 『한국교회사연구』 12, 한국교회사연구소, 2005.

윤인선, 「〈기해일기〉에 나타난 순교 경험의 서사화 양상-'고난'을 매개로 나타나는 순교의 문화적 의미」, 『기호학 연구』 38집, 2013.

이여진, 「조선후기 천주교 '여교인 공동체가'의 형성과 변천과정」, 『성신사학』 12.13호, 1995.

이유진, 「한국 천주교 순교자 설화 연구」, 『구비문학연구』 26집, 2008.

정인아, 「한국어의 시점에 관한 연구」, 『어학연구』 제48권 3호, 서울대학교 언어교육원, 2012.

이화여자대학교. 한국여성연구소. 여성사연구실, 『우리여성의 역사』, 한국여성연구소 여성사 연구실, 청년사, 1999.

조광 역주, 『역주 사학징의 I』, 한국순교자현양위원회, 2001.

최석우, 「『긔ᄒᆡ일긔』의 몇 가지 문제점」, 『한국교회사의 탐구』, 한국교회사연구소, 1982.

하성래, 「한국 초기 천주교회 동정녀들의 여성사적 의의」, 대구가톨릭대학교 사회과학연구소, 『여성문제연구』 18, 1990.

하성래, 「국어국문학에 끼친 천주교의 영향」, 『국어국문학』 제74권, 1977.4.
하성래, 「순교일기의 전기문학으로서의 특성」, 『한국교회사논문집』Ⅰ, 한국교회사연구소.
Butler, Judith, 『젠더트러블』, 조현준 역, 문학동네, 2008.
Dallet, Charles, 『한국천주교회사』 上, 中, 안응렬, 최석우 역주, 한국교회사연구소.
Zizek, Slavoj, 『이데올로기라는 숭고한 대상』, 이수련 역, 인간사랑, 2002.

2부_4장

기본 자료

강호보, 「상봉록」, 『연행록선집보유(燕行錄 選集 補遺)하편』, 성균관대학교 동아시아학술원 대동문화연구원, 2008.
김창업, 「연행일기」, 민족문화추진회, 『국역 연행록선집』Ⅳ, 민족문화추진회, 1986.
서유문, 『무오연행록』, 한국학중앙연구원 장서각본.
서유문, 「무오연행록」, 임기중, 『연행록전집』 62, 동국대학교 출판부, 2001.
이계호, 『연행록』, 고려대학교 도서관본.
이계호, 「연행록」, 임기중, 『연행록전집』 96, 동국대학교 출판부, 2001.
미상, 「己丑燕行錄 卷之五」, 이현희, 「부록:己丑燕行錄 卷之五」, 『서울학연구』 13, 서울시립대학교 서울학연구소, 1999, 285-322면.
홍대용, 『을병연행록』, 한국학중앙연구원 장서각본.
홍대용, 「을병연행록」, 임기중, 『연행록전집』 49, 동국대학교 출판부, 2001.

논저

고연희, 『조선시대 진환론의 전개, 한국한문학과 미학』, 태학사, 2003.
고운기, 「한글본 연행록의 제작 양상」, 『열상고전연구』 20집, 열상고전연구회, 2004.
김철, 「연행록 중의 맹강녀 전설 기록 양상 소고」, 『민족문화연구』 63호, 고려대학교 민족문화연구원, 2014.
김태준, 「열하일기 한글본 출현의 뜻」, 『민족문학사연구』 19, 민족문학사학회, 2001.
김현미, 『18세기 연행록의 전개와 특성』, 혜안, 2007.
박수밀, 「18세기, 재현과 진실의 가능성」, 『한국언어문화』 33, 2007.
신익철, 「18세기 연행사와 서양 선교사의 만남」, 『한국한문학연구』 51집, 한국한문학연구회, 2013.
신익철 편저, 『연행사와 북경 천주당』, 보고사, 2013.
신익철, 「18~19세기 연행사절의 북경 천주당 방문 양상과 의미」, 『교회사연구』 44집, 한국교회사연구소, 2014.
원재연, 「17~19세기 조선사행의 북경 천주당 방문과 서양인식」, 『교회와 역사』 277~288호, 한국교회사연구소.
유향, 『열녀전』, 이숙인 역, 글항아리, 2013.
이숙인 역주, 『여사서』, 도서출판 여이연, 2003.
이숙인, 『정절의 역사』, 푸른역사, 2014.
임기중, 『연행록 연구』, 일지사, 2002.
임옥희, 「문학과 정신분석학의 '기괴한' 관계에 관하여」, 『한국고전여성문학연구』 7, 한국고전여성문학회, 2003.
장경남, 「18세기 한글본 연행록에 서술된 천주당 견문기」, 『숭실어문』 22집, 숭실대학교 국어국문학회, 2006.
장경남, 「조선후기 연행록의 천주당 견문기와 서학 인식」, 『우리문학연구』 26, 우리문학회, 2009.
정은주, 「연행사절의 서양화 인식과 사진술 유입」, 『명청사 연구』 30, 명청사학회, 2008.
조규익, 「조선조 국문사행록의 흐름」, 『국문 사행록의 미학』, 역락, 2004.
조양원, 「동경대 소장 한글본 『熱河記』 연구」, 『민족문화』 44, 한국고전번역원, 2014.
조양원, 「김직연의 연행기록 『燕槎日錄』·『연힝녹』 비교연구」, 『정신문화연구』 제35권 제1호, 한국학중앙연구원, 2012
조현우, 『고전서사의 허구성과 유가적 사유』, 보고사, 2007.
한국18세기학회 엮음, 『위대한 백년 18세기』, 태학사, 2007.
Freud Sigmund, 「두려운 낯설음」, 『예술, 문학, 정신분석』, 정장진 역, 열린책들, 2003.
Seldon Raman, 『현대문학이론』, 정정호 외 옮김, 경문사, 2014.

3부_1장

기본 자료

강한영 교주, 『의유당일기·화성일기』, 신구문화사, 1974.

김창업, 「연행일기」, 『국역연행록선집』 Ⅳ, 민족문화추진회, 1976.

단행본

고연희, 『조선후기 산수기행예술 연구』, 일지사, 2001.

고연희, 『조선시대 산수화』, 돌베개, 2007.

김현주, 『고전문학과 전통회화의 상동구조』, 보고사, 2007.

류준경, 『한국의 고전을 읽는다 3』, 휴머니스트, 2006.

이우경, 『한국의 일기문학』, 집문당, 1995.

이효덕, 『표상공간의 근대』, 박성관 역, 소명출판, 2002.

가라타니 고진, 『일본근대문학의 기원』, 박유하 역, 민음사, 1997.

논문

김성기, 「松江의 自然觀」, 『古詩歌硏究』 2·3집, 한국고시가문학회, 1995.

류준경, 「『의유당관북유람일기』의 텍스트 성격과 여성문학사적 가치」, 『한국문학논총』45집, 2007.

박혜숙·최경희·박희병, 「한국여성의 자기서사(1)」, 『여성문학연구』 7, 한국여성문학학회, 2002.

이승희, 「조선후기 기행양식에 나타난 여성 자아의 존재 양상」, 『여성문학연구』 16집, 한국여성문학학회, 2006.

이연성, 「의유당 관북유람일기의 연구」, 이화여자대학교 석사학위논문, 1974.

이우경, 「「東溟日記」의 여행 과정과 표현 이미지 분석」, 『국어국문학』 96집, 국어국문학회, 1986.

정대림, 「「關東別曲」에 나타난 松江의 自然觀」, 『세종대학 논문집』, 1981.

정병욱, 「꽃과 時調」, 『國文學散藁』, 신구문화사, 1959.

3부_2장

고미술, 「19세기 시가사의 시각」, 『19세기 시가문학의 탐구』, 집문당, 1995.

김일근, 「인목대비의 술회문을 공개하면서」, 『문학사상』 2, 1972.11.

김형효, 『구조주의의 사유체계와 사상』, 인간사랑, 1989.

박요순, 「한중록에 견줄 이조여류문학의 백미-〈규한록〉해제」, 『문학사상』 6, 1973.3.

박요순, 「신발견 규한록 연구」, 『국어국문학』 49·50, 1970.

박찬부, 『현대 정신분석 비평』, 민음사, 1996.

박혜숙, 「여성적 정체성과 자기서사-ᄌᆞ기록과 규한록의 경우」, 『고전문학연구』 20권, 한국고전문학회, 2001.

이우경, 「규한록의 수필적 성격에 대한 연구」, 이화여자대학교 석사학위논문, 1981.

정하영, 「고전여성 산문작가의 전기적 고찰」, 『한국 고전 여성작가 연구』, 태학사, 1999.

조종업, 「한국여류수필에 대하여」, 『어문연구』 8, 어문연구학회, 1972.

조혜란, 「고전 여성 산문 규한록의 서술 방식」, 『우리 문학의 여성성·남성성(고전문학편)』, 월인, 2001.

레비스트로스, 『신화학』 1, 임봉길 역, 한길사, 2005.

스티븐 코헨·린다 샤이어스, 『이야기하기의 이론:소설과 영화의 문화기호학』, 임병권·이호 공역, 한나래, 1997.

쉴로미스 리몬 케넌, 『소설의 시학』, 최상규 역, 문학과 지성사, 1985.

에드먼드 리치, 『레비스트로스』 이종인 역, 시공사, 1998.

츠베탕 토도로프, 『구조시학』, 곽광수 역, 문학과 지성사, 1977.

3부_3장

김경미, 「소수자 문학으로서의 고전여성문학의 성격과 그 의미」, 『고전문학연구』 29집, 2006.

김금원, 「호동서낙기」, 이혜순·정하영 역편, 『한국고전여성문학의 세계(산문편)』, 이화여자대학교출판부, 2003.

박옥주, 「풍양조씨의 ᄌᆞ기록 연구」, 『한국고전여성문학연구』 3, 2001.

풍양 조씨, 『자기록-여자, 글로 말하다』, 김경미 옮김, 나의 시간, 2014.

박옥주, 「풍양조씨의 ᄌᆞ기록 연구」, 『한국고전여성문학연구』 3, 2001.

찾아보기

ㅊ

ㅌ

ㅍ

ㅎ